顾颉刚先生

1937 年 3 月，禹贡学会办公

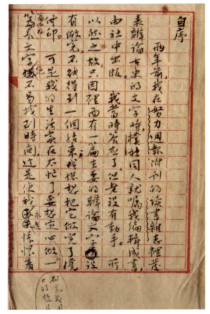

《古史辨第一册自序》手稿

1972 年，与整理二十四史同人合影，摄于中华书局（前排左起：阴法鲁、唐长孺、白寿彝、丁树奇、、顾颉刚、萧海、翁独健、陈述；后排左起：周振甫、陈仲安、孙毓棠、王钟翰、张政烺、王毓铨、启功）

1975 年 4 月，与老友在叶圣陶寓所合影（前排左起：顾颉刚、王伯祥；后排左起：叶圣陶、章元善、俞平伯）

1979 年 3 月，与夫人张静秋

顾潮——著

我的父亲 顾颉刚

中国大百科全书出版社

图书在版编目（CIP）数据

我的父亲顾颉刚 / 顾潮著 .—北京：中国大百科
全书出版社，2020.9
ISBN 978-7-5202-0802-4

Ⅰ . ①我… Ⅱ . ①顾… Ⅲ . ①顾颉刚（1893–1980）
—传记 Ⅳ . ① K825.81

中国版本图书馆 CIP 数据核字（2020）第 138392 号

出 版 人	刘国辉
策 划 人	蒋丽君　曾　辉
责任编辑	鞠慧卿
责任印制	常晓迪
封面设计	今亮后声
出版发行	中国大百科全书出版社
社　　址	北京阜成门北大街 17 号
邮政编码	100037
电　　话	010-88390969
网　　址	www.ecph.com.cn
印　　刷	北京地大彩印有限公司
规　　格	710 毫米 × 1000 毫米　1/16
印　　张	27.25
字　　数	316 千字
印　　次	2020 年 9 月第 1 版　2020 年 9 月第 1 次印刷
书　　号	ISBN 978-7-5202-0802-4
定　　价	88.00 元

本书如有印装质量问题，可与出版社联系调换。

目　录

前　言

　　父亲三十多岁时，所作的那篇举世闻名的《古史辨第一册自序》，常被人们看作是其自传，那时丁文江曾对他说："外国学者写自传，都是到了老年才动笔的。你现在才三十出头就写自传，未免动手太早了！"他听后心想："我这篇文章固然像自传，但绝不是自传；我要写的自传，要把社会和家庭的黑暗面和盘托出，像巴金的《家》一样。"但是，他终其一生也未能写出一部自己理想中的完整的自传。十年浩劫过后，父亲已将走到生命的尽头，某杂志编辑邀他写回忆录，希望能为当代以及后世留下一些宝贵的资料，他拼尽全力，只是断断续续地写出了一篇《我是怎样编写〈古史辨〉的？》，并在笔记本上以颤抖的手迹留下了一个自传的题目——"我怎样度过这风雨飘摇九十年？"

　　我出生时，父亲已五十多岁了。所以从我懂事的时候起，我印象中的父亲就是一位终日伏案的白发老人。他和我们姐弟交谈甚少，除非在他难得的休息时才和我们一起外出游玩，或教我们念唐诗，对对子，或在我们写的大字习作上圈几个红圈。我只知道他是一位和善的父亲，一位勤奋的学者，仅此而已。待我进入青年时代，恰是"阶级斗争"愈演愈烈之际，我只有诚惶诚恐地与被称作"资产阶级反动学术权威"的父亲划清思想界限，按照他写给我的那些"有问题"的经历去批判他，使彼此间本不十分理解的心灵距离更加拉大了。20 世纪 70 年代初，将近八十岁的父亲在周恩来总理的关怀下恢复了工作的权利，但已是疾病缠身，离不开我们的陪护照料了。到了此时，我与他精神上的交流才多起来，时常听他讲述旧事，不过此时自己对父亲的了解仍是片段、枝节的，尤其是对他的学问生涯还很陌生，只是知道他心里有许多文章尚未写出，他常为来日无几而焦急。在父亲逝世之后，我开始整理他那些数千万字的遗稿，通过日复一日的文字阅读来倾听他的述说，当我遍读了他的全部文稿后，才感到自己可以说是真正了解了父亲，也理解了父亲那"风雨飘摇"的一生。

女儿竟是在父亲去世之后才懂得了他的一切——经历、理想、奋斗、坎坷、成功、失败、欢乐、痛苦……，这不能不说是人生的悲剧！但是我在叹息之余又感到庆幸，毕竟父亲一生留下了如此众多的资料：文章、日记、书信、笔记，以及许多不成文的手稿，可以使我们从中探索他个人和家庭、社会和时代的印迹。1927 年夏，胡适曾评论说，他与傅斯年的性格是向外发展的，父亲的性格是向内发展的。这话说得不错，正因为如此，父亲的头脑里才永远装着许多问题，不停不歇地思考，思考学问和工作、生活，剖析他人和自己；也正因为如此，他那极旺盛的生命力和极炽烈的情感才得以充分地宣泄在他的文字上，坦白、畅尽、热诚，这一篇篇的文字都向人们敞开了襟怀，好似父亲的自传，也成为我今天为父亲写传的依据。

在父亲专门为自传而撰写的资料中，有一份 1947 年在苏州所拟的"自传计划"，现录于下：

一、苏州——旧日的天堂

二、顾家在苏州

三、两位祖父

四、我的出生

五、上私塾

六、祖母的教养　　　新法（政治的、社会的）

七、送父亲到上海　　废科举

八、考进了高小　　　预备立宪

九、到了中学

一〇、初恋

一一、祖父教经

一二、吃茶和买书

一三、第一回结婚

一四、游杭州

一五、辛亥革命

一六、加入社会党

一七、到上海读书

一八、第一回到北京

一九、考进北大预科　　袁世凯的专制

二〇、看戏

二一、篆赤的死　　　　艺术的欣赏（父的藏物）

二二、考进北大本科

二三、徵兰的死　　　　学写白话文

在此计划末尾，父亲又写道：

> 要指出几点：（1）这是一个大转变的时代！
>
> （2）这是一个大痛苦的时代！
>
> （3）如何可以安心工作！
>
> （4）未能尽其才！
>
> （5）但已尽了我的力！

那时他任文通书局编辑所所长，主编《文讯》，本打算依此计划将自传陆续写出，从1948年1月起，在《文讯》每期登载一篇，只可惜未能付诸实行。

该计划中的内容，当他在重庆时已作成若干，即1944年上半年所作的《我的祖母》《苏州旧日的情调》《祖父的故事》，这些均是由他口述，经段畹兰女士执笔写出，再由他改定的，曾刊于重庆的《田家画报》等，另有《我的家世》一篇，当时未写毕；又1945年下半年所作《我在北大》（一）、（二）、（三），曾于《北大化讯》连载。可是那时限于后方的条件，这些刊物流传不广，他这几篇文字几乎不为人所知。后至1979年，前四篇文字由王煦华整理、由他改定，以《玉渊潭忆往》为题，在他去世后才刊于《苏州史志资料选辑》。

父亲还在1950年应赵纪彬之邀，作成一部《颉刚自传》，共有七章：

1.我怎样从事民众教育工作？

2.我怎样从事边疆运动？

3. 我怎样厌倦了教育界?

4. 我怎样脱离了国民党?

5. 我怎样进了商界?

6. 我的性格的分析

7. 我的治学计划

这部自传至 20 世纪 90 年代方陆续在海峡两岸刊出。

随后,他又在 1952 年夏作成《顾颉刚自传》,这是为当时的思想改造运动所作的交代书,目录如下:

1. 前言

2. 我的家世和我幼年所受的家庭教育

3. 我的少年时代的政治思想

4. 我的简历

5. 我的研究工作的检讨和对于胡适的批判

6. 我的教学的检讨

7. 为了反宗派主义而投入美帝的燕京大学

8. 从研究民间文艺到创作通俗读物,因而加入了国民党

9. 从考察边疆到参加反动派工作

10. 为了逃避国民党而做了资产阶级的工具

11. 我的本质和我一生的几个阶段

12. 我的主导思想及其批判

13. 我和共产党的接触及解放后的思想转变

14. 今后努力的方向及计划

1996 年，受"往事与沉思"丛书编委会和华东师范大学出版社的邀稿，以半年之力写出这册父亲的传记，以"历劫终教志不灰"为题，此句出自他 1944 年 8 月 6 日所作挽朱希祖诗，也可作为他一生的写照。当时遵从于该丛书的写作主旨，重在叙事，至于有关论学者，可见拙著《顾颉刚评传》（与顾洪合著，江西百花洲文艺出版社 1995 年 11 月版）。此书的撰作，是基于父亲遗留下来的文字资料，虽然其中的一些意见只是他个人的看法，但确是他经历的真实反映，雪泥鸿爪，立此存照，它已经超出个人间的恩怨和是非，而具有一种历史的价值。此次修订，增补了一些他人的评论及回忆。如果此书能使读者对于父亲以及他所经历的那个时代有进一步的了解和认识，我将会感到欣慰；如果有问题和错误，则欢迎及时指教。

　　在此书的写作过程中，自始至终得到舍妹顾洪的帮助，初稿首先请她审读，承其提出许多宝贵意见。此次应中国大百科全书出版社之邀，将此书增订再版，亦寄托了对她的怀念之情。

顾　潮

2018 年 11 月

第 一 章

故 乡 的 熏 陶

1 __ 家世

1893 年 5 月 8 日（阴历癸巳三月廿三日），我的父亲顾颉刚先生（以下简称颉刚）出生于江苏省苏州市悬桥巷顾家花园。

苏州，又名吴县。这"吴"字的来源，是由于春秋时吴王建都于此。吴国后被越国所灭，而"顾"姓的由来，又与越国有着密切的关系。《玉渊潭忆往》中说：据史书记载，越王支系之一东越，本盘踞于福建沿海，其氏为驺。以后汉武帝封东越王摇之子期视于江阴的顾余山，遂改姓顾，这是江南顾姓的起源。由此可知我们顾家的远祖是越王支系的后裔。自汉以来，史书上屡见有江南顾氏的记载，如三国时的顾雍、明代的顾亭林等人。虽因谱牒失散，已无从考证这些人与我的先祖关系如何，不过我先祖明末清初所居地唯亭与顾亭林的故乡昆山相近，或许有些血统上的关系吧。

在清光绪年间所修的《重修顾氏家谱》中，第一位先祖是明朝成化年间的允斋公（此公以前的远祖惜已失传），那时他是唯亭镇上的一位大地主。允斋公传子东山公，再传到小山公，三传到兰台公，都是耕读世家，安居乐业，过着富裕的生活。到明朝万历年间，正值兰台公晚年，他从唯亭迁居苏州，从此我先祖是城里人了。尽管家庭的经济来源仍仰赖田赋，但生活方式却由乡村的转为城市的，这是我们家族的第一次大转变。

兰台公一传至岳宗公，再传而至大来公、松交公堂兄弟，那时已是清朝初年。松交公是祖先中锋芒毕露的杰出人物，当顺治皇帝初次举行会试时，他就以举人的资格前去应试，考取了进士，以后历任浙江山阴知县、山西灵寿知县、吏部考功司员外郎等职。他喜欢文学，和吴梅村、龚芝麓等名士交好，公余从事温飞卿诗集的注释，《温飞卿集笺注》后来被收入《四库全书》。晚年闲居家中，不料巡抚朱国治挟了嫌怨，将其株连到"哭庙案"内，几乎同金圣叹一齐送命，幸而皇帝明白，将其释放。从他开始，先祖始由普通士人而步入仕宦之途，这是我们家族的第二次大转变。

松交公时期不仅是先祖史上最显耀隆盛的时期，也是族中人口最兴旺的时期。松交公娶四妾，生十一子，这在家谱上是空前绝后的。人口多并不足以称荣，而当时我们家族文风豪气的充溢，却是颇足自赞的。例如当时风行的雅事是建造私人花园，而我家竟造了七个花园——雅园、依园、秀野草堂、学圃草堂、宝树园、自耕园、浣雪山房，规模都相当宏大，其中尤以松交公在旧学前所造雅园、第十子迁客公比连雅园所造依园、幼子秀野公在因果巷所造秀野草堂以及大来公在悬桥巷所造宝树园为著。依园内还有南北朝梁代妙严公主的坟墓。迁客公和秀野公还从事于书文的刻印，秀野公所印《元诗选》，后收入《四库全书》，其又印《秀野草堂集》，更是洋洋大观。及康熙皇帝下江南时，风闻我们家族文风之盛，乃誉曰："江南第一读书人家。"其时我先祖的气势本已很可观，得此誉后更有不可一世的气概，不但在大厅上高悬

顾颉刚故居——苏州悬桥巷顾
家花园四号。门楣上镌有"子
翼孙谋"四字，系顾柏年拟，
周贻白书

"江南第一读书人家"的大匾，凡与亲友交往的名片、礼券、礼匣上都印着这一句话，以示荣崇。随着历史的变迁，秀野草堂后成了我们家族的祠堂，当时的七个花园，除了宝树园尚存得有枯塘一隅的废墟以及"顾家花园"这一地名外，都已无迹可寻了；而这祠堂与枯塘，在20世纪50年代也均不存了。

　松交公第四子岩卜公，是我家的直系先祖。他没有像他两位幼弟那般留下印书筑园的风雅事迹流传后世，因为他中举后就开始仕宦生涯，并没有在家乡久居。他曾任湖南宝庆府知府。岩卜公传子鲁常公，他也是翰林出身，当接任宁夏府知府时，举家迁徙，不幸该处地震，全家遇难。皇帝念他因公殉难，追封他为太仆寺少卿；族中闻讯，立祠堂以资纪念，其兄弟并将自己儿子过继于其名下，以续香火。其中一位嗣子列圃公（鲁常公兄恂如公之子），是先祖中的名宦，曾任湖北德安府知府。当乾隆末年任甘肃洮州同知时，年已七十余，行将退休养老，突然祸从天降，由于布政使王亶望监赈案的牵连，以致连坐，竟被充军黑龙江！风烛残年，不堪当此惨遇，遂客死他乡。次年列圃公的孙子少游公将其灵柩运回家乡，安葬于虎丘附近。他在潘儒巷旧址的家亦被抄封，其眷属无可奈何，只好迁居悬桥巷宝树园。这是家道中衰的开始，因为自列圃公获罪后，我先祖累代仕宦之途既致中断，家中历代积蓄之财亦被搜括一空，顿由富宦之家一降而为平民，这是我们家族的第三次大转变。从此以后，我家直系先祖乃世代居于悬桥巷。

少游公传子蓉庵公，再传而至东生公，这就是颉刚的曾祖父。东生公曾跋涉广西，生有两子：仞之公元昌（1841—1891），即颉刚的嗣祖父；廉军公之义（1844—1909），即颉刚的本生祖父。两人都是当时的秀才。太平军打到苏州时，他两人便避居乡间多年，其时仞之公在乡间娶亲，竟娶到一位极其精明强干的女子张氏（1844—1922），这就是颉刚的嗣祖母（以下简称祖母）。祖母的先世是由徽州搬到苏州的，她家是生意人，经营进出口货物，她小时候还看见家里人在上"飘洋船"之前举行的盛大祭礼，她也曾自备了一些苏州的绣品托船家带出去贩卖。在清兵与太平军的激战中，整个苏州城遭到了历史上前所未有的浩劫，我家的受害自是不免，所以当战后先祖由乡间归来时，所见到的只是破屋和荒园在那里等候主人来重建，迫于生计，兄弟两人只得搁置起书本。仞之公转而学医，并集股开了一家药店，又代人收租，祖母协助丈夫把家政管理得井井有条，还经常做些刺绣卖钱以贴家用；廉军公从事幕僚生涯，奔走于湖北、江西、贵州、山东等地。这样，他们总算担起了家庭的重担，以后家境渐至小康，又买些田产，并在宝树园废址添盖房屋租赁。廉军公对许氏《说文》和金石甚有研究，擅长篆隶兼铁笔，著有《说文通俗》十四卷及《古慕轩印蜕》八册。他生有两子，即子虬公柏年（1870—1939）及子蟠公松年（1877—1934），就是颉刚的父亲和叔父。因仞之公无嗣，子虬公十六岁时就嗣了过去，仞之公于1891年安排他与周坤和（1870—1901，颉刚的母亲）完婚后不久，不幸就病逝了。

仞之公弃世后，家境十分萧条，子虬公年纪尚轻，他以教馆为生，起初一年工资才三十千文。苏州有紫阳、平江、正谊三个书院，他拼命作文应考，虽然名第很高，可是奖金有限；又值大水之后，田息无收，更加拮据，一家的负担就落到祖母肩上。她只好把饰物和田地逐步托人卖去，竭力缩减日常开销，含辛茹苦，努力维持生计。后来子虬公到山东武定府知府潘子牧（苏州人）家教读，一年工资加到七十千文，他懂得生活的艰难，除了剃头之外，一钱不用，都寄回家；同时用功读书，以期上进。子虬公是秀才，被江苏省考送京师大学堂（北京大学前身），然因学校津贴无法养家，不得已请假返苏，任小学国文教员。后考取优贡，又经过殿试，做了安徽候补知县；正准备走上仕宦之途时，辛亥革命爆发，他知道时势已变，乃退休还家。不久由于生计窘迫，不得已接任南京造币厂文牍之职，1913年又改任杭州仁和场盐运署科长，直至1936年告老还乡止，未再调动，故而得有积蓄，能够略

子虬公

置薄田，修建屋宇，并购买古董字画以供赏玩，家道又进入小康的境地。

从对家世模糊简略的回忆中，父亲认为有两点值得注意：

一是从先祖直到我本人，都是很少闲居家乡的，这与普遍的惮于奔波而好享受定居生涯的故乡人性格截然不同，所以中国虽大，而内部十八行省都布满了先祖及我的足迹。虽不必引以为荣，确在族中算得是一特点。一是历代人口的稀少，松交公一房例外，尤怪的是长房往往绝嗣，一再由次房立嗣，而终不旺盛，就是我，现在也算是长房唯一的继承人了，迄今既无弟兄，又无子嗣，只有二女，因此堂弟第二子在我父亲在日已嗣于名下……（《玉渊潭忆往》）

2 _ 祖母

当颉刚出生时，子虬公正在山东。那时"祖父为我算命，命里缺土、缺金，我的排行是'诵'字，因此起名为诵坤，字曰铭坚。稍长，我的父亲取名字相反的古义，又起了一个号叫颉刚"。(《我在北大》) 再要起一个小名，作为家人对他的称谓，那年正值他祖父和祖母都是五十岁，故定为"双庆"，简称"阿双"。那时家中久已不听见小孩子的声息了，因而他深受两房长辈的钟爱，尤其是他祖母，她常说："儿子是嗣来的，嗣的时候他已长成了，我不能管。孙子是在我这里生出来的，我可以自小管起。这是俗谚所谓'假子真孙'。"在孙子身上，她寄托了自己全副精神。

颉刚的母亲因患肺结核病，1901 年就离开了人世，其时他还不满八周岁，故而留下的印象极浅："只记得她是一个身材高高而精神非常严峻的年青奶奶。她管教我很严，我有什么不好，她打我，我一讨饶，她就打得越凶，说'这孩子没志气，没出息'。当我三岁的时候，有一夜梦中遗了尿，她就把我从床上扔了下来。我痛得大哭不止。那时我的祖母尚未睡着，听得隔壁地板一声响，接着就是我的大哭声，心中不忍，推进房门来看，我看见祖母来了，一把拉住她的头颈，再也不放，祖母道：'你今天和我一起睡，好不好？'我点了点头，她就抱了我回房。从此以后，我就和祖母一床睡，直到十八岁我结婚的时候。"（《玉渊潭忆往》）其实，颉刚的祖母对他的管教和他母亲一样严厉，不过其母由于身体不好，又因为"两姑之间难为妇"，心境总不舒畅，使他总是记不得她的笑颜。祖母则有时严厉，有时慈爱，而严厉的态度是从慈爱的本心上出发，所以使他对祖母产生了又畏又爱的复杂心理。例如：

当我五六岁时有一个亲戚来了，家中买点心款待，我站在客人旁边看吃，客人为了对小孩表示好意，分一个给我，我当然很乐意接受。祖母当时不作声，待客人去后，关起房门把我一顿打，直打得我从此以后不敢再看人家吃东西。七八岁时，苏州刚有广东糖食店，我一次和女佣上街，看着他们的广东饼和广东橄榄非常羡慕，女佣就替我买了一点带回家来，满心以为可以大嚼一顿，哪知给祖母看见了，就把这些糖食向屋瓦上一掷，一点儿也吃不到。这一打击太重了，我禁不住号啕大哭，哭得邻家正在学刺绣的王素心小姐也来看，逼得我自己因惭愧而停止。大约在我十二岁的时候吧，亲戚家有喜事，媒人是双方的太太们做的，照封建排场，妇女不得出面，她们就请我代做名义上的媒人，不知在哪里借来了一身小礼服，我穿了外套，戴了翎顶，坐上轿子，到男家去做大媒了。男宅看我以小孩子而做大媒，就拉了六七个吃喜酒的小客人来陪我吃饭。我们吃整桌的菜，一样地有丰富的酒果，小孩子们高兴，就学大人们一样地灌酒，灌得个个大醉了。我走到这家内室，一横到床上就呼呼睡着，哪料胸中作恶，把酒和菜都呕了出来，吐了人家一床。那家就派人背了我回家。祖母看我醺醺然进来，问了随从的人就知道了这件事，立刻把房门关起，不让我上床，我坐在堂屋里哭了一个通宵。从此以后，酒就不敢沾唇了。(《玉渊潭忆往》)

自从有了这几次的经验，使他对于饮食方面淡泊万分，每当走过稻香村、采芝斋，或各种水果铺、点心铺时，再也不想买零食吃了。再有，吃饭不许浪费粮食，落到桌上的米粒要拣到碗里去；夹菜不许多，因"是菜过饭，不是饭过菜"；穿着也不依苏州人夏穿纱、冬穿皮的习俗，总是一身棉，冬天小寒时只穿夹衣，到大寒时才得穿棉衣，养成他不讲究衣着的习惯。

祖母尽管严厉，但对于孙子的饮食起居，却无一处不仔细周密、体贴入微。他幼时体弱多病，祖母总是严格限定其食量，把营养丰富的食品省给他吃，调养他有一个十分强健的肠胃。他两岁时出天花，三岁时呕血，八岁时患喉痧，这三场大病都几乎死去，当时祖母万分忧虑焦急，她一边求医护理，一边求神保佑，在灶门前点起香烛，不停地叩头，直至额上肿起一个大包。就这样仰赖祖母的精心抚育，颉刚慢慢长大。

祖母盼望孙子跟上祖宗的脚步，由读书求科名，因此对他的学业要求极严，同时又极注意他的品行。他五六岁以后，祖母常对他说："阿双，你读书要好好用功啊！我家里从来没有一个白衣的人，你总不要坍了祖宗的台才好啊！"当时他整天被关在私塾里，一年中除过年放一个月假期外，其他只有端午、中秋放两天假，小孩子哪有不贪玩的，他也很想借故逃学。从家到私塾大约有半里多路，一次天下大雨，吃过早饭他对祖母说："今天雨太大了！"祖母毫不思索地指着天坚决地说："你不想去了吧！就是落铁，也得去！"这斩钉截铁的几个字，颉刚终生不忘。工作以后，逢到大雨的时候，家人在旁边劝道："不去了吧！"但他立刻说出祖母这句教训来："落铁，也得去！"祖母的眼光十分锐利，尤其是当他犯了过失时，仿佛看透他的心思一般，使其不由自主地感到惭愧而低垂了头。

幼年与祖母合影

每晚临睡时，祖母总要检讨他一天的行为。如果做了错事，像说了谎话、脏话，或和小朋友打架等，便叫他把过失写在纸条上，贴到帐顶上，第二天早晨睁开眼睛，第一件事便是叫他把那张写上过失的纸条诵读几遍，以表悔过。错犯得重时，或犯了再犯时，还要另加体罚。祖母这样严格的管教，逼得颉刚对于自己的行为负起责任来。

祖母很会讲故事，当孙子认真温书之后，祖母就用故事来作为奖励。每当傍晚时分，尚未点灯，她常常坐到堂屋前的藤圈椅中，这时颉刚就搬过小凳挨着她的膝头坐下，听她讲述"老虎外婆""目莲救母"之类民间神话传说。祖母不识字，但记性极好，又善于讲话，她以婉转而清脆的声音，把故事讲得娓娓动听："祖母用这些动人的故事已经增加了我的一点善心，打开了我的想象力，她高高地擎起了照亮我生命的第一盏明灯"。（《玉渊潭忆往》）

祖母非常爱惜东西，从来不肯轻弃一张纸、一只瓶，她房间里尽是些旧材料。固然她每隔几个月就要整理一次，但这不过是理得整齐一些，东西的数量只会增加而不会减少。她觉得世上原没有一件废物，只要善于用它。这种习惯深深影响了颉刚，他将其应用于自己的学问工作上，养成搜集材料的癖好，进而成为研究史料的科学要求。

祖母一切节省，只有一事例外，那就是对于孙子买书极为慷慨。当时子虬公在外工作，每月付她家用三十元钱，苏州一家人的全部开销都包括在内，毫不宽裕，她却肯付这笔书款。所以颉刚从小便怀着做一个藏书家的美梦，自十一岁后就天天出入书肆，一本一本的买回来，积少成多，一年就可有五六百册。这些书钱哪有一个不是他的祖母从千省万省中省出来的呢！

祖母虽这样疼爱孙子，却不以把他拴在身边为满足，而是要他到外边去多见世面。当辛亥革命时，颉刚加入了社会党，中学毕业后，他的同志陈翼龙到北京建立支部，他也要去，但此事不便直说，对祖母只称到北京一家报馆任编辑，祖母便满口答应。后来他考入北京大学，祖母也很放心地让他前去，一班亲戚都责备她道："你们只有这一个孩子，为什么放他走得这样远？如说要进大学，那么苏州有东吴大学，上海有圣约翰大学，哪一个不可以进呢！"但她却很坚定地答道："男孩子是该让他出远门的。"这种见地很不简单。

我父亲长大后，对人常常提起自己的祖母，将其比作自己的恩师和慈母，他认为："我的一生，发生关系最密切的是我的祖母。简直可以说，我之所以为我，是我的祖母手自塑铸的一具艺术品。"（《玉渊潭忆往》）

3 _ 启蒙

　　在这样一个书香家庭，颉刚尚在提抱之中，就由廉军公教识方块字了，以至还不会走路时就已经认识不少的字，当家人抱他上街时他尽指着招牌认字，店铺中人甚感诧异，以为是前世带来的字呢！后来他母亲教他《三字经》《千字文》；子虬公、子蟠公又教他《诗品》《天文歌诀》《地球韵言》等。正因为如此，他很早就能自己看书，六七岁时已能读些唱本小说和简明的古书。但一味读书，游戏太少，导致其手脚很不灵活，语言也很钝拙，生活技能之差可想而见。当他六岁始入私塾之时，尚不能自己端饭碗，吃饭还要靠女佣喂食。畸形的家庭教育，将他的灵性快要磨灭了。

　　在这沉闷、呆滞的气氛中，幸而有一件事足以打破这种寂寥而给颉刚带来极大乐趣，就是与民间的故事传说的接近。不仅他的祖母很会讲故事，廉军公也很会讲故事。苏州是当时的文化中心，历来出过不少学者、诗人、画家。廉军公用那低哑、平静的声音把苏州城里的掌故旧闻全都给他讲遍了，包括曾住在悬桥巷里的几位名人：明朝的文学家郑桐庵、清朝乾嘉间以搜藏宋版书著称的黄荛圃、娶赛金花的洪文卿，等等。他最高兴的时候就是跟随廉军公上街和扫墓。家人的坟墓不在一处，在石湖和虎丘的一天可来回，而在唯亭的两天来回，在望亭的则要三天才能来回。他们坐在船里，过山塘时廉军公讲唐伯虎，过越来桥时就讲勾践灭吴，在运河里就讲乾隆皇帝下江南，廉军公在船里还举出一副对联："醉客骑驴，摇头摆脑算酒账；艄公摇橹，打躬作揖讨船钱。"继而指着船夫对孙子说："你看，他不是在讨船钱吗？"多么幽默风趣！无怪乎在颉刚眼里，他祖父真成了智慧的化身，无所不知，无所不晓。在街上，经过一个牌楼、一块匾额，一座桥梁，廉军公必把它的历史讲给孙子听，回家后再按着看见的次序写成一个单子。我父亲说："因此，我的意识中发生了历史的意味，我得到了最低的历史的认识：知道凡是眼前所见的东西都是慢慢儿地积起来的，不是在古代已尽有，也不是到了现在刚有。这是使我毕生受用的。"（《古史辨第一册自序》，以下简称《古一序》）并且他由于扫墓而有了游览的嗜好，因为每到乡下，看到很大的湖、很高的山、很茂盛的树林，看到与城里截然不同的村镇，心境便会豁然开朗。

在私塾的八年时光中，颉刚读了《四书》以及《诗经》《左传》《礼记》（未读毕）。在读《论语》之时，《孟子》已买在一旁，随手翻看。从《论语》中虽已知晓了许多古人的名字，但还对古人的认识是零碎、不易连接的。自从看了《孟子》，便从其叙述道统的话中分出了这些古人的先后，他高兴极了，想将这个历史系统做一清楚的叙述。以前他曾从廉军公那里知道有盘古开天地、老妪和犬生出人类等故事，到这时就把这些故事和书本上的尧、舜、禹的记载串了起来，连续几天早早起床，写成一篇小史，约有五页纸。由此可见他对于历史的兴味是何等浓厚。待《孟子》读完，子虬公令他接读《左传》，因为此书在《五经》中最易懂。他读时充满兴趣，仿佛自己已置身于春秋时的社会中。不料廉军公对此不以为然，认为经书须从难的读起，《诗经》和《礼记》中生字最多，若不把这两部书先读完，长大了就要记不清了。因此1901年春，他改从张子翀老先生读《诗经》，与叶圣陶（绍钧）为同学。在颉刚的十几位塾师中，他认为张师顶没有道理。这位老先生对学生本来已很严厉，因为他与廉军公是朋友，所以对颉刚格外严厉。《大雅》和《颂》句子很难念，意思也难懂，令颉刚毫无读书的兴趣，想不出为何要读它，可是他越怕读，张师就越逼他读。他念不出时，张师便把戒尺在桌上乱碰；他背不出时，戒尺就在他头上乱打。这种威吓和迫击，使他战栗、恐怖。父亲晚年为《叶圣陶诗词稿》题诗曰："溯昔一九〇一年，读书私塾始比肩，可堪师道尊于天，扑作教刑剧可怜，默诵脱句泪涟涟，彼此目视袖怯牵……"，十分逼真地反映出当年的情景。

颉刚虽受了很严厉的家庭教育和私塾教育的压制，外貌变得十分柔和和卑下，但终不能摧折他内心的分毫。他生性桀骜不驯，行事专喜自作主张，不听指挥。如那时所读的《四书》，经文和注文上就有许多批抹。尽管这一类的批抹，在以后看来确是极度的武断，但反映出他幼年读书就不肯盲从前人之说。又如十二岁时初读《纲鉴易知录》，他便自立义法，加上许多圈点和批评。他最厌恶此书中以成败论人的势利眼光，比如张良和荆轲同样谋刺秦始皇，同样没有成功，但前者书为"韩人张良"，后者则书为"盗"。他认为，这只因荆轲的主人燕太子丹是斩首的，而张良的主人刘邦却做成皇帝。他痛恨这种不公平的记载，因而以自己的意见将它修改了。

颉刚又是一个极富好奇心的人，自小就喜欢翻看书籍。他在私塾里一天坐到晚，一天读到晚，虽有同学，但同学间不许讲话；加之身边没有兄弟姐妹，在长辈面前又不许小辈随便说话，因而养成了他不善言谈的、孤独的性情。只有在书房里，四周的图书才是他的好朋友，可以使他表现出天真活泼的性情来。廉军公喜欢研究金石和小学，室中有许多古文字学书；子虬公为了应书院的月试，多作诗和律赋，室中有不少文学书；子蟠公喜欢治近代史，多有史学书。他每天从私塾放学回家，就偷偷看他们的书。他说："我的翻看书籍，并不是要功课做得好，得着长者的赞许，只觉得书籍里的世界比我日常所处的世界大得多，我遏不住我好奇的欲望，要伸首到这大世界里探看一回。这时候因为屡把教师和尊长的书籍翻弄，惹起了他们的厌恶；我叔并在书架上贴一个纸条，写着'双庆不许翻动'。我的姑丈家里有一个黄金阁，是藏书的地方，我一到了他们那边，就上阁埋头翻书，他们呼唤只是不出来，这事传为亲戚间的笑话。"（与李石岑书，1924 年 1 月 29 日）

颉刚十一岁时，在旧书篓里寻到一本《湖北官书局书目》，觉得里面的书名都很有趣，就拣了价钱最便宜的书向书铺里买，哪知没有，就买了一本《西洋文明史要》回来。他父亲见了，说道："这是你不懂得的，买它做什么！"但是他觉得自己实有买这本书的要求，至于懂不懂乃是无关重要的。这是他所买的第一本书，很是珍惜，竟然保存至今。此书封面、封底、封底里分别署名顾颉刚、顾诵坤、顾氏藏（铭坚），封里有他的题词，曰："此予平生购书之第一册也。……是时予虚岁十一。此书为苏州皮市街灵鹫桥北国民学社所发行，大约译者何普即是苏州人。予忆是时苏州观前街东首有东来书社，想系是时译书大抵日籍，故有此名，此书即购于彼社者也。彼社无几时即停歇，予少长即买新书于小说林矣。……予第一次买书即买历史书，非有所解于历史，第以此书定价二角，尚可打一折扣，囊中之钱尚足付耳。书面红蓝色，即系予幼年用蜡笔所涂。一九五四年十月廿四日，颉刚记于北京干面胡同卅一号科学院宿舍，时正理平生所购书也。"

那时颉刚并没有钱，只是在新年中可以得到一宗收入，就是长辈给予的拜年钱。他把这些钱瞒了家人，到书铺里畅畅地拣择一番；又不敢把买来的书一时带回家去，就存在亲戚家里，悄悄地一本一本携归。所以每到新年他都能添些书，平时只要在长辈处得到一点零星的钱也就去买。到十二岁，他祖父每月给他三百小钱（合三十铜元）的点心钱，当时苏州的风俗，一天除三顿饭在家里吃以外，下午还许可到点心店去吃一顿点心，可是他收了这钱，并不去吃点心，而是积存起来，常到城中心的玄妙观的市场上去看书。那时苏州的大书店集中在护龙街，即偏近城西的最长的一条南北街，那里书店的书价昂贵，他不敢去，而玄妙观的小书铺书摊所卖的书大都是上海的书店里的滞销书，价钱很便宜，往往一两个铜元就可买一本，所以他能够尽情地挑选。

颉刚十一岁时，随子虬公读《古文翼》，并学作文，从而打好作文的基础。他记得第一篇作文题为《赵盾弑君论》，约作二百余字，内有二句曰："盾虽无弑君之事，而有弑君之心也。"其父为此加双圈称赞。次年，子虬公到北街姚家私塾任教，他也随去读书。他说："我父亲的案头有了梁启超在日本编印的《新民丛报》。那时我已在学习作文了，梁启超的文章这样的浅显畅达而又感情丰富，是我在古文里从来不曾读过的，因此我在私塾功课之外就自己选读这刊物，其中尤以《少年中国说》《呵旁观者文》等篇写得十分慷慨激昂，读得更高兴，俨然有古人'痛饮读《离骚》'的样子，把作者的感情和自己的感情融化而为一了。"（《我在辛亥革命时期的观感》）他祖母在旁边看着他琅琅读书，不禁十分高兴，还以为他是在读正经功课呢。他晚年之时，曾谈到梁启超文中有两句话是他幼时读得最高兴的：

> 船头施施者，自由之旗呀！
> 船尾坎坎者，独立之鼓呀！

因为他自幼读书即不肯盲从前人之说，而要坚持自己独立自由的看法，这两句话道出了他的心声，故而他告诉我们，这两句话"我永远记得"。

那时颉刚作成一册自述，题为《恨不能》，有二十余篇，前三篇分别是"恨不能战死沙场，马革裹尸"，"恨不能游尽天下名山大川"，"恨不能读尽天下图书"，这充分表达了他的志向。之所以有第一个志向，那是因为他生于离乱之际，两岁时便逢甲午之战，六岁时便逢戊戌变法失败，八岁时便逢八国联军攻破京津，十二岁时又逢日俄战争在我国东北爆发，他在《东方杂志》创刊号上见到日俄两国军官的相片，知道他们竟然在中国境内如此耀武扬威，在战争中杀了无数中国无辜百姓，为此而气愤至极，总想长大后为救国做一番事业。我家存有一册父亲幼时的读物《美利坚自立记》，那是他十二岁时自己装订的杭州白话报石印的白话历史小说，红纸封面现已褪色，上面有他当年稚气未脱的题词："美利坚自立记者，美利坚自强之历史也。当去公二百年前，美为英属，英苟待太甚而美之受苦太过，于是美国有志之士共奋其志气，尽其心力，建其义旗，为背城一战之计，苦战八年，英果不能取胜，美遂脱其羁绊而自成一强大之国。读是书者宜如英美苦战之意象而推之于本国焉。"

不久，子虬公考取了京师大学堂，到北京去了，馆事只好请人代，可代馆的总不能长久，前后换了七八人，往往数十日无师。只因姚家待颉刚很好，所以家中并不逼他换学塾。他将这两年没有正式教师的学习看作是"在私塾中最可纪念的"："这两年中，为了功课的松，由得我要怎样做就怎样做。我要读书，便自己到书铺里选着买；买了来，便自己选着读。我看了报纸，便自己发挥议论。有什么地方开会，我便前去听讲。要游戏，要胡闹，要闲谈遣日，当然也随我的便。这两年中的进境真像飞一般的快，我过去的三十年中吸收知识从没有这样顺利的，我看无论哪种书都可以懂得一点了，天地之大我也识得一个约略了。"（《古一序》）这时候，正是国内革新运动勃发的时候，要开学校，要放足，要造铁路，要抵制美国华工禁约，要请求政府公布宪法开国会，梁启超的言论披靡了一世。"在这种热情的包裹之中，只觉得杀身救人是志士的唯一的目的，为政济世是学者的唯一的责任。塾师出了经义史论的题目，我往往借此发挥时论，受他们的申斥；但做时务策论时，他们便不由得不来赏赞我了。"（同上）比如那时他自作《近代官吏论》一篇，塾师见后，评道"作者于经义素不用心，而此作特慷慨言之"等语。他私塾的最后时光，是在狮林寺巷从包叔徐师，当时沪上会审公堂大闹，江督到沪查办，包师遂出送江督题，父亲此文为包师评一百分，并时时称道之，以为奋发。包师乃将其列入头班。父亲说："可见梁氏之文用以鼓励爱国心，及开长童子文思，有莫大之功效也。"（《敝帚集三》）

4 _ 小学

1906 年初，父亲十四岁时，苏州开办了第一所高等小学——长元吴公立高等小学校，考题是《征兵论》，他考取了第一名。当晚年之时，他还背得出这篇作文的最后两句："今常郡已征兵矣，吾苏胡可以后之！"在校中，同学有叶圣陶、章元善等人。

父亲刚入校时，真是踏入了一个新世界。他在私塾中虽是一个新式人物，自己也看了些科学方面的教科书，但缺乏实物的参证，所谓科学也大致与经义策论相同。现在到了新式学校中，有了些仪器和标本，能做些实验和采集标本了。他在学校里最喜欢做的事情是"修学旅行"，因为史地教员对于经过的名胜和古迹有详细的说明，理科教员又能教学生采集动植物作标本，国文教员要学生作游记，图画教员要学生作记忆画，这些能使他感到各种材料的联络，各方面教育的亲切有趣。但除了这一件事之外，他桀骜不驯的本性又忍不住要发展了，他渐渐不信任教员了，认为他们对于所教的功课并没有心得，只会顺了教科书的字句敷衍而已。既然自己已经能看懂教科书的字句，又何必要他们费力解释；况且教科书上错误的地方，他们也不能加以改正。

不久，他患病两个月。在家养病期间，他自读了《汉魏丛书》及《二十二子》，因而略为认识古书的全貌。又从报纸上见到刚在上海创刊的《国粹学报》的目录，里面有许多新奇可喜的题目，可惜在苏州未能买到。病愈返校，英文、数学两科比同学落后很多，难以追上，于是他更加致力于国学。后来他请子虬公买回两册《国粹学报》，爱不释手。进中学后，又托人到上海将已出版的《国粹学报》全部买来，在校中翻读，一次竟忘记了考试，被监学先生斥责了一顿，先生还以为他回避考试呢。此后一直读到辛亥革命时此刊停刊为止。在这份刊物里，邓实、黄节等人以"保种、爱国、存学"为宗旨，借了"国粹"一名宣传革命；同时章炳麟（太炎）、刘师培（申叔）等人又站在古文经学的立场上来摧毁康有为（长素）的今文经学。他虽有许多地方看不懂，无法去评判他们的是非，但从中得到了一个清楚的提示，就是"过去的中国学问界里是有这许多纷歧的派别的"。也正由于这份刊物，他开始接受章太炎"整理国故"的思想，走上钻研中国学术文化的道路。

在小学的第二年，学校从夏侯桥迁入草桥新校舍，与当年刚创办的苏州公立第一中学在一处。学校总理蒋炳章（季和）令学生作《校舍落成记》，父亲所作文得了第一名。这时在学校中，他的作文已经有些名气了，逢到校中开会，请来宾出题目，当场试验学生作文水平之时，教师往往让父亲上台应试。郭绍虞（希汾）在《悼念颉刚》文里回忆道：当时苏州有四个小学，他与父亲并不同校，但四校"有时一起开会，我见到他学校里，有个学生在黑板上作作文测验，由来宾临时出题，而此人在黑板上用粉笔作文，写得很快，好像默写宿构，一些也不停顿。我奇其才，后来听人家说，这即是顾诵坤——当时颉刚的学名"（见《顾颉刚先生学行录》，以下简称《学行录》，中华书局，2010 年）。不过父亲也有闹出笑话的时候。一次来宾上讲坛在黑板上写了"革命立宪辨"五字，由父亲上来作文。那时以孙中山为首的革命派主张推翻清朝，成立民国；以康有为梁启超为首的立宪派主张维持清朝，缩小君主的权限。但父亲看不到革命派的书报，对其无从了解；而经常能读到《时报》《新民丛报》，甚佩服立宪派人谋国的公忠。以前还是在私塾的时候，他读经书，眼中见的多是古帝王贤臣的名字，塾师教作文，又十分看重抬头和避讳等事项，要说国家可以没有皇帝，仿佛说一个人可以没有头，在他是无法想象的。那时私塾中曾立了一个文会，分了革命和保皇两派来作争辩的文字，在革命派中的都是些近二十岁的人了，他们已经知道俄国有虚无党，而保皇派中都是父亲等十一二岁的小孩，所以保皇派永远被革命派所压服，父亲虽很不平，但也想不出胜过革命派的方法。现在清政府抵不住革命洪流，宣布预备立宪，以预备作为迁延之计，许多人不满意，对政府进行攻击，父亲觉得他们过分了。这时上台作文，将来宾写得很潦草的"革"字误认为"草"字，以为题目意思是说立宪必须预备的，不可草草下谕实行，正是对于近来攻击政府的人下一针砭，于是就在黑板上大作其立宪应该准备的文章。作毕下台后，才由校中领导上去说："这个题目的关系太大了，不是小学生所能作得好的。"这才算替父亲遮掩过去。

父亲的作文很有气势，这因为他胸中充满救国的激情，他说，在小学里常唱一首歌，歌词中有"中国男儿，中国男儿，要将只手擎天空！"每当唱到此时，真觉得自己身上的血和天地同流了。

5 ___ 中学

　　1908 年父亲进入苏州公立第一中学堂。在校中，与同学王伯祥（钟麒）、叶圣陶结为好友。受他们的影响，父亲买书的兴致逐渐转向旧书方面。平日课后，三人常联袂至玄妙观里的旧书肆，各求其所好：王喜史地，叶喜文词，父亲则兼而好之。当时旧书很少有人问津，所以书价日贱，他们总能依自己的财力，选购一二。出了书肆便入茶园，边吃茶边读书，还互相评论各人购买到的书，每逢此时他们都会感到人世间最大的快乐。父亲在书肆还经常向掌柜们讨教版本的知识。由于经常看书，他逐渐对书目发生了兴趣，《四库总目》《汇刻书目》《书目答问》一类书那时都翻得极熟。当时苏州城里还没有一个图书馆，他所以知道许多书，就是从这三部书目中看到的。

　　父亲那时翻书太多了，所以各种书很少能从第一字看到最后一字的，常常是没读完一部，又随着问题和兴趣读下一部，以至于第三部、第四部。为此他颇遭长辈的批评，虽然他也想改一改，但是求实效的意志终究抵抗不过欣赏的趣味。长大后，他自省由此也得到一点益处："因为这是读书时寻题目，从题目上更去寻材料，而不是读死书。"而且"因为什么书都看，无意中把眼光放得很大，不屑做书本上一家一派的舆台了"。

在买书上他偶尔也奢侈一下，一次在书肆中见到《惜阴轩丛书》，从《书目答问》中了解到此丛书所刻多属应读之书，便与书商讨价还价，至银元十八枚时书商再不肯让，对于他来说这么一笔巨款可不是平日所积的私房钱能凑够的，只好连续数日纠缠他祖母，与祖母说尽好话，连平时祖母要他做而他不肯做的事都答应了，于是祖母满足了他的请求，这部书终于买了回来。由于买书太多，有一年负的书债竟至二百余元，他便不敢向家中要钱，只是在同学间张罗。父亲说："那时并不想将来如何还债，只要带回家里，摩挲拂拭一回，也就快意。所以有许多书，年底结账时拿不出钱来，依旧还给书铺完事。"

父亲在中学二年级时，每晚从学校里回来，向廉军公学习《周易》《尚书》及以前未读完的半部《礼记》，因为廉军公认为《五经》应该读全，既然学校里不再读经，只有自己在家里教他。在读《尚书》时，廉军公是今古文一起教的，父亲读后感到古文很平顺，它的文字自成一派，不免起了一些怀疑。后来翻阅《国朝先正事略》，知道阎若璩已经辨明《古文尚书》是魏晋间人伪造的，虽一时找不到阎氏原书，却从各家《书》说中辑出驳辨《伪古文尚书》的议论若干条，进行寻绎。谁知一经寻绎，不但魏晋间的古文成问题，就是汉代的古文也成了问题。同时他又感到《今文尚书》中的《尧典》《皋陶谟》等篇的平易程度并不比《伪古文尚书》差了多少，也想去辨它。这年秋天，廉军公病逝。

校中国文教员孙宗弼（伯南）是叶圣陶的表兄，治经学及语言文字学，父亲与叶、王两人常去访谈。一次父亲由孙氏那里借得姚际恒《古今伪书考》，读后感受到极大的震动，感觉"头脑里起了一次大革命"，因为他过去珍爱的《汉魏丛书》里所收的书，向来看为战国、秦、汉人所作的，被姚氏十之七八都打到伪书堆里去了，由此可知古书中问题之多！父亲说："我在二十岁以前，所受的学术上的洪大的震荡只有两次。第一次是读了一部监本《书经》，又读了一篇《先正事略》中的《阎若璩传》；第二次就是这一回，翻看了一部《汉魏丛书》，又读了一本《古今伪书考》。我深信这两次给与我的刺激注定了我毕生的治学的命运，我再也逃不出他们的范围了！"（《〈古今伪书考〉序》）

这时，江苏存古学堂在苏州沧浪亭可园成立，孙氏辞中学职而任该校教职，他们三人也报名应考，父亲考经学，叶考文学，王考史学。该校所收学生大抵为三四十岁已有功名者，无十来岁的童子，发榜三人皆不取。父亲的考题是《尧典》上的，他把汉代经学大师郑玄的注释痛驳了一回，结果落卷上的批语是"斥郑说，谬"四个大字，他方始知道学术界的权威是惹不得的。

要是他能够继续用功，说不定以后可以成为一个经学家了，但他祖父病逝后，在经学方面既少了一个诱导的人，文学方面的吸引力又很大，于是他不自觉地渐渐疏远了经书。当时他受校中教员胡蕴（介生）的影响，极爱诗文；又受叶圣陶的同化，想致力于文学。他称叶是"一个富于文艺天才的人，诗词篆刻无一不能"，与叶、王及吴嘉锡（宾若）等同学立了一个诗社，名"放社"，自谦所作尚在蝇鸣蛙唱之下，大家推叶为盟主，随其学作诗填词。父亲说："我起先做不好，只以为自己的功夫浅。后来永远不得进步，无论我的情感像火一般的旺烈，像浪一般的激涌，但是表现出来的作品终是软弱无力的。有时也偶然得到几句佳句，但要全篇的力量足以相副就很困难。"以后经过多少次的失败，方知道自己与文学无缘，便不再妄想"吃天鹅肉"了。

在中学里，父亲游览的嗜好也更加得以发展。校中常组织旅行，有时出府境，有时出省境，他高兴极了，无论到什么地方总要尽了脚力去走。别人厌倦思归了，他却是精神奋发，责怪人家妨碍了自己的兴致。每逢星期日，几乎必约了同学到郊外远足，天平、灵岩、上方、七子等苏州城外的山径都给他们踏遍了。那时他曾作诗言志曰："我将凌大岳，长路抚征鞍。岩穴何辞僻，关山取次看。高风吹岭急，斜月照途寒。思量男儿事，宁嗟道路漫。"

父亲三年级时，校长为袁希洛（叔畬），他是同盟会会员，刚由日本留学回国，来校后便仿照秋瑾在大通学校的作风，把学生训练为革命军队。他向抚台衙门领了五十支新毛瑟步枪，请武备学堂毕业生魏旭东（廷晖）任体操教员，教兵式操，常常一操半日。父亲说："我自小既多病，又好读书而不好戏弄，简直不知道人间有体育之事。所以刚进中学时就规避体操，甚至于学期考试也不到。"这时受师长规劝，知道如此缺考定要留级，不得已换了操衣去参加训练，渐渐把兴致提起来，不再缺课，以后把跑步、变换阵式、冲锋、埋伏等都学会了。每当大雨天不便到校外操练时，学生就在校内操场的水门汀地上扛枪跑步，有时一整堂体操课都在跑步，尽管许多同学跑不动而中途退下，但教员却镇静得很，依然让其余人继续跑。父亲对体操课既已有了趣味，所以胸部虽是气闷万分，仍不止步，在最后听了"慢步走"或"立定"的口令而终止跑步的三四人中，他常占一个。这时候他的身体和幼年时相比，简直是判若两人了。他说："在这中学中五年，学识固然进步得很少，但身体确是很好，没有发过一次寒热。"

　　由于家中数代单传，长辈们必欲他早婚，故当他十三岁时，已为其与城内吴氏订婚。一次子虬公带他去茶馆吃茶，与邻桌的客人寒暄几句，并唤他过来拜见，不久便离去。他原以为这是父辈一般熟人相遇，未曾在意，后来才知此是女方家长前来相亲。他是孝子，虽然对包办婚姻甚为不满，却不敢抗拒。1911年1月27日，他与吴徵兰结婚，是时其尚不满十八周岁。此次婚姻本无感情基础，徵兰大父亲四岁，是一个纯粹旧式女子，两人既不熟悉，也难找到共同语言。而父亲感其柔弱无辜，既然木已成舟，则"男女之情舍吾妇外，不应有第二人耳！"于是他刻意培养夫妻感情。徵兰在娘家未尝识字，父亲就教她认些字，她始能自书其名。

6 __ 辛亥革命

　　父亲在中学时，正是立宪请愿未得清廷允可、国民思想渐渐倾向革命的时候。1909 年，于右任在上海主办的同盟会机关报《民呼日报》发刊，父亲和同学们非常爱读，受它血性和热力的鼓舞，父亲仿佛得到了新的血液，开始有了种族革命的思想，转变了以前的保皇倾向。看到徐锡麟、秋瑾等人反对清政府而慷慨牺牲的事迹，他感到可歌可泣。然而《民呼日报》只刊行了三个多月，就被清政府转请租界工部局封掉了，不久于右任又改出《民吁日报》，仅四十多日再次被封，这使父亲和同学们觉得苦闷极了，"恨不得跟满清政府和租界上的工部局拼命"(《十四年前的印象》)。1910 年，于右任又改出《民立报》，使父亲"仿佛在黑暗的深渊中得着曙光的愉快"（同上）。此报由宋教仁任主笔，态度较为和缓，故而能持续到 1913 年二次革命后才被封。从宋教仁的文章里，父亲开始了解到西欧的社会主义。那时有一位留学日本的湖南人杨笃生因忧国而跳海，此事让父亲很受震动；后来《民立报》上登出杨的遗著，其中有论社会主义一文，甚通俗易解，父亲通过这些文章，慢慢接受了社会主义的熏陶。

1911年春，同盟会在广州起义，七十二烈士慷慨捐躯的伟大精神使他极为敬仰。是年夏，四川掀起保路风潮；10月，武昌起义爆发。此后，陕西、山西、云南、湖南等省相继独立，势如破竹。父亲和同学在学校里再无心读书，天大的任务是看报。上海各报每天午后一时由火车运到苏州，大家就推定同学，在下午二时下课休息的十分钟内，快速跑到宫巷桂芳阁茶馆里，向卖报人买得几份，再飞身返校，对同学高声宣读，并将在路上听到的新闻讲给大家。父亲因为身高腿长，就经常有幸承担这一任务。

11月4日，上海光复。次日，苏州巡抚已应革命党人要求做了民军都督，也宣布独立，家家在门口挂起白旗，以示降顺了民军。父亲同叶圣陶等人兴冲冲地赶到抚台衙门，一眼望去，只见大门前兵士束装整列，吹鼓楼上高悬一面长方形白旗，书写有"兴汉安民"四个墨汁淋漓的大字，正在临风飞舞。大家在新都督府门前徘徊，心中有着说不尽的高兴。父亲以为这是他有生以来对于国事最高兴的一天了，看到街坊间挂得密密层层的白旗，觉得前途有无穷的希望。当时袁校长也来了，于是大家随其游行庆贺。校长主张暂时停课几日，在校中组织学团，保护城中治安，彻夜巡逻以防御土匪。当天晚饭后，父亲与同学们便穿着黑衣黄裤的校服，胳膊上围着白布，背着枪，腰缠弹匣、刺刀，在学校操场整队而出，巡逻于街巷和城头上。当时许多街巷里都组织巷团，父亲也参加了。他一身兼二任，这一夜做学团时背着枪，那一夜做巷团时又提着灯笼，虽然很累，但也足以顾盼自豪。有一夜，他和几个同学巡逻到城头上，藉草而坐，拂拭刺刀，月光照在刀刃上，寒光四射。大家情不自禁舞起刀枪来，长天朗月下充满了年轻人的豪气，真感到战死沙场是无上的荣光。巡逻到半夜时，为御风寒，他们往往到就近的同学家中去吃粥，那时许多同学都剪了辫子，父亲也想剪去，故而轮到去自己家中吃粥时，他只将剪了辫子的同学带回，这样就使他的长辈知道剪辫子是大势所趋，无法阻挡，于是容许他剪去。在父亲的宗族和姻戚里，他是第一个剪辫的。

父亲受革命潮流的涌荡，想投身其中，那时作了一首长诗述怀，末尾数语是："嗟尔经与史，存之有空椟。宁乖俗士心，勿污灵精目。"把五六年来向往国学的念头推翻了。当时中华民国军政府聘张昭汉（默君）女士到苏州办《大汉报》，宣传革命，报馆设在沧浪亭。父亲和叶圣陶久有办报的志向，他们在学校里已经自己编印年级报纸，隔几日便出一期，现在听说此事，都为之动心，想到报馆去帮忙，因为无人介绍，就写了一封很长的信，作为自荐书，但除了得到一张回片之外，并无什么效果。

那时，父亲常在报纸上见到妇女参军及争取选举权等消息，随手录出，于年底写成《妇女与革命》一文，署以吴徵兰之名，投寄有正书局的《妇女时报》，次年刊出，这是他在报刊发表的第一篇文章。他将此文拿给妻子看，虽知她不尽了解其中含义，却也得她"轩渠一笑"。

1911 年，江亢虎在上海创办中国社会党，次年 1 月，又和该党成员陈翼龙、詹天雁到苏州建立支部。在留园开支部成立大会时，父亲和王伯祥、叶圣陶等同学前往，听江氏讲演社会主义起源及进行方法，一连听了四个钟头。父亲对王、叶两人表示，自己深为赞成社会主义，并劝他们一起加入社会党。当他们向支部主任干事陈翼龙和副主任干事詹天雁提出入党的要求时，马上就得到了热情欢迎。

父亲入党后担任文书干事，除每次讲演会、座谈会作记录外，还作文宣传社会主义。他说："我们这一辈人在这时候太敢作奢侈的希望了，恨不能把整个的世界在最短的时间之内彻底的重新造过，种族革命之后既连着政治革命，政治革命之后当然要连着社会革命，从此直可以到无政府无家庭无金钱的境界了。"（《十四年前的印象》）因为他醉心于这种理想，所以成了一个最热心的党员，往往为了办理公务，到深夜不眠，虽引起家庭的斥责、朋友的非笑，也全然不顾。他只觉得世界大同的日子是近了，反对他的人太糊涂。许多长辈劝他说："这班人都是流氓，你何苦与他们为伍呢！"而父亲早就不承认这种势利的见解了，他以为流氓和绅士不过是恶制度下分出的两种阶级，他正嫌恶绅士做种种革新运动的阻碍，要铲除了这个阶级才快意。一次他祖母问他在忙什么，他说，要实现一个没有国家、没有家庭、没有金钱的社会。祖母问："既然没有家庭，把我放在哪里？"他说："请你住在养老院。"祖母不禁大怒道："我这般喜欢你，你竟要把我送到养老院去，成什么话！"子虬公连忙劝解道：《论语》说得对，博施济众，'尧舜其犹病诸！'社会党用心虽好，可是做不到啊！"

　　父亲与陈翼龙友善，经常交谈。陈氏事业心很强，父亲将其视作自己心目中的英雄。为了反对南北议和以及袁世凯任总统，不久陈氏便辞了苏州支部职，赴宁沪等地活动。自陈氏走后，其他人好像失去了灵魂，振作不起来，每天踏进支部就像踏进茶馆，大家尽说些闲谈笑话来消遣时间，早把社会主义丢向脑后，有的人竟放手同女党员们打情骂俏。父亲说："我是一个极热烈的人，同时也是一个极不懂世事的人，对于他们屡屡有所规诫，有所希望，但是他们几乎没有一个能承受的。"王、叶两人因看不惯就不再去了，

1912年1月，加入中国社会党留影（左起：王彦龙、顾颉刚、叶圣陶、王伯祥。他们胸前所佩即为该党徽章）

父亲是文书干事，不得不去，去了又是满肚子气，曾作诗发泄道："到处不如意，低回辄自惊。浅交纨绔子，漫向说生平。此志谁青眼？几人友血诚？近来悟一境，儿女是真情。"其实，就是在儿女间，这些人又何尝有什么真情呢！

是年夏间，陈翼龙与江亢虎到北京组织支部，陈氏任北京支部主任干事，支部事务所位于宣武门外南横街，当时邓颖超之母杨振德也加入其中，她们母女俩就住在事务所里。此时父亲刚由中学毕业，赴上海入私立神州大学，但未几便因此校不堪就读而返苏，正与叶圣陶筹划"放社丛刊"之事，因得知北京支部日益活跃，适逢津浦铁路刚通，就请陈氏筹寄路费三十元作赴京之用。他未告祖母、妻子实情，托词离家北上，12月初抵京。当途经黄河铁桥时，他被眼前的壮观景象所震撼，遂作诗一首曰："荒岸列寒柯，天风拥客过。长车走遥夜，斜月照黄河。道坦惊神斧，流危听鬼歌。探源星宿海，我欲指深波！"不久，他随陈氏赴天津组建支部，由于工作受阻，他先行返京。这时子虹公因得知实情，由南京赶赴北京，流泪对他说："我只有你一个儿子，我不能让你办党！回想甲辰年我在京师大学堂读书，因家境贫寒，读了书就无法养家，只得休学。当时曾发愿：自己虽不能在大学堂毕业，但定要儿子在此毕业。现在离考期不远，你就可报考北京大学。我并不强迫你脱党，只是要你升学。"这一片肺腑之言使他难以拒绝，只得随其南归。

后来他考取北京大学，因学校离南横街很远，只能逢星期日去支部走走，不担任职务，渐渐就脱党了。他说："可喜这一年半中乱掷的光阴，竟换得了对于人世和自己的才性的认识。从此以后，我再不敢轻易加入哪个党会。"（《古一序》）

第 二 章

北 京 求 学

1 __ 入北大预科二部

    1913年3月初，报纸上刊登北京大学招生广告，招考的学生只有工科和预科，父亲赶到上海派克路寰球中国学生会报名预科考试，试期已不远，便住在孟渊旅社待考。考试时与中学同学吴奎霄（篆赤）一起入场，连考三日，"题目逼人几同猛虎，考毕则天地异色，如科举时童生之出场也"（叶圣陶日记）。

    4月初，北大录取新生通知在报上刊出，他是第九名，吴是第十名。不久，他两人到沪由海道北上，在船上父亲作渡海诗八首，逼真地描写了大海的雄浑壮烈以及自己的激情，今录一首如下："灵海荡陵谷，陵崩谷又山。浮槎酬昔愿，大观绝尘寰。逐浪苍茫里，遥烟明灭间。海风破面去，我欲驾云还。"

    月底到京，当时学校里的毕业生还未搬走，无宿舍可住，而且新生尚未来齐，开课仍需等待几时，他们就被校方安排在前门外西河沿客栈。西河沿附近戏园多，而且那时的戏价便宜得使人难以相信，仅一二毛钱。"我辈穷小子，别的钱花不起，这一点倒可以，所以那时上午十一时半吃了饭，十二时便进戏场，直到天快黑时才出来。"(《我在北大》)以前在南方，父亲常听人讲北京戏曲的美妙，酷好文艺的叶圣陶又常向他称道戏曲的功用，他们偶然凑得了一些钱，到上海去看了几次戏，总是回味无穷。现在住在戏剧渊海的北京，他觉得真是太有福气了，自然要好好享受一番。空余时间再逛逛劝业场、青云阁、首喜第一楼等市场，在地摊上捡几本破书。

不久学校开课，他与吴奎霄同住进校中寒字号宿舍。平时他喜爱文学、哲学，可当签名定部时，他填的却是预科二部（乙类），梦想以后进农科。这是因为平常读的诗词里描写农村生活太美好了，而且当时革命的兴奋感过去了，面对的是愈来愈烈的袁世凯的虐政，使他们这班青年大为失望，觉得还不如隐居的好。"学了农，既可自给自足，不靠人家吃饭，不侵入这恶浊的世界，又得啸傲云山，招邀风月，上与造物者为友，这不是人格的完成？这不是人生的至乐？"(《我在北大》)不料才上了三星期的课，校中便发生了反对校长何燏时的巨大风潮，因而停课，直至期末。当时学生们去往教育部请愿，父亲也同随去，曾在教育部露宿一夜，初尝露宿滋味，他并不觉苦，甚而还利用睡不着的时候作成和叶圣陶诗十余首。后来何氏辞职，工科学长兼预科学长胡仁源代理了校长职务。在停课期间，父亲当然又大看其戏，他最醉心于女伶小香水，每每为其一曲悲歌而坠泪。暑假到了，家中催归，这才告别了戏园子，踏上归途。

暑假中他常与叶圣陶等同学相聚，谈起在京见闻，对于袁世凯之流的罪恶真是深感痛恨。为此，叶氏作诗曰："……颉公燕都归，听雨谭抵掌。直北是长安，冠盖属朋党。白日妖霾现，杀人弃沟壤。鸡鸣上客尊，狗苟公道枉。豪游金买笑，乞怜血殷颡。嗟哉行路难，触处是肮脏。……"

那一年，就在父亲投考北大之时，袁世凯派人在上海暗杀了宋教仁，全国上下大为震怒，掀起反袁的二次革命，陈翼龙投身其中。当6月父亲离京之前，陈氏把一网篮别人给他的信交父亲保存，并嘱其代为作传留念。7月底陈氏被捕，旋被枪杀，政府随即通令全国，解散社会党。父亲由报上得知其被捕消息，立刻写快信至京中打听，后见报载其死讯，悲愤已极。秋天开学，政府和学校严禁学生与乱党往来，多加盘查，父亲不得已，将那一篮信毁掉。他说："我一生没有做过对不起朋友的事情，这次竟辜负了死友的谆嘱。'使死者复生，生者不愧乎其言'，我在这句话的前面是一个彻底的失败者了。"(《我在北大》)

新学期预科搬至北河沿的译学馆，就是后来的三院。他住在工字楼甲字二十五号宿舍，就是后来法学院的教室。正式读书后，问题马上就来了，他说："既经是预科乙类生，就得演算，就得绘图，这都是我在中学时期最撒烂污的功课，如何追赶得上呢？尤其是用器画，一张图须先打好铅笔稿子，再加墨线，我的一双手分泌的汗汁太多，画得满纸是指纹手印，简直不敢交上去了。"唯有德文课十分用功，常读在同学的前头，得到教师姚宝名的好评。

读书的同时，他仍不忘看戏，因为"好戏子的吸引力，比好教员更大，好像讲堂的梁上绕着他们的余音似的"(《我在北大》)，他终究作了他们的俘虏了。《古一序》中说："我固然也有几个极爱看的伶人，但戒不掉好博的毛病，无论哪一种腔调，哪一个班子，都要去听上几次。全北京的伶人大约都给我见到了。每天上课，到第二堂退堂时，知道东安门外广告版上各戏园的戏报已经贴出，便在休息的十分钟内从译学馆跑去一瞧，选定了下午应看的戏。学校中的功课下午本来较少，就是有课我也不去请假。"父亲现存遗稿中存有《檀痕日载》三册，均为当时看戏后所记的观感，有数万字之多。

预科的同学中，毛子水（准）是他"最敬爱的"。受其有序读书的影响，他一改向来"汗漫掇拾，茫无所归"的翻书习惯，将《庄子》白文圈点毕。他说："这是我做有始有终的工作的第一次，实在是子水在无形中给我的恩惠。"（《古一序》）

那年冬天，章太炎在化石桥共和党本部国学会讲学，所讲为文科（包括小学和文学）、史科、玄科，父亲受毛子水之邀同去听讲。他从私塾到大学，一向是把教师瞧不上眼的，上了一二百个教师的课，总没有一个教师能够完全摄住他的心神。到这时听了章氏的演讲，觉得其所讲内容既渊博，又系统，又有宗旨和批评，他从来没有碰见过这样的教师，不由得佩服极了。章氏说："约的病仅止于陋，博的病至于胡乱得不成东西。"父亲由此发现了自己的弱点，他从前读书虽多，但的确没有宗旨，只是陶醉其中，所以脑子里只有一堆零碎材料，连贯不起来。另外听到章氏对于孔教会的抨击，父亲也深受启发。当时袁世凯蓄意做皇帝，倡导复古思想，孔教会声势很大。章氏指出宗教和学问的冲突，又指出现在提倡孔教者是别有用心，他们想以此来推翻国体，并举出康有为等今文家所发的种种怪诞之说。父亲听后十分气愤，想不到今文家竟是这种妄人！以前他在书本里虽已知道经学上有今古文之争，但总以为这是过去的事情，哪里知道这个问题依然活跃于当今的学术界上！此时，他深信古文学的观点是极合理的，愿随从章氏，以看史书的眼光去认识《六经》，以看哲人和学者的眼光去认识孔子。可惜章氏只讲学三星期，就被政府逮捕入狱。失去这一良师，他甚感痛惜，便将听讲笔记整理出来，成一册《化石停车记》，并寄与叶圣陶研习。

　　这时学期考试临近，他自觉有几门功课实在考不过，还不如不考，于是写信给子虬公，请其准许他休学半年，留校自读，待下一学年改入预科一部（甲类）学习。子虬公在复信中居然没有骂他，只说："你从前不该不自量力，贸然选读你不尽情的功课，以至吃这躐等的亏。"他就不赴考场，下学期开学也不上课，那时北大的管理很松，虽然他没有考试和注册，还任其住宿和包饭。

2 __ 休学看戏

　　在这休学的半年中，父亲的戏瘾更大了，戏园子成了他的正式课堂，除非生病，没有一日不到。除了平常去惯了的前门几家之外，再穷搜那些不很有名的戏园去看。如崇文门外东茶食胡同里的广兴茶园，是老派秦腔班所在，其伶人都是过了时的名角，扮相既差，声调也不如新派奉天梆子的婉转抑扬，无怪观众寥寥落落。然而他却有自己的兴趣所在，他以为，秦腔在北京的年代比汉调早，新派的秦腔固然比老派好听，但新派是从老派出来的，倘若要寻求历史材料，便不能不多看这类的山陕戏，他还恨未能看到甘肃戏呢。又如天桥草棚中的戏班，一出戏演毕便向每位客人收取一二枚铜元，他认为他们足以代表北方的乡间戏剧，也就去站着看。有了这样的博览，他对于戏剧便具有了一个时间性和空间性的系统研究的眼光。他那时正在读刘知几的《史通》，深喜他的系统的记叙和批评，就想照着这个方式作一部书，名曰《戏通》，把古今戏剧的演进历史、地方性戏剧的特殊风格、各种角色的名目及其任务、各种切末（戏场上的东西）的意义及其使用，以及各种戏本和各种小说的关系，一一考出写出。这部书的目录拟定了五十题，可是这计划太宏大了，一时只能搜集材料，不能写下去。已动笔的是"戏剧表"，即分析各戏的别名、内容、出处、角色、曲调等，还有"论剧记"，写上每天看戏的心得。倘使那时北大有戏剧学院的话，他肯定是第一名的学生了。

那时谭鑫培是北京伶人的领袖，"谭迷"太多了，按时入场则别想挤得上，父亲想出一个方法：老谭演戏必在夜间，他便带了烧饼到这戏园去看白天的戏，戏散后就在池子里觅一个适当地方，坐下吃烧饼。场内打扫卫生，尘土满园，他也不在乎。待到别人挤进来时他已安然有了好位子了。（那时戏票不在门口买，戏演到中间时按客收钱。）再有一个困难也得解决，夜戏必须十二时后才散，译学馆早已关门上锁，回不去了，因此只得在白天看戏之前在旅馆里定下一个房间。伙计们识趣，看他是学生模样而又没带行李，便打趣地说："您是到城外来听夜戏？今天好，谭老板的《空城计》！"

这样的流连忘返当然费钱，而当时家中每月只给他二十余元，听谭鑫培的戏加上茶资和住宿三天要十元，为了应付一月的开销，父亲便不在学校里包饭，那时北大伙食很不错，一月六元，八人一桌，六菜一汤，馒头、米饭随意吃。他省出这六元钱来听戏，除听老谭和杨小楼的不计在内，听其他戏班都够了：到广和楼听刘鸿升一班，到中和园听小香水一班，都是两毛钱，已是最贵的，到天乐园听梅兰芳一班只一毛钱，到广德楼听马连良，到民乐园听白牡丹（即后来的荀慧生），只有五分钱，因为他们尚在科班中肄业，不需分取戏钱的。这样平均算来，一月耗费在戏园里的加上茶钱也不过七八元。至于吃饭，则立志以烧饼度日，那时烧饼有大小两种，大的价小铜元一枚，小的价一枚两个，他每天中午从译学馆出去，到东安门，在小铺里买四个铜元的小饼，沿着皇城根（那时皇城城墙尚未拆除）走，那是一条大车路，专做运输用，不易碰到熟人，他就边走边吃，不多时便吃光。到了戏园，泡一壶茶，渴也解了。戏散后返校，走到户部街再买四个铜元的饼，到校时又已吃完。那时一元钱可换铜元一百七十枚，一月伙食费只需两元。

父亲常与吴奎霄论戏剧，他喜博，吴喜精，往往有相持不下之时，便各自写信致中学同学吴湖帆，申述己见，请其裁决。他又作论剧文刊出，一反当时偏颇的风气，以公平的态度评论各位伶人，指出不应以个人的好恶对伶人各执一词，在报纸上相互攻击。

在这两年间做戏迷的生活中，他抑制了读书人的清高去和民众思想接近，也随时留意了戏剧中许多故事。但一经留意后，自然生出许多问题来。如薛仁贵和薛平贵的姓名事迹都极相像，前者见于史，后者不见而其际遇却直从叫花子做到皇帝，可见后者的故事是从前者的故事中分化的，以便能淋漓尽致地表达。又如司马懿在《逍遥津》中是老生，而到了《空城计》中就是净，可见戏中人的面目不但表示其个性，而且表示其地位。这一类的问题在中学时代他一定是不屑一顾的，但在这时，他正心爱着戏剧，不忍将其弃之，反而要为之深思。他感到："从史书到小说已不知改动了多少，从小说到戏剧又不知改动了多少，甲种戏与乙种戏同样写一件故事也不知道有多少点的不同。一件故事的本来面目如何，或者当时有没有这件事实，我们已不能知道了；我们只能知道在后人想象的这件故事是如此的纷歧的。"他认为编戏的人主观的想象，还有无意的讹变，形式的限制，点缀的过分，来历的异同等，都会造成纷歧的变化。于是，深思的结果，使他认识了故事的格局，知道故事是会变迁的。这成为他无意中得到的一项学问上的收获。

　　由于看戏，父亲天天进出前门，经常在城门洞里看到军政执法处枪毙乱党的布告，其中往往有些知名之士，是他中学时代所仰望之人，因此他恨极了袁世凯，同时也恨极了执法处长陆建章，每次在这些布告底下走过时，总要朝着他的名字咬一咬牙。

3 __ 入预科一部

1914 年秋天，父亲改入预科一部（甲类），宿辰字九号宿舍。因为受过章太炎的短期指导，读书的兴趣已提高不少，这时读的功课又比二部容易，就更想好好地用一番功。他自己规定了八种书，每天依次点读。其中有《史记》《文心雕龙》《史通》《文史通义》，这都是旧籍中有宗旨、有系统的作品；有夏曾佑（穗卿）的《中国历史教科书》，此书虽称教科书，却是夏氏一家之言，他很有眼光，定夏以前为"传疑时代"；说桀纣之恶太相像，一定有后人的附会；说秦皇汉武开拓疆土，是对中国有大功的人。这些话是以前的人所不敢说的，他说出来出人意料，入人意中。还有《国故论衡》，读此书是为把章氏的学说重新咀嚼一下；有《大乘起信论》，此书是由章氏所讲玄学引起兴趣的，可惜没有人指导竟未看懂；有《新旧约圣经》，该书是由夏氏的教科书所激发出的兴趣，因其讲中国古代史时常用《旧约》做比较。

在读书时，父亲总喜欢把自己的主张批在书上，逢到书端上写不下时，便写入笔记簿中，不管这见解是怎样的浅薄，也大胆写

读书笔记第一册《寒假读书记》小叙

下。他一生的读书笔记有两百多册，其第一册《寒假读书记》便始于这年冬天，该册小叙曰：

> 余读书最恶附会；更恶胸无所见，作吠声之犬。而古今书籍犯此非鲜，每怫然有所非议。苟自见于同辈，或将诮我为狂。……吾今有宏愿在：他日读书通博，必举一切附会影响之谈悉揭破之，使无遁形，庶几为学术……之彖。

这真是初生牛犊不怕虎，固然是有些自不量力，但这种勇气终究是可贵的，能使其敢于用直觉作判断而不受传统学说的命令。那时就是对于极佩服的章太炎，父亲也禁不住要有所抨击，而且终想用自己的努力去超过他，因此自署名曰"上炎"。他说："这一年，是我有生以来正式用功的第一年，可是做得太勇了，常常弄到上午二时就寝，预伏了后来失眠症的根基。"

那时，父亲的国文教师是马幼渔（裕藻），文字学教师是沈兼士，都是章太炎的及门弟子，讲得都很切实，而且马氏不完全遵守师说，今文家的话他也有所取，父亲自然喜欢接受。法文教师是贺之才，平时不大鼓励学生，所以未引起父亲的兴趣，他就不像上一年读德文时那样认真了。

上一班的同学沈沅、傅斯年（孟真）等发起"文学会"，出版《劝学》杂志，来邀父亲作文。他想：自从受了章太炎的指导，痛恨今文家的造谣，现在就写一篇骂孔教会的罢。当时洋洋洒洒，写了一篇三千多字的《丧文论》，为孔子叫屈，他说《六经》是诸子所共有，不是孔子所专有，孔子是九流中的一家，不是地位特高的教主；现在孔教会中名为尊他，其实只是诬他，如果他们这样狂下去，孔子的文章必将丧失地位。这篇文字，措辞激烈，超过了章氏的《驳建立孔教议》。傅斯年主张放在第一篇，但其他同学不敢，他们拿给一位地理教师桂老先生（扬州人）看，此人看了大骂道："这种东西哪里可以印出来！"于是他们退稿了。

父亲受章太炎启发，产生自觉的治学意志。他说："我以前对于读书固极爱好，但这种兴味只是被动的，我只懂得陶醉在里边。""现在忽然有了这样一个觉悟，知道只要我认清了路头，自有我自己的建设，书籍是可备参考而不必作准绳的，我顿觉得旧时陶醉的东西都变成了我的腕下的材料。于是我有了烦恼了：对于这许多材料如何去处置呢？处置之后作什么用呢？处置这些材料的大目的是什么呢？"后来"这些模糊的观念忽然变成了几个清楚的题目：（1）何者为学？（2）何以当有学？（3）何以当有今日之学？（4）今日之学当如何？"大约自1914至1917这四年中，他常在闲暇中思索这些问题，并搜集他人的答案而加以批评。他说："经过了长期的考虑，始感到学的范围原比人生的范围大得多，如果我们要求真知，我们便不能不离开了人生的约束而前进。所以在应用上虽是该作有用无用的区别，但在学问上则只当问真不真，不当问用不用。……从此以后，我敢于大胆作无用的研究，不为一班人的势利观念所笼罩了。这一个觉悟，真是我的生命中最可纪念的；我将来如能在学问上有所建树，这一个觉悟决是成功的根源。追寻最有力的启发，就在太炎先生攻击今文家的'通经致用'上。"（《古一序》）

但是父亲改不掉博览的习性，总想寻找今文家的著作，看它究竟如何坏法。他先看了康有为的《新学伪经考》，知道康有为论辩的基础是建立于历史的证据上，要是古文的来历确有可疑之点，那么康氏把这些疑点列举出来也是应有之事。接着又看了康氏的《孔子改制考》，第一篇论上古事茫昧无稽，说孔子时夏殷的文献已苦于不足，何况三皇五帝的史事，此说即极惬心餍理。下面汇集诸子托古改制的事实，很清楚地把战国时的学风叙述出来，更是一部绝好的学术史。父亲敬佩康氏"这般锐敏的观察力"，感到古文家之所以诋毁今文家大都出于党见，这不是学者所应做的。

想不到就在1915年刚刚来临时，厄运降临到父亲身上。同舍好友吴奎霄因其兄患猩红热，到医院里陪伴，过两天自己却带病回校了。当时父亲请医生来，给吴氏量体温时，他还能张口含着表，可是医生还未出门，他已经咽气了。父亲无可奈何，只有赶紧为他各处奔走，料理后事。当时恰逢北京少有的寒冷，父亲身着薄薄的大衣，冻僵了手指，后来连指甲都冻掉了，也置之不顾。他说：与吴氏"七年友谊，近二年同出同归，情况尤为亲密，如今他骤然死去，好像砍去了我一半身子似的，伤痛到极点，友人说我近于疯狂了"（《我在北大》）。

家里知道他逢此大难，怕他也病，急速催他回家过年。在家中休息了一时，他于春间回到学校，宿乙字九号宿舍，与朱孔平（曜西）同舍。朱氏是毛子水的同乡，章太炎的国学会就是他们三人一起去听讲的，他们相处很投合。不幸这学期父亲得了伤寒，病了一个多月，全赖朱氏随时照顾，还常讲故事给他解除寂寞。待病愈起床时，学年考试已经考过了。本来上一学期他的成绩还不错，在班里四十多人中考了第八，但到这时，又是榜上无名了。8月初，他感觉身体恢复得差不多了，才南归度假，谁知刚到家半月，伤寒又发，浑身失去了力量，连说话都发不出声音，七十多岁的祖母用了全部精力来护理，至9月中旬方愈，又补养了半年才恢复健康。

既经因病旷了一学期的课，父亲索性休学一年。在此期间，他可以按照自己的兴趣来工作了。苏州本是清代汉学中心，旧书刻版最多，自从废止科举、设立学校以来，旧书肆的生意逐步清淡，观前街的书铺纷纷转行卖新书，只有护龙街上来青阁等几家还保持昔日的行业，父亲经常出入其中。他很想追随清代学者，努力于古文籍的考订，完成他们未完的工作。为把他们的工作列一清单，父亲把他们的著作名目汇拢，以著者为单位，无论其著述已成未成，已刻未刻，均予以收集，还收集别人对著述的批评，以便了解此书的意义。他工作的依据，是《四库总目》《汇刻书目》《书目答问》《先正事略》、各家文集、各图书馆书目、上海各书肆书目以及报纸上的广告，这些工作他做了几个月，粗成二十册，名为《清代著述考》。又作清代学者的"师承表""籍望表"，以看出他们所受时代和地域的影响。由此使他对于清代学术有了深入的领会，他说："我爱好他们的治学方法的精密，爱好他们的搜寻证据的勤苦，爱好他们的实事求是而不想致用的精神。"这是他的由衷之言。

那时他又想编一部中国学术史，仿《太平御览》而名为"学览"，粗粗定了一个目录，订了两百余本的卷子，分类标题，聚集材料。

工作的同时，他又为报考北大文科而做准备。那时北大本科也收同等学力的学生，他入预科两年，总没有经过学年考试，感到自己也许没有预科毕业的福分，便想以同等学力的名义去考本科。文科的入学考试不考数理化，但要考心理学和论理学，于是他细读严复《名学浅说》及其著译参半的《天演论》等，越读越有兴趣，便决定考取哲学系了。1916 年夏，他到上海寰球中国学生会报名应考，预科没毕业照章是不应该考本科的，好在预科时他用名字的是诵坤，这时在报名表上便改用颉刚，学历也不好写北大预科，而改写"自修"。监考的是那位代理校长胡仁源，他见了就假装不认识。发榜时，他名列第五。后来学校编同学录时，他的学历竟成了"自修学校毕业"，这也算是他跟学校开了一个小玩笑吧。

4 ＿ 入本科

　　1916 年秋天，父亲进入北大中国哲学门（以后改为哲学系）学习，听的课有陈汉章（伯弢）的中国哲学史、崔适（怀瑾）的春秋公羊学、陈大齐（百年）的西洋哲学史、马叙伦（彝初）的中国哲学等。1913 年他刚入预科时，正逢北大本科第一班毕业，他看到毕业榜第一名便是陈汉章，当时其已年近五十了。听子虹公说，这一班人还是他当年在京师大学堂时的同班同学呢。陈氏在讲课时为学生提供了无数的材料，使得他们的眼界日益开拓，知道研究一种学问应该参考的书是多至不可计的。他对于陈氏渊博的学问甚为敬佩，而对于崔适的课并无好感，因为他已不能接受崔氏的今文学家的迂腐见解了。

　　这时的北大，仍沿袭着京师大学堂的教学内容和形式，学生的来源也不外乎京城官僚家庭的子弟以及外省官僚和地主家庭的子弟，他们都保留了浓厚的封建色彩，固然也有好学生凭着个人意志去钻研功课的，但大部分人只是得过且过，混到毕业，有的找门路得到官职，得不到官职的，则靠着全国唯一的国立大学的金字招牌，总可以谋到一个中学教员的差事。学校里暮气沉沉，学生和教员、教员和校长之间毫无任何交流，学生不能和校长直接谈话，有事须写呈文递上，校长批了揭示在虎头牌上才可，活像一个衙门。

然而到了1917年1月，蔡元培（孑民）就任校长职以后，这一切都开始变了。蔡氏本是清代翰林，但他抛官不做，加入同盟会，从事革命，又留学欧洲，锐意图新。他在学校里实行思想自由、兼容并包之方针，大量引进和扶植新派人物，积极支持新文化思潮。当时学校文科里顽固守旧者最多，他就首先由此入手，请《新青年》主编陈独秀来任文科学长。那时，胡适（适之）在美国留学，常常投稿《新青年》，鼓吹文学革命，用白话作诗文，成为一员健将，所以陈独秀一到，即向蔡校长推荐胡适来作教授。胡适接到电报，没有等拿到博士学位就回国了，到北大授中国哲学、修辞学课，他的博士论文就作为哲学课的讲义。这些举措使父亲的人生旅程进入了一个全新的境界。

那年秋，父亲升二年级，宿西斋丙字十二号宿舍。他初次听胡适课时，竟被其大大震动。本来像胡氏这样二十七岁的年轻教授在北大历史上是从未有过的，他来接替陈汉章讲课，班上许多年纪比他大的学生已经不服气了，而他所讲的第一章"中国哲学结胎的时代"又是丢开唐、虞、夏、商，径从周宣王之后讲起，把一班充满着三皇五帝意识的学生惊得"舌挢而不能下"。于是就有学生欲起风潮赶走他，还举出他在《新青年》上发表的"两只黄蝴蝶，双双飞上天"的新诗来嘲笑。可是父亲不这样想，他认为那些老先生只会提供无数资料，却不会从中抽出它的原理和系统，不能满足自己的需要，而胡氏讲得有条有理，提纲挈领，深入自己心中。他在致叶圣陶信中说："胡适之先生中国哲学今授墨子，甚能发挥大义，……坤意中国哲学当为有统系的研究，……意欲上呈校长，请胡先生以西洋哲学之律令，为中国哲学施条贯。胡先生人甚聪颖，又肯用功，闻年方二十七岁，其名位不必论，其奋勉则至可敬也，将来造就，未可限量。"（致叶圣陶信，1917 年 10 月 21 日）

当时父亲与傅斯年同舍，傅氏亦于 1916 年升入本科，在国文系就读，其旧学根柢十分深厚，他们在课余经常兴致勃勃地议论世事、学问，父亲在《西斋读书记》序中说："孟真闻见广博，每论一事，必探其源，……获益殊多。予每欲记之，不得暇闲；且精微之处，亦不敢下笔，恐非信意也。"在外文系同学罗家伦（志希）眼里，父亲"对人非常谦恭"，"静心研究他的哲学和古史"，傅氏"大气磅礴"，"高谈文学革命和新文化运动"（罗家伦《元气淋漓的傅孟真》）。然而性格及兴趣差异之大并没有妨碍他们成为好友，父亲每每从傅氏的放言高论中增加自己批评的勇气。现在听了胡氏课，他很佩服其眼光、胆量和裁断，不禁要介绍外系的傅氏也一同去听，傅氏去旁听后，自是满意。从此，他们对于胡氏非常信服，都成为其入门弟子；而胡氏后来也多次说过，他初进北大做教授的时候，常常提心吊胆，加倍用功，因为他发现不少学生的学问比他强，"这一批年轻但是却相当成熟，而对传统学术又

傅斯年

颇有训练"的学生即包括"傅斯年、顾颉刚、罗家伦等人"(《胡适口述自传》)。

那时，蔡校长设立出版部，聘李辛白为主任，出版《北京大学日刊》。此刊除了发表校中消息之外，兼收教员和学生的论文或笔记，于是有了讨论驳辩的文字，出现了学术研究的空气，打破了以前的沉寂。学生对于学校的改进有所建议时，蔡校长也把这议案送登《日刊》，择其可行者立即督促职员实行。父亲对于图书最有兴趣，爱把图书馆中一切呆滞停顿的现象都指摘出来，他的一篇《上北京大学图书馆书》竟在《日刊》上连载了十多天，这些意见提出后，图书馆中的样貌即刻发生了改变。在这样的氛围下，学生与校方隔膜减少，积极性被调动起来，全校愈来愈活跃。

蔡校长又在大学里办研究所，请许多专家来担任导师，劝本科毕业生再入校作研究生，与本校毕业生有同等程度而有志深造者亦得报名入所。学生们这才知道除了听讲读书以外还有无穷大的天地，可以作为自己探讨的对象。父亲得知叶圣陶渴望求学，就代其报名入所。蔡校长还有意把固有的"国学"范围扩大，比如在戏曲和歌谣方面。他知道上海的中学教员吴梅（瞿安）善于填词作曲，擅长演唱，就请其来任中国文学系教授，研究所中也大买起词曲书来，从此嘹亮的笛声响彻了学校。那时校中教师刘半农（复）、沈尹默创作白话诗，觉得必须以民间文艺为范本，才可使新诗得到源泉。于是他们向蔡校长提议搜集歌谣，蔡校长马上赞成，并以校长名义发出通告，向各省征集歌谣。起初由刘半农在《北大日刊》上每期选载一两首，许多教员、学生看到时，都会皱着眉头说："这些市井猥鄙的东西，哪能让它玷污了最高学府的尊严！"然而蔡校长毅然决然地坚持去做，久而久之大家也就看惯了。这就为父亲以后的学术生活开辟了一个新天地，当他因丧妻而患病休学期间，就着手搜集起吴歌来，继而在民俗学方面做出了成绩。

蔡校长秉承"万物并育而不相害，道并行而不相悖"要义，所以各方面的人才都要罗致，让他们的学说冲突抵牾，由学生自己去评判。比如经学有今文、古文两派，他便在哲学系里开两门"经学通论"课，一门请今文家崔适担任，一门请古文家陈汉章担任，逼得学生听了两边相反的议论后，不得不自己开动脑筋去选择一条自己该走的路。脾气不好的教员往往不能容纳相反的意见，教员休息室里就常有拍桌大骂的声音外传，同学们站在墙外听他们争吵，在闲谈时便评论他们的曲直，眼界渐渐开阔。

父亲对于蔡校长心胸之广大极为敬仰，在《我所知道的蔡元培先生》一文中赞道：

> 他总是希望人家发展个性，永远鼓励人们自由思想。他惟恐别人不知天地之大，又惟恐别人成见之深。他要人们多看，多想，多讨论，多工作，使得社会可以一天比一天进步，人生可以一天比一天快乐。这一个他的中心主张，虽则他自己没有明白说出，但是认识他的人是都感觉得到的。

5 __ 丧妻与续娶

在蔡校长的领导下，父亲可谓如鱼得水，但却难以全身心投入，因为他还牵挂家中妻子的病情。徵兰体质较弱，1917年2月生次女不久，街上有大出殡者，非常热闹，她出门观看，受了春寒而患干咳。暑假父亲归家，见她夜夜咳嗽并发热，知道这是结核病，建议去看西医。而长辈们过惯了节俭的日子，以为咳嗽是平常小毛病，可以不药自愈。父亲又建议给次女雇奶妈，以使妻子调养身体，长辈亦不加理睬。父亲甚焦急，返校后便开始失眠。

在这个四世同堂的大家庭里，子虬公自是爱他的，只是他从小就被子虬公的积威所压服，成了习惯，自己的心思无从与其沟通，何况父子两人所处社会有新旧的差异，观念上自然多有冲突，又加上继母的谗言，因此他对于其父甚为疏远。由于子虬公常年在杭州，家里的经济大权实际是由其继母把控，她爱钱如命，暴戾专横，总拿恶意疑人，欺凌家人和仆人。同住一宅、且代子虬公管理家产的子蟠公是一"刻薄寡恩"之人，子虬公对他甚友爱，但他对其兄却多有算计，且从来"看小辈像不是人"，一味训诫。至于最疼爱他的老祖母，父亲说："祖母只能爱我，不能推我之爱以爱徵兰，又且反对我与徵兰之爱以薄待徵兰。"况且那时由于继母的离间，祖母与孙媳亦有些不合。而且在当时的社会里，媳妇的地位在一家人中总是最低的一级：家事样样要做，衣食不许好，空闲不许有；在长辈眼里，子死不会再来，媳死尚可再娶，所以儿孙是"骨肉关系"，媳妇只是"银钱关系"，故而长辈从不将媳妇的苦乐生死放在心上。于是，不管父亲如何呼吁，在这些长辈看来，他既然未挣钱养家，就无权多用子虬公有限的薪俸；而媳妇有命在天，听其自然。即使父亲具有天生独立的、叛逆的个性和日益增长的学识，即使他在最高学府中能有批判古今权威的勇气，但是在这种封建家庭的樊笼里他只是一个无助的囚徒，对于长辈只有孝敬和服从，却难以反抗。

翌年寒假父亲回来，见妻子病愈重，一再催请长辈准予治疗，仍被拒绝。而徵兰又性格郁闷，她只是去求仙方、服香灰。这年2月底返校后，父亲悲愤愈深，失眠病大发，精神困倦，无心为学，此时他的心境在5月17日与叶圣陶的信中有着充分体现：

承示以精神疗病，然病之不瘳，正在精神：第一，内子病后，家人意见不齐，坤毕力呼援，终归无补，悲观过甚，更无一刻宽舒。第二，有别种信仰心者，不难即以别种信仰精神疗治疾病，而我则舍身之外，绝无信仰；自身既悲天悯人，心绪不宁，即觉已成绝望，更无补救之法，非若宗教中人，到死依赖上帝也。因念此心太拘，不如自放，遂肆力游玩，公园戏园，足迹常到。然情境一过，悲念又来，缠绕不解，寝以困顿。友人谓我面有滞气，我念篆赤死前滞气日剧，我亦殆将死乎！或不死而将成狂乎！或不狂易而将有更可悲之境遇乎！悲乎！悲乎！昔日菲薄文辞，鄙弃小说，以为足使人感情涌溢，不以智理处事也。尤厌曼殊派之哀情小说，以为其归宿唯有一死。人生于社会，关系如此其多，报施如是其繁，安能以一局部之痛苦而遂杀身，置大部分之关系报施于不顾也。孰意今日身处是境，便已智不胜情，而乃屡有殉情之思乎！从前颇欲在学问上独立创造，以后事业，粗已安排，谓必可以学报社会，又必可以学变社会，故惜时蕲生而欲有所为。孰意近日此等心思悉已消散，若为学已非我之责任者，……

不久，因徵兰病危，自己失眠病加剧，学校功课实在敷衍不下去了，父亲遂于6月上旬休学归家。他希望将妻子送入医院，即使无法挽救，也算尽了一份心意，却被长辈斥为"多费"。病人怕烟怕热，他提出一些改善居室环境的建议，也被阻止。对此他愤懑已极，也无奈已极，便给子虬公写了一封很怨怼的信，得其回信曰："不知你读书廿年，所学何事，乃敢辄兴怨怼？"父亲说："我倘是只像从前人读书，硁硁守着小孝，凭你尊长来压制我，我只好永永贴伏；不独不敢有'怨怼'的行动，并不敢有'怨怼'的心思，……惟其我做了现在的学问，觉得一切事情，都立于平等地位，都有是非可讲，所以长辈有不是处，尽可直说；有害我处，尽可怨怼。"（致殷履安信，1919年12月3日）徵兰得他在身边照顾五十日，8月初，终归撒手而去。这时，父亲对于家庭的怨恨已到了刻骨铭心的地步，发誓不再续娶，因为实在不忍心再让其他女子把自己的安乐牺牲于这种陈旧的家庭。但是其祖母和子虬公都对他垂泪相劝：家中数代单传，所寄希望于他的，首先在于"有子延宗系"。面对长辈的垂垂老泪与殷殷期望，他深感自己不能率性而行，慨叹道："吾之得竟学业，长者之赐也；吾之得有妇，长者所与也。妇逝不敢怨，……吾其可以自主乎！"

徽兰入殓的次日，子虬公即来商议续娶之事，当时父亲心情不好，推说待大学毕业后再议。但暑假后回校上课已不可能：他因料理丧事，失眠症又发；且祖母年近八十，而次女尚在襁褓中，继母随子虬公去杭州，家里无人照料。于是他只得休学一年，居家侍奉祖母，兼养病体。他体察家庭情况，实在需要一位少妇主持家事，否则自己也无法回京复学；并且失眠症久治无效，医生谓此病由于心思郁结，劝他觅一如意夫人，陶冶性灵以愈病。他想，既然迟早必娶，而疾病、学业均不可久延，不如速娶。然而回顾自己在妻子病床前的申誓，每每心酸落泪，觉得愧对她。此时一些亲友开导他说，存高远之志者不因儿女的旧情所误。于是他面对纷至沓来的媒人，开始认真考虑未来了。

　　他既允续娶，子虬公便急于成功，以使家事早日安顿。而他认为："诚以百年之事，不可造次，宁过谨慎也。"对他来说，娶妻生子在很大程度上是"为东家服务"，"不敢说自由意趣"；但此时他受社会革命的鼓舞和西方人文思想的熏陶，已不愿再做家庭的奴隶，即使不得不为长者做出牺牲，也还是要尽力去争取个人的自由。他说："天下顶苦的是没有自由意志，没有自由的身体还是第二件：因为意志是属于我的，而身体是属于自然界的。"反思前次的包办婚姻所带来的苦恼，他把择偶标准定为"好学""安贫"，在致友人信中写道："弟所愿娶之人，第一，须有学术上之兴味。无论现在程度高下，惟不可不有求学之志愿……。第二，须淡泊宁静，不染时尚，不好浮华。弟拙于处世，亦不奢于治生之望，如以富贵期我，则便触处抵牾矣。"

　　至于择偶的方法有二：一是必探听明确女子学业性情体格，不可惑于媒人文饰之辞；二是必得女子自身同意。他不愿强己从人，也不愿强人就己，故委托媒人向女方代为说明三事：一则自己体弱多病；二则前妻遗有二女；三则家境不富，且有两个婆婆（继母与祖母），这些都是自己的不利条件。若女方徒以尊长媒妁之言贸然出嫁，嫁后又悔择婿之不慎，那么婚后亦无快乐可言。

而他祖母的择媳条件则甚守旧，她坚信男女双方的运命，八字相合才是好夫妻。故要他多出几个求亲帖，可多收几个庚帖，然后加以挑选："请个合婚选吉的批命家，去逐个算他一算，取那分数最多的第一名，配作你的佳偶。"他苦笑道："这真是绝妙的选法！"他不愿当面顶撞老人，心想："长幼意见不齐，实在是最苦的事。然要我迁就'搭拉篮里就是菜'的结婚，却是决须反对的。"

那时，王伯祥、叶圣陶在苏州东南的甪直镇吴县第五高等小学校任教，他们为帮助父亲从丧妻的悲痛中解脱，邀其前往游散。9月间，父亲去住了一星期，收益甚大，一是得见保圣寺的唐塑罗汉像，以后使其名扬中外，免遭坍塌厄运；一是得识殷履安女士，她是王伯祥的学生，刚从该校毕业，王氏极推重其才德，因而介绍与父亲。后来叶圣陶也有同类褒奖，说其好学不倦。两位挚友的首肯使父亲对其产生敬慕之心，虽未谋面，却对她不能忘怀。10月末，他向祖母说起殷氏，得祖母应允，便派人去求亲，并请王氏向女方说明自己的情况。为这门婚事，他煞费苦心，因为长辈笃信算命，无论哪位中意者必得过此一关，他就想在生辰八字上做文章。他与王伯祥商量，如坐等殷宅送来庚帖同其他几家的一起讨占，等于把决定权交给算命先生。倘若先将男宅人物年庚开示，女宅照此编排，就不怕有冲突了。因此他将其祖母、子虬公与自己的出生年月日时辰写去，请王氏与殷宅关系密切者私下说说，若对方有意，就可依计而行。可王氏回信说，殷宅做主之人亦不十分开明，若老实将改帖方法告之，或许反致起疑，不如先与玄妙观的算命先生私下打个招呼，以便占合。

次年1月接到殷氏庚帖后，与其他人的庚帖一同送至玄妙观，占了两次都不顺：他人命犯"伤官"（有害于夫），不容考虑；殷氏本命颇佳，而与男家不甚相应，仅占得五分（向来占吉至少须六分乃合）。不知父亲事先是否与算命先生串通，才得到这五分之数？事后父亲极力怂恿长辈，一边以"续娶不比元配，且常出门者，即有小冲碰亦可无碍"为理由说服祖母，一边给子虬公写信曰："常情择妇，莫不求其慧福双修；苟不能兼有，男以为宁取才德而略运命：一则才德可按而运命无凭，二则才德难变而运命可移，所谓修德以攘，人定胜天，未始不可勉为之耳。"继而子虬公在杭州复又一占，居然得了个上吉，婚事乃定。也许这里有几分天缘吧？

婚前，父亲想对殷女士有深入的了解，便想找其课作看看。他以为依当时的风俗，两家联姻都喜好交换照片，以貌取人，这种视婚姻如游冶的草率做法，他甚鄙薄，立志不犯。王伯祥替他寻得一本《女校落成纪念册》，内有殷女士所作《家政关系》一文，文章开头便说："昔顾亭林谓天下兴亡匹夫有责，吾以为匹妇亦与焉。"父亲阅后赞叹之至，在《与殷女士缔姻记》一文中曰：

> 伟哉此言。今世人方贱学而忽人生，优游怠荡，攫金混食，世乱不知其纪极。吾既久欲肩天下兴亡之责任于我匹夫之身，而君亦欲以匹妇之身共肩天下兴亡之责，足征我二人人生觉悟已有同心；他日事业之可以协调，又何疑焉。自今以后，请以相勉；日有孳孳毙而后已。

1919年5月21日，父亲与殷履安结婚。

6 ＿ 新婚通信

　　婚后，两人相亲、相知、相爱。按照旧俗本无蜜月之说，新娘应是"三日入厨下，洗手做羹汤"的，父亲打破了这种老例，以为自己医病为名，携妻将苏州园林逐一游玩；一个多月后一同到杭州为子虬公作寿，又在西湖的青山绿水间尽情徜徉。家中长者对此颇多非议，说他破例、费钱、不知生活艰难，竟敢做其父所不为之事。但他不以为然，争辩说不如此便无法治愈自己的失眠症。

　　从杭州返苏不久，夫妻同到甪直殷家行"双归礼"。父亲乘便要履安拿小学的课作一看，见其许多成绩均佳，更增加了几分敬重。他觉得，以前所羡慕的"以伉俪而兼朋友"的乐趣，现在竟如愿以偿，心底感到从未有过的快乐。

　　几日后父亲单独返苏，让妻子在娘家多住些时日。在行船六个小时的归途中，他与友人谈笑风生，毫不觉倦；而归家后他却索然寡欢，心绪烦乱，便开始给妻子写信，并把家中琐事一一禀报。待写到一位当教员的朋友主张学生写日记胜于写命题作文时，遂劝妻子何不照办；谁知由此写得兴起，竟把作文、做学问与做人之道畅论一番，直到写出"将外国的上帝、中国的三纲一切打破，人人平等，造出无数新社会"的话，才勉强刹住。此后一两天内必写一信，信中谈天说地，评古论今，夫妻恩爱与青年壮志融为一体，半个多月内，竟写了十三封信，多达两万多字。

在第一封信里，他即打破了以前写信用文言的习惯。他说："文字是一种达意思的器具，我……觉得用了白话的器具，所达出来的意思，比文言的器具来得畅快些，真实些，又清楚些。一样的'达意思'，自然是用那'比较精良'的了。"因而要求妻子也用白话写信："你如有对于白话文及我所抱的主义有什么'疑惑'的地方，请你问我。我有所知，一定详告。"（1919 年 7 月 17 日）当接到妻子改用白话写的信时，他极为欣喜，马上加以鼓励："信札改用白话的好处：第一，是亲切。第二，看来省时间。第三，文言的浮文无形中都除掉。你的信看来很顺，没有不联络处。"（1919 年 7 月 28 日）

父亲在信里经常谈的是两个主题：一是如何做学问，二是如何对待家庭。殷氏母亲素来好学，得嫁一位学人为妻，自是深感幸运，处处总要父亲教她。父亲对其求教之心固然欢喜，却又感到不安。他连篇累牍地劝她不要迷信教师，用自己的亲身体会说明自修的益处："比较专听师教的同学，自己觉得有希望，因为眼界比他们宽些，自然立志比他们远些了。"并再三告诫她，"非自修必不足以成学问"，"一个人自修得来的学问，是真学问；是永久不忘的学问；是能够应用的学问。若是秉承师教来的，便是'口耳之学'，不真切的。……同鹦鹉、留声机器有什么分别呢"。对于教师，"只当他是引导，是顾问。他所说的，还要自己考虑一番"，"考虑不出的，我们还得存疑"。他提醒她，在自修时"对待书籍亦要留心：千万不要上古人的当，被作者瞒过；须要自己放出眼光来，敢想、敢疑"。（1919年7月28日）因为有了疑惑才会有推测、实验、判断，得知事物的真状，才能改良革新，"所以世界的进步，根本在人类有疑惑的天性。一个人的进步，根本在这个人有疑惑的性情"（1919年7月17日）。

父亲此时的头脑里，处处渗透着西方科学和人本主义思潮的影响，他不能忍受封建传统的束缚，他要劝妻子和他一起来冲破这种束缚。而冲决罗网、建设新生活的第一步，便是启发她发展自己的独立思想和独立人格。父亲在信里激烈地批判了传统的哲学观念：

> 从前人顶看重的，是天地君亲师五件东西……，忘记了自己。现在天文地文学发达，天地的迷信已打破了。人本主义发达，大家立于平等的地位，断不容强权专断，君亲的迷信又打破了。独至师的迷信，则因学问不发达，大家不注意学问，这种说话还听得少……。吾以为各人应当看重的，只有自己。尊重了自己，才会认真做事；处处负责任。自己做学问，必有"真知灼见"。自己立品行，必能"不屈不挠"。必不会像尊重天地君亲师的，弄得个个人"低首下心"，"因人成事"，"恹恹无生气"了。（1919年7月28日）

他清醒地知道，履安要走到这一步是障碍重重的，因为她是一个旧式家庭的媳妇。为了不使其重蹈徵兰的覆辙，父亲经常将徵兰的遭遇详细告诉她，毫不留情地对陈腐的家庭观念进行揭露，字里行间流露出对她的担忧：

> 我看你的性子很柔顺，我实在怕他们欺你。……你倘使也像徵兰，我便在外边更要牵记，我的不眠症便要依然剧发。所以我一定要你敢于反抗暴力；敢将一切实情告我。（1919年8月2日）

正在此时，子虹公从杭州寄来一封家书，写道："媳妇接回后，应教以持家各务，并不得常在房中，置家事一切于不问……媳妇两次来信，文墨通顺，深是可喜；不知针黹一道如何？"此信训诫责备的口气，刺痛了沉浸于新婚快乐中的父亲，一连三天，日不得安，夜不成眠。思来想去，总要面对现实，于是将其父的信逐句批驳，写成一近五千言的长信寄与履安。

"呀！呀！！"他痛切地叹道："我们对于媳妇的观念，第一件是人；第二件是夫妻。他们对于媳妇的观念，第一件是长辈；第二件是儿女；第三件是家庭的门面。""从他们的观念上演绎出来，娶媳妇不是为儿子娶妻，乃是为翁姑娶媳妇；为祖翁姑娶孙媳妇；为孙儿女娶母亲，为将来的曾孙玄孙娶祖母。""他们自己是个'人'，却忘记了'人'。""这便是我们与他们心理上根本差异的地方！"他热诚地主张："凡父子，夫妻，兄弟，朋友，主仆，都是结成社会的分子；彼此位置虽有不同，而所以为人，却没有两样，所以当一样的尊重。尊重自己，故要自由；尊重他人，故要平等。人之所以为人，即是有了自由与平等的两件精神。"（1919年8月3日）

渴望自由而又不忍弃家庭报施于不顾，这种矛盾的心情此时他只能向妻子发泄："履安啊！我的知己只有你了！我与你若能住在一起，没有别人，我要做事时便做去，你不来干涉我；你要做事时便做去，我不来干涉你；就是两人心里互有参差时，也只有敷劝而无强迫；融融泄泄，心神交畅，这是怎样的乐境！——可惜现在做不到。"（同上）

当年9月，父亲回北大复学，殷氏母亲在家中代他尽孝道，操持家务。他们两人相思良苦，鱼雁频繁，将双方的生活和情感进行详尽的交流。父亲庆幸自己能娶到如此贤惠的妻子，尽管结婚时间不长，然而两人彼此了解，对别人不说的话，唯独他们两人总能互相说个畅快；尤其是在如何对待旧家庭、处置各种矛盾方面，他们相互体谅、相互安慰、相互帮助，同舟共济。父亲感到他们之间已由男女之爱、夫妇之爱而达到朋友之爱，他说，每当想到履安时，自己"心里的萧杀之气，都变成融融春意了"；他希望自己的忧郁、孤僻、急躁……能被妻子的温愉和蔼的性情所改变，将来更造成一个温愉和蔼的家庭，故而对她的信格外看重，每天"延颈企踵"地盼望着，可是履安却往往为家事牵制，不能及时来信。为此，在那年底归家度冬假之前，父亲特地作《赠履安墨盒铭》，文曰：

> 履安固厚我，井臼操劳，弗克常有书至。余以积念之深，每不谅而怨焉。今值冬假将归，因刻文墨盒为赠，甚愿履安于几案之际，拂拭之顷，感物怀人，知我延企之情有如所寄：镂金者书，镂骨者思，金犹有烂，情思无变；遂乃受督哀怜，就兹染翰，濡烟既饱，挥洒如心，扇我以温词，照我以朗抱，使我狷介之性长得润泽于和愉美适之中，不以遭逢拂逆，抑郁悲伤。是则我之精神胥赖履安为阖辟之矣，岂特绸缪于相厚之情哉！

以后此墨盒一直伴随着殷氏母亲，直至抗战后南返，此盒留于北平，再后则不知下落；然此铭词父亲却不能忘怀，三十多年后仍可写出，可证他"永记往日之情好焉"（跋语，1951年7月20日）。

7 ___《新潮》及"五四"

父亲前两年在校与傅斯年等人的畅谈中，曾有创办杂志的设想：他们觉得学生必须有自动的生活，办有组织的事件，使所学所想不至枉费；而办杂志是最有趣味、对于学业最有补助的事，是最有益的自动生活。当父亲休学期间，傅斯年、罗家伦、徐彦之〔子俊〕在蔡校长及陈独秀的支持下，于1918年11月发起成立新潮社，请胡适做顾问，出版《新潮》杂志。首批入社的成员绝大多数都是北大文学院的学生，除傅、罗等人外，还有中国文学系的俞平伯，英国文学系的潘家洵（介泉），哲学系的谭平山、吴康（敬轩）及父亲等。此刊以白话文这种活生生的新语言文字作为表达的工具，父亲说："当时只要喜爱文学并能写白话文章的，就被拉了进去。在五四时期，能写白话文的青年是很少的"，"我参加新潮社的主要目的，就是为了写文章"（《回忆新潮社》）。该刊最早的编辑是傅、罗二人，他们信守"批评的精神""科学的主义""革新的文词"这三项准则，站在时代潮流的前列，介绍西方近代思潮，批评中国当代学术上、社会上的各种问题，鼓吹文学革命和伦理革命，提倡把个人从传统的旧风俗、旧思想、旧行为的束缚中解放出来，并以此作为新的文学内容。

父亲在苏州关注着《新潮》的事业，经常去信提出各种意见和建议，并为此刊作《对于旧家庭的感想》及《中国近来学术思想界的变迁》两篇长文（后一文未刊），他由自己的切身经历，感受到旧家庭中毒害、禁锢人们头脑者，是名分主义、习俗主义、运命主义，故而在文中毫不留情地揭露出来。他指出，名分主义的起源在于中国这个国家就是一个"大家庭"，而君主就是一个"总家父亲"，那时的"君学"，最要紧的是"愚民"，以长久"国运"。"要君主的尊严到怎么样的程度，就使各个家庭里的尊长尊严到怎么样的程度，到了'移孝作忠'的时候，自然是指挥如意了！"这就导致旧家庭中没有是非观念，不承认人格，一切只凭辈分的尊卑处置：尊辈不认卑辈的人格，把子孙看作债户加继承者，把媳妇看作奴婢加生育者；而卑辈自己不要人格，把别人看作"天"。他又指出习俗主义以富贵为人生归宿，讲究"实利和虚荣"，造成了"暮气的世界"和"骗子的世界"。他还以《自你殁后》为题，将丧妻后的痛苦作成白话诗刊于《新潮》。因为怕所作文字被子虬公看见，引起纠纷，所以用了笔名顾诚吾。

父亲还介绍了叶圣陶、王伯祥和郭绍虞三人加入新潮社，邀请他们作文。那时《新青年》提倡白话文极有力量，但所涌现的白话小说只有译作，没有创作。于是叶圣陶就写了《这也是一个人？》（初题《人格？》），交父亲寄与《新潮》。这是叶氏的第一篇白话小说，父亲对此文甚为赞赏，认为叶氏用写实的手法叙述了一个农村女子的不幸命运，"情真境确"，打破了以往的惯例——"从前小说家的心理，那'佳人'同'薄命'两个观念，总联接起来。仿佛是佳人才有薄命的资格；佳人薄命才生得起悯怜的同情。所以做来做去，供给人家悲吟长叹的东西，只是个绣阁、香闺、春困、秋怨。做小说人心理定了一个模型，看小说人心理也就照定了一个模型。有些新著，不过翻班底的戏衣罢了。看的人，也仿佛到戏馆去看诸葛亮、杨六郎。他们的精神都渐灭尽了，所以提不起人批评的精神，去想到社会上的善恶是非问题。"（致叶圣陶信，1919 年 1 月 21 日）叶氏随后又陆续作了好几篇，与同在《新潮》里从事创作的汪敬熙（缉斋）、俞平伯诸人一起引发了新小说创作的风气。

不久五四运动发生，傅斯年、罗家伦等人首作先锋，傅氏为天安门集会游行的总指挥，而学生游行时唯一的印刷宣传品——《北京学界全体宣言》就出自罗氏的手笔。消息传到苏州，父亲极为关注，于 5 月 9 日写信与傅、罗两人，劝其将风潮扩大，再同各处兴起的团体联结一气："现在我们所希望的总得在根本上改动一回，所以需要全国国民赞助的力量正多。……所以这回的事非得扩大不可，非得一根本解决不可。""此刻举国民气渐渐的腾起，正可就此结合为一国的中坚，至于营私卖国的官僚、武人、政客正可就此为肃清的起点。"同日他致叶圣陶信又写道："将风潮扩大的原因，一则胶州仍然断送，曹、陆依然故我，……二则总要在大处着想，曹、陆即使罢诛，尚有同他们同罪的人握住政柄，尚有铸造他们这一辈人的社会时时处处的照式铸造，……万非几个起劲人爽快赶一回便可奏功；我们觉悟的自身责任是改造社会，这回的事真是极微小的一个起点，不过大家看得见罢了。"

父亲对于革命，"总主张知识上之自觉，不主张感情上之奋兴"，他很希望以《新潮》作为阵地，向旧文化、旧思想进行深澈、持久的攻击，使人们不能仅满足于遇到刺激时奋兴一阵，过后又依然如故。他甚至期望"新潮社如有钱，尽可脱离学校，不受政潮及学校私怨的支配牵制；孟真诸君如能任学校专责，尽可支领薪俸，不受生计及交际上之逼迫驱使"（致徐彦之信，1919 年 6 月 5 日）。

像傅、罗这样的学生领袖，难免不受人诋毁。"五四"后有人在报纸上造谣说傅氏受某个有日资股份的烟草公司的津贴，又说他们亲近军阀，因而被同学逐出。叶圣陶在角直看到这些报纸，不免惊诧万分，急忙给父亲写信询问究竟，并要其立即复信。父亲素知好友的品性，毫不迟疑地回复道："孟真、志希被同学逐出，难保无这事，却亲近军阀的行为断断不敢相信。他们若是这样的言行背谬、志气薄弱，我不但从今不敢相信他人，连我自己也不敢相信了。""我同孟真相识五年、同居一年，他的性情知道的很详细，对于志希虽相识不过一年，因他与孟真来往很密，所以也颇能知晓。""孟真、志希两人不消说得是绝不肯瞻顾世故的，他们见着不好的人不好的事就要加以评论——常人所谓之骂——攻击。""孟真在同班中孤立，而《国故》月刊便是他同班所组织，而且他的同班除了他外无不在内。感情学问既相差甚远，偏又刻刻见面，自然有许多微讽托意之词，自然仇怨渐渐的深固了。""他们两人最遭人忌的地方便是办了一卷《新潮》，校长何等的扶助他，做的东西何等的受人欢迎，名誉何等的高，销场何等的旺，前途何等的有希望，哪一件不是受人畏忌的根苗。"信中流露出对于北大现状的悲哀："北京大学人家怎样的赞他，说他怎样的爱国，怎样的热心，怎样的有团结力，哪里知道里边党派纷歧，私仇固结，排抵强烈至于如此，冤诬有志之士，自杀文化发展力又至于如此。"但他仍一如既往，坚定地在信中写道："假使我们信了谣言，便是他们在社会信仰力上减少一分，也阻碍文化的发展。所以我劝你，无论报上发了若干项，总不要信他，学那《战国策》上'谤书盈筐'的故事，只当没看见，免分我们赞助新潮流的精神。"（1919年6月17日）

　　然而，出于对社会上政治状况的厌恶，以及对五四运动中青年学生所表现出的消极面的不满，傅、罗两人甚至欲远离政治而潜心学术。1919年6月傅斯年从北大毕业，旋即考取了山东赴欧官费留学生。考虑到《新潮》今后的工作，他们甚望父亲到社任编辑，而父亲秋天复学后却因失眠症刚有好转，不敢作文，就担任了新潮社的事务工作，并协助罗家伦编辑。那时罗氏作《古今中外派的学说》刊于《新潮》，父亲受此文影响甚大，他说："我当时很赞成他那种只钻研学问、不问外事的说法。"（《回忆新潮社》）

第 三 章

发 轫 阶 段

1 _ 北大毕业

1920年春天，父亲面临大学毕业。他要应付两年的考试，包括上一年的功课和本年的功课，一日的答卷少则五千字，多则一万字，经常累得臂酸指痛，以致头昏脑涨，睡眠不安，只好常出外游散。但是造成他失眠的主要原因并不在此，而在于最困扰他的谋职地点问题，因为地点与家庭有关，而地点和家庭又与他的苦乐有关。

为了祖母和爱妻，他应该在苏州谋职，可是当时苏州的社会，视赌钱、喝茶为正事；你若不做这种事情，就不容你在这个社会里头，终必受排挤。这种环境既违背父亲的性情，也不能发展他的才具。新婚第二夜时，父亲即对妻子表达了自己的不满："从前的庆吊，现在叫作应酬，已经足征世情之薄了；现在专以应酬为找寻赌局的机会，更卑鄙了。"当时苏州的所谓上等社会，最巴望人家有事：诸如婚姻、阴寿、阳寿、周年、小孩子剃头等等，最好一年三百六十日，天天有这样的局头。一则容易聚人；二则饭菜较好；三则赌局之外还有别种娱乐，如女说书、男说书、变戏法、听留声机等；四则名义很正当，小辈可以借此机会向长辈要钱，伙计可以借此机会向老板请假；五则一班人昏昏懵懵，自己真没有事情做，除应酬之外，竟然无处存身。他们把应酬当作"人生的正式功课"，借此可以一天一天的消磨完结，直至"命尽禄绝"。在父亲看来他们是在"赶死"，却害了自己这样有志气的人了，他说："我们自己是有事干的，钱财是有正当用处的；却给这辈人拖着，无端的牺牲一天、几天的光阴；用去十天、一月的钱，来输给他们；真正的不值得啊！"他多次与妻子说："我所求的职业，乃是于我学问上可以进步的职业。""倘使得到职业以后，不能有自修的时间，或鼓不起自修的意志，那么，我这个人就完了！""虽然活着，竟然是个'行尸走肉'了！"为此，他决不愿在苏州谋职，这里的亲戚朋友最多，应酬赌局最盛，"住在苏州，真要拿我们的身子卖给他们了"。

若是不在苏州求职，那么家庭又当如何处置呢？父亲极想接妻子出来，因为怕自己的继母和叔父欺负她，当时尽管他继母在杭州，不常回苏，可他叔父是同居一宅的，时常来干涉，甚至连父亲寄与妻子的信件有时亦被其私拆检查，而且是大模大样地将信封扯裂，不加封好，父亲恨其不尊重小辈的人格，说他这种行为比政府里的检查员还不如，人家检查后还要封好信封呢。父亲忧虑妻子再像前妻那样抑郁成病，非在自己身边不能放心。他深爱妻子，时时向往着由他们二人亲手建立一个愉快的新家庭。但这样一来他祖母就无人侍奉，如果要他父亲和继母归家照应，却又害了祖母，因为他祖母本来是他父亲的嗣母，并且一向与继母合不来，继母经常欺凌祖母；有他在家，继母还不敢明目张胆，他若不在家，且祖母年纪越老，视听越不周全，更要吃尽苦头，那么他不仅不能服侍祖母，反累祖母受苦，他心里怎么能够安适呢？

父亲为一家计，不得不在苏州；为一身计，又觉得不应当在苏州。所以他对于家庭的处置、职业的寻求，实在抱了无限的隐痛。父亲常对友人说起："我因为家庭的关系，养成我'安置妥帖'的心象。我常觉得面前有一个棋盘放着，无论做哪一件事都如下一粒棋，非全局统算一下不可。对弈的人便是与我有关系人的全部。这种的人生，在处世上固是稳当，在精神上真是大苦。说得好，是忧深虑远；说得不好，就是患得患失。""但我既经成了这个心象，我的一生就逃不了这个棋局了。"（致俞平伯信，1922 年 3 月 23 日）

　　正当父亲左思右想、十分为难之际，罗家伦来了，他亦将毕业，准备赴美留学，欲把《新潮》编辑之事交给父亲，并允父亲代其在校中谋职。父亲一向是没有这个念头的，听后不免既兴奋又难过，在北大这个学术环境里工作能够多读书，这是他极愿意的，可是家庭呢？他与妻子商量道："我想，要找这般适宜的职业，恐怕走遍中国，也没有第二处了。为我现在的职业打算，为我将来的事业打算，都不能舍而至他了。只是为着家庭的问题，又起我无数的踌躇：我不能服侍祖母，不独祖母心里悲伤，我自己心里也很悲伤。不能陪伴你，不独你心里难过，我自己心里也十分难过。……如果我在北京，而父亲仍不回苏，只可请你依旧伴侍祖母，宁可我们两人苦些。但不知你能答应否？"母亲为了父亲的前途，也为了代父亲报答祖母的养育之恩，自然是同意的；父亲为此由衷地感激她。

　　罗家伦托胡适为父亲谋职，当时做预科教员薪水略多，因为一点钟有三块钱，只要一星期担任六七点钟的功课，一月便可得七八十元。但父亲一则无口才，二则因这几年生病而学业极为荒疏，故不敢答应。他想最适宜自己的事情是图书馆，便把以前想编的书开列出来，请他们帮忙。罗家伦对胡适说："颉刚的旧学根柢，和他的忍耐心与人格，都是孟真和我平素极佩服的。所以使他有个做书的机会，其结果决不只完成他个人求学的志愿，而且可以为中国的旧学找出一部分条理来。"（罗家伦致胡适信，1920年5月31日）但图书馆馆员月薪是五十元，而父亲每月除自己在北京的费用外，还要维持苏州的家用，加上来回的盘费等，至少需八十元。并且还有一重困难，就是他的长辈平时所希望他的，是"取文凭"，不是"求学问"：文凭取到了，职业谋到了，银钱赚到了，便完事大吉，因此职业的适合与否，学问的进步与否，他们是不管的，而钱赚得多少，他们最为看重。为了让长辈同意他在北京谋职，收入也必须多一些。这个难题让胡适为之化解了，他愿意每月贴父亲三十元，请父亲在图书馆工作的同时，助其编书。父亲自然十分感激老师的知遇之恩，答谢道："我的职事，承先生安排，使我求学与奉职，融合为一，感不可言。薪水一事，承志希说及先生的厚意，更是感

1920年8月，与夫人殷履安于苏州

激。但这三十元，借是必要的，送是必不要的。"（致胡适信，1920年8月11日）

　　如果父亲没有得到胡适的津贴，确是很难在北京立足的。当他到北大图书馆就职后，其祖母和子虬公依旧是极不愿他在北京，因为当时由于政府拖欠经费，北大已经处于欠薪的局面中了，长辈们认为"职业只是为衣食"，"没有钱拿，便不如不做事"，执意要他回苏。父亲认为，自己能在大学毕业，完全是其父所赐，对此当然是感恩图报，但其父对自己的期望，不过是在功名资格上面，仍旧是科举意识，也即是说，家里只要他有学问之"名"——大学毕业的学士，而不要他有学问之"实"——自己研究。在他看来，家里只是把他修饰好了去卖钱，谁出的钱多，他就归属谁，为此他向妻子倾诉心中的痛苦道："俗语说，'娘儿爱俏，鸨儿爱钞'，这是说做妓女的，如在亲娘之下，可以容得几个俊俏的客人；虽是一样卖身，究竟有几分男女之间的真爱情。如今父亲是我的亲爷，为什么不让我安心和几个俊俏的客人——学问——盘桓，而逼着我和几个铜臭的大腹贾往还呢！"依父亲的性情，是不能做家中的"钱树子"的，只好"有辜尊意"了。他说："我为将来的生活计，将来的学问计，竟非在北京不可。我所以敢'力反众议'的缘故，便是有胡先生肯供给我钱，有一个有力的倚傍之故。若是这个倚傍失掉了，我便不能不在家里俯首听命了。"（致殷履安信，1920年11月8日）

2 ｰ 就业之初

暑假过后，父亲返京，开始在北大工作。

父亲在图书馆里工作极忙，此馆办了十几年，从未有一部好
的目录，虽有藏书十七万册，也不便参考，于是他想重编中文书
目，先着手书名目录和著者目录两种。那时编目室有六个人，别
人都松松垮垮，迟到早退，他却早来晚走，不管别人做不做，自
己只是尽力去做；其实也没有一个人来管他，要不做这些也尽可
不做；不过他自己觉得应当担负这种责任，不应当不做。以后馆
里又要他任检出善本书之事，十七万册书全须约略过眼，他一个
人在书库里，东寻西找，一进去就是半天。若换了别人，也许要
嫌冷静孤单，但对于他来说，竟是"小老鼠堕到米囤里去了"，因
为借此机会可以看到不少书，即使不能细看，也可将作者和版本
得知大概，对以后读书、借书都便利。他感到自己真到了"譬入
众香之国，目眩瞀于花光；宛游群玉之峰，神愕眙于宝气"的境
界了。

在图书馆工作之余，他还在做两种书：一是"吴歌集录"，当

时郭绍虞为《晨报》编撰文艺类稿件，将父亲搜集的歌谣陆续在该报发表，那时报纸上登载歌谣还是创举，很能引起注意，于是父亲便以搜集歌谣出了名，被称为"研究歌谣的专家"，他为此常感羞愧，想在歌谣整理方面下一些功夫。另一是"中国目录书目"，欲将其作为编纂各类书目的纲领。因为他在经济上被家里逼得太紧了，便想以后拿著书来作主要职业，拿版权来作主要收入；只是依他的性情，总觉得无论如何小的一件事，也要把它做得美满，都是终身之业，很不愿意早早出书。

父亲又与毛子水、孙伏园等一起担任新潮社编辑，出版《新潮》杂志及"新潮丛书"；他们推周作人为编辑主任，但周氏并没做任何编辑工作。由于社中能作文的成员几乎都出国了，再加上经费困难，没两年《新潮》便停刊了。

既经就业当然要有自己的住处，他与吴维清（缉熙）、毛子水合租下大石作三十二号，这里距学校较近，处于景山北海之间，交通方便。他很满意，总算能依照自己的心愿来安排一个新家了。为了把屋子布置得整齐干净、赏心悦目，用有限的钱买到一些合意的旧家具，他也花费了不少业余时间去跑店铺。对于刚刚毕业而没有经济基础的父亲来说，白手起家也实在不容易，他固然不沾烟酒，也没有嫖赌的恶习，但现在为了节省竟也不看戏、不逛游戏场，从前常去的公园现在几乎绝迹了，并且除特别事外，出门不坐人力车而自己走路，每月仅买四五百文的饼干、核桃之类的小吃，故一月的零用钱不过三四元，只是为买书籍和买家具要多花些钱。家里长辈口口声声说他费钱，他不同意，认为书籍和家具买来是永远存在的，永远得用的，不能算多费。还在上学时他继母就已经嫌其费钱多了，现在子虬公又因他在北京用度不少，薪水积欠而屡有责言，故此时他有难处也只是向胡适或朋友借钱，决不再向子虬公伸手要钱。

1920年11月22日，父亲第一次领到薪水，这是他盼望已久的，然而却因不懂得如何写收条、交收条上的印花税等手续而感到惭愧，心绪不免烦乱，书目抄不下去，就索性在书库里给妻子写起信来。他说："今天是我有生以来第一天拿薪水的日子。我觉得很不好意思，但不能不去。……我最恨的一件事，便是我的神经太容易受刺激。领薪这件事，有什么稀奇！何至这般的心乱！！我逢了这种小事已经主持不住了，还能够做甚么大事！志希常说我'情感太重'，批评得实在不差。但这是我的生性，不是我的习惯：习惯可以自己勉强改过来的，生性则只可挨拌着一世了。所以我这生这世，真不能做什么事情了，……我唯一可做的事情，只有'研究学问'；因为学问是用知识推察的，是不动感情的，我的热烈的感情，可以在冷静的学问里安顿着；否则热动之极，必至爆烈了。"

父亲的学问生涯，是与胡适密切关联的。当他就业之初，读到亚东图书馆所出版的新式标点本《水浒》中胡适的序文，深受启发，知道《水浒》故事的来历和演变有许多层次；回想起以前做戏迷时的经验，便觉得用这种方法可以探讨的故事真不知有多少；同时又回想起这年春间胡适发表的辨论井田之文，所用方法正与《水浒》的考证一样，便感到研究古史也尽可以应用研究故事的方法。他说：

> 我们只要用了角色的眼光去看古史中的人物，便可以明白尧舜们和桀纣们所以成了两极端的品性，做出两极端的行为的缘

故，也就可以领略他们所受的颂誉和诋毁的积累的层次。只因我触了这一个机，所以骤然得到一种新的眼光，对于古史有了特殊的了解。(《古一序》)

那时，父亲将以前所作《清代著述考》的稿本送胡适处，供其参考。胡适看后很欣赏，认为父亲抓住了这三百年学术研究的中心思想，但指出《著述考》里不该不列入姚际恒，因其曾作《九经通论》，这是一个很大胆的人。经胡适提醒，父亲顿时回忆起以往所读《古今伪书考》，于是胡适便嘱他标点此书，这一来是顺从他兴趣，二来也是知道他生计不宽裕，希望他能标点书籍出版，得到一些报酬。

父亲标点《古今伪书考》这薄薄的一本书，原本一两天便可完工，但他的性情太欢喜追求美满，作附注时想将此书中所征引的书都能注明卷帙、版本，所征引的人都能注明生卒、地域。他原以为两星期内可以完结，不料有的资料查不到，有的资料虽可查到，然追根溯源，这本极薄的书就牵引到无数的书，这下不但他自己的书不够用，就连北大图书馆的书也不够用了，他就天天上京师图书馆去找资料。费了一两个月，注解依然没有作成，但古

胡适

今以来造伪和辨伪的人物事迹倒弄得很清楚了，使他知道："在现代以前，学术界上已经断断续续地起了多少次攻击伪书的运动，只因从前人的信古的观念太强，不是置之不理，便是用了强力去压服它，因此若无其事而已。"对此，胡适主张："宁可疑而过，不可信而过。"父亲亦想把前人的辨伪成绩算一个总账，并接续他们未做完的工作，于是发起编辑《辨伪丛刊》。

不久，胡适买到《东壁遗书》，认为其中的《考信录》对于父亲的辨伪工作很有用，立即送给他读，并指出崔述"太信经，仍不彻底。我们还须进一步著力"。父亲读后大为痛快，前一时自己在辨伪方面的成绩，在这部书里早已有了，他想不到有这样一部规模宏大、议论精锐的辨伪大作先他而存在，不由得高兴极了，立志将它标点印行。不过父亲也见到崔述的缺陷，认为其辨伪目的在于驱除经书中妨碍圣道的东西，自己要比他进一步，推翻他的目的，做彻底的整理。

父亲钦佩胡适的学问，他说："我看着适之先生，对他真羡慕，对我真惭愧！他思想既清楚，又很深锐；虽是出洋学生，而对于中国学问，比老师宿儒还有把握；很杂乱的一堆材料，却能给他找出纲领来；他又胆大，敢作敢为。我只羡慕他这些，不羡慕他的有名。想想他只大得我三岁，为什么我不能及他？不觉得自己一阵阵的伤感。"（致殷履安信，1921 年 1 月 3 日）

胡适称赞父亲勤学苦干，经常在同事中说起，并欲同父亲及毛子水一道，发起"国故丛书"。不久，北大代理校长蒋梦麟为"国故丛书"事在家里请客，父亲亦被邀，于是他与十几位国文系、史学系的教授得以相识，其中包括马裕藻、沈兼士、钱玄同等人，以后同他们便多有往来。

钱玄同赞成父亲"辨伪"之计划，经常到父亲住处谈论学问。他在日本时从章太炎受学，回国后又从崔适受学，章和崔都是俞樾（曲园）的学生，俞是今古文经学兼采的，而章氏纯主古文经学，崔氏纯主今文经学，绝对不同。钱氏兼受两人的学问，知道这两派的症结所在，因此他主张：古文经学是西汉末期所改造，今文经学是战国以来一脉相传，到西汉而有不同的写定，两派对于经书的整理均不实事求是，使之失却真相；所以我们今日的任务，是用了今文经学来打破古文经学，又用了古文经学来打破今文经学，凡是能打破的就必然是不合理的，而不合理的被打破了，经书的真相和经文的真义就容易明白了，至少不受牵缠了。这是清代学者未竟之功，应当由我们来完成它。钱氏的谈论引起了父亲的兴趣，给了他研究的题目，而钱氏的身体不好，他在谈话中常常流露出希望父亲替他完成这方面的志愿。

父亲刚刚在北京享受他的"学问生活"，不料他的祖母却于1921年2月骤然中风。作为老人最疼爱的孙儿，父亲立即归苏服侍，不忍远离；可是北京的学问环境又使他割舍不下，况且这时北大研究所国学门刚刚开办，马裕藻、沈兼士邀他任研究所助教。这一年中他于南北道途往返了六七回，每回都携带了许多书，生活不安定极了。但他除了继续点读辨伪的书籍之外，也做了两件专门的工作：其一是讨论《红楼梦》的本子问题和搜集曹雪芹的家庭事实；其二是辑录《诗辨妄》，连带研究《诗经》和搜集郑樵的事实。

3月，北京国立学校教员为了向政府索取薪水而罢课，胡适在此期间作成《红楼梦考证》，第一个由曹家的事实上断定这本书是作者的自述，打破了当时所流行的此书是描述帝王家秘闻的观念；又从版本上考定此书是未完之作而经后人补缀的，亦打破了人们向来所认为的此书是一人一时之作。父亲由此文再次深切地领受研究历史的方法，并应胡适邀，到各图书馆为其搜集补充材料，从各种志书及清初人诗文集里寻觅曹家的情形。当时俞平伯旅欧归来正在北京，他一向喜欢读《红楼梦》，这时也受此感染，精心研读。父亲返苏后，他们不断地来信讨论，或相互应和，或彼此驳辩。父亲对于《红楼梦》本来是不熟的，但处于胡、俞两人中间，就给他们逼上了这一条路。胡适常有新材料发现，而父亲和俞氏专在此书的本文上用力，尤其注意的是高鹗的续书。父亲说："平伯来信，屡屡对于高鹗不得曹雪芹原意之处痛加攻击，我因为受了阎若璩辨《古文尚书》的暗示，专想寻出高鹗续作的根据，看后四十回与前八十回如何的联络。"他们沉浸在辩论学问的乐趣中，其间俞氏曾因病而"昏昏然偃卧"，可是一收到父亲的信，"发函雒诵，如对良友，快何如之。推衾而起，索笔作答，病殆易霍然矣"，他不由赞道："吾兄此信真药石也！"以前他曾与傅斯年谈及父亲写长信的本领为别人所不及，现在面对父亲那"详明晰辨"的信，又"深叹前誉之非虚"（俞平伯来信，1921 年 6 月 18 日）。这场研讨历时半年多，成就了胡适的《红楼梦考证改定稿》和俞平伯的《红楼梦辨》，父亲认为："这种文字，看似专家的考证，其实很可给一班人以历史观念，使得看小说的都得到一点学问气息。"（致俞平伯信，1922 年 4 月 7 日）

宋代郑樵的《诗辨妄》，对于前人解释《诗经》的说法都有批评，这部书已经失传，父亲从许多他人的书里将其辑录出来，收入《辨伪丛刊》。郑樵以为《诗》《书》可信，然而不必字字可信，他的勇气使父亲惊讶，他的观点启发了父亲对《诗经》的怀疑。在编辑过程中，父亲发现《宋史》里许多话不可信，不由得感到"骇诧"，他说："常说考证之业到清儒而极，哪知这年做了几个小题目的研究，竟发现近代的史籍，近人的传记也莫不是和古书古史一样的糊涂；再看清代人的考证时，才知道他们只是做了一个考证的开头！"那时父亲作了《郑樵传》《郑樵著述考》，发表在北大《国学季刊》第一、二期上，在文中"骂汉人的经学，不亚于骂旧家庭"，他"自知原是不知而作，但汉人的不知而作还要比我加上十倍。所以我阐明经义虽不够，而攻击汉人的经学颇有余"，他以为这些文字"建树了经学革命的旗帜"（致俞平伯信，1922 年 2 月 2 日）。

父亲更敢于用数年来所辑录的歌谣去研究《诗经》，说明"起兴不必有意义，异同不必为删改"，他认为《诗经》本来是歌谣，只有《雅》《颂》中的一部分是朝廷宗庙所用的乐曲。不幸给汉儒专附会到美刺上去，竟弄成了政治的评论诗，失其歌谣的本色。"（致常惠信，1922 年 2 月 20 日）他要恢复《诗经》在歌谣上的位置。

自从父亲在研究所国学门任职，便得到了专门研究的便利：研究所内图书摆满了房间四围的书架，看书比在图书馆还要方便；校中旧存的古物和新集的歌谣也都汇集在此，可以尽情翻弄。父亲感到最使自己获益的是罗振玉（叔蕴）和王国维（静安）的著述，这些著述以前他尚未得见，到此时方始知道他们对于古史已在甲骨文、金文、敦煌经卷、新疆竹木简等实物上做过种种的研究，他们"求真的精神、客观的态度、丰富的材料、博洽的论辩，这是以前的史学家所梦想不到的"，父亲的眼界由此又得一广，"知道要建设真实的古史，只有从实物上着手的一条路是大路，我现在的研究仅仅在破坏伪古史的系统上面致力罢了"（《古一序》）。他很愿意向这一方面做些工作，使得破坏之后能有新的建设，同时也可以利用这些材料做破坏伪史的工具。

3 ﹍ 祖母之死

　　由于他祖母的病渐渐沉重，他不能继续留在北京了，便于 1922 年 3 月请长假归家。研究所和图书馆的职务均请人代理。当时教育部颁布新学制，将中学五年改为初中及高中各三年，于是经胡适介绍，他为商务印书馆编纂初中本国史教科书，预支酬金每月五十元，以解决生计。

　　父亲的生性是"不能为他人作事的"，就是编教科书也要使之成为一家著述，他想了很多法子，欲打破以往只重视政治社会的习惯，而要从向来沉埋于正史以外的记载与实物中寻出各种社会事实和心理，把各时代的生活及文化钩稽出来，如"才子与山人""残余的宗教"等，将此书"做成一部活的历史"；另外在编辑体例上欲分为主文和附文，如殷代历史，主文是用《尚书·盘庚》中篇来讲盘庚迁殷，附文就依主文推论当时的神权政治、君与民及贵族的地位、屡次迁都之故、刑罚的严酷等等，使读者能得到真实的历史观念，提高研究的兴趣。

　　他聚集的材料已很可观，见到的新境界也不少，觉得此时研究中国史实犹如种植一块未曾开发的沃土，要得到一个较美满的成绩是容易的；只是匆匆编纂，不能细细领略滋味，总感到是一个缺憾。那时他曾与友人说道："我日来为编教科书，正是又悲又喜。悲的是一着手就随处觉得有极大的范围，不容易去领略一过。喜的是随时见到新境界，屡屡感受着'柳暗花明又一村'的乐趣。假使现在有容我读书的环境，照这个样子做下去，到我学问成熟时再把教科一挥而就，真是无上的快乐。现在没有进货充足，已经逼着出卖，虽是勉强开起来，终不过一家小杂货店罢了。思至此，实在怅惘万分！"（致俞平伯信，1922 年 6 月）

为编写上古史，父亲久经思索，认为三皇五帝的系统当然要推翻，只有把《诗经》《尚书》《论语》中的上古史传说整理出来，作成一篇"最早的上古史的传说"为宜。他把这三部书里的古史观念细细比较，忽然发现了一个大疑窦——尧、舜、禹的地位问题！他一向以为《尧典》和《皋陶谟》不是西周而是春秋时所作，哪知与《论语》里的古史观念一比较，竟觉得还在《论语》之后。他把这三部书里有关尧舜禹的语句抄出来比较，觉得禹是西周时就有的，尧舜是到春秋末年才起来的。越是起的晚，越是排在前面。等到有了伏羲神农之后，尧舜又成了晚辈，更不必说禹了。于是他就建立了一个假设："古史是层累地造成的，发生的次序和排列的系统恰是一个反背。"

他立了这个假设而尚未作文之时，不料 7 月中旬，他的祖母去世了，使他无限悲痛。第二天小殓，他看着祖母放入棺材，想到永远不能再见其面，实在欲大哭一场，可是仆人扶着他，乐工在旁边吹着，掌礼在旁边喝着，要他做循规蹈矩的哭泣，他反而一点儿也哭不出来了；又听着许多奶奶、太太、老阿妈的无情之哭、唱歌式的哭，不仅使他哭不出，反而使他好笑了。他伏在毡毯上，从身旁的仪式，思索古人制礼的根本，后来在笔记上写道："古人制礼，在进退应对方面，使得人家恭敬一点，这是很做得到的事；至于悲哀喜乐，出于感情，不是礼仪所能限制的，但制礼的人也偏偏要阑入这个境界内，结果，虽可见得他威力的大，实在是他根本上的失败。因为本来是可以悲哀的，给礼制这样一来，就只有形式而没有悲哀了。天下哪有感情可以循规蹈矩，准时依刻而发表的！"他不会假意号哭以求合于礼，就只有老老实实的不哭。

当时胡适来信希望他将丧事改革从简，父亲回信道：奢华的风气"在民国初年曾经消歇一点，现在比了清朝时候还盛。即如喜事，在民国初年多行文明结婚，现在则文明结婚的仪式几乎绝迹。为什么？因为仪式太简单，用不掉钱，不足以表示阔绰，并且容易给人嘲笑。丧事的排场，自从盛宣怀、奚萼铭到苏州出殡之后，弄得苏州出殡的仪式加几倍的盛。吾家的长者并不是欢喜阔绰，实是怕人家的说话，所以总要应有尽有。至于我要改革，更说不到，因为权不在我，反对了也生不出一点效力。我可以做到的，只有不由我去踵事增华"（致胡适信，1922年8月6日）。父亲决不对人说，"我为你做一副挽联"，以此多遮两个柱子；也决不对人说，"我为你作一篇祭文"，以此多扎一个亭子；更不对长辈说，"某项仪式是欠缺了，某人家是怎样办的"。那时他只能以这种消极态度处之。

自祖母开吊之后，子虬公及继母去了杭州，父亲本已按商务印书馆规定的时间，努力编教科书，但因受的刺激太厉害，哪里能定心做事，结果使失眠之疾大作；到后来，便是不编书而休息，也不能止住失眠。而且在夏天遭了丧事，他受的湿热极重，周身生疖生疮，几个月都不愈。他极悲观，对商务印书馆说，自己的身体不济如此，书是编不完了，只有退还一年来所拿的酬金。承该馆编译所史地部主任朱经农的厚意，谓酬金不必退还，已成之稿及所辑之材料交王伯祥续作。朱氏又邀父亲入馆，父亲未即允，他仍是想到北京。鉴于父亲编教科书的计划工作量太大，王伯祥接编时，用的是他自己前在福建集美师范任教时定的提纲，内容仍偏于政治方面。父亲说："这也难怪他，期限这等迫促，社会方面又急切不易得完备的材料，自只能如此。"至于体例上，"此次伯祥编纂，即用通常叙述体，自可计日程功"（致胡适信，1922 年 11 月 30 日）。

4 __ 就职商务印书馆

1922 年 12 月初，父亲到商务印书馆编译所任专任编辑，与叶圣陶一起编初中国语教科书，又助王伯祥编初中本国史教科书。他与王氏同住永兴路华英公学弄内，两人都喜欢历史，谈论间常常说到古史，颇有商榷之乐。

父亲在馆中工作每日六小时，除编辑教科书以外，杂务很少，星期日常有空闲来研究古史和古籍。他曾将自己研究《诗经》的结果多次写信告与钱玄同，不过却很少得其回信，因为钱氏在上课以外专门找朋友谈天，再加上读书看报，总不得暇闲写信。不想于1923 年 2 月，钱氏突然来了一封痛快淋漓的长信，不但回答了父亲提出的问题，也谈及自己新得到的材料，这使父亲精神上大大兴奋，于是抽出一个星期日整整一天的工夫，写了一封答书，除讲《诗经》的工作外，又把一年来所积累的有关古史见解写出了一个大概。可是过了两个月仍不得回信。当时正逢胡适到上海治病，他在北京办的两种报纸，一是《努力》周报，专发表政论，便托高一涵、张慰慈等朋友代编；二是《努力》所附的《读书杂志》，专发表学术性论文，在北京无人接替，到上海后便交父亲代编。父亲想到寄钱玄同的信已经很久了，不知其对信中所谈作何批评，正可借这个机会催一催，于是就抄出自己信中论古史的一部分加上按语，以《与钱玄同先生论古史书》为题，刊登于《读书杂志》第九期。在这篇按语中，父亲第一次公开提出"层累地造成的中国古史"的观点，认为：第一，时代愈后，传说的古史期愈长。第二，时代愈后，传说中的中心人物愈放愈大。第三，我们即不能知道某一件事的真确的状况，但可以知道某一件事在传说中的最早的状况。同时，他又寄钱玄同一信，希望其将辨伪的见解多在此刊发表，以造成风气。信上说："我们说起了辨伪已有三年了，却没有什么成绩出来"，"如能由我这一封信做一个开头，继续的讨论下去，引起读者的注意，则以后的三年比过去的三年成绩好了。"（1923 年 4 月 28 日）很快，在《读书杂志》第十期上就刊登了钱氏长长的回信。

以后事情的发展可以说大大超出了父亲的预想，岂止是引起读者注意，简直是引起了一场轩然大波。因为在国人头脑里向来有"自从盘古开天地，三皇五帝到如今"的传统观念，忽然听到这些远祖都不存在而仅是传说中的人物，不禁哗然。多数人责骂父亲，尤其他的"禹或是九鼎上铸的一种动物"的意见更被人们简化为"禹是一条虫"而哄传一时，作为讥笑的口实。南京东南大学的刘掞藜及胡适的族叔胡堇人依据了经典作文来批驳，父亲很高兴，认为这是给予他修正自己思想和增进自己学问的一个好机会，只当作好意的商榷而不当以盛气相胜。在 6 月 20 日致胡适的信中可反映出当时情景：

接得 16 日来信，快读一过。令叔堇人先生一文甚好，拟与刘君一文并登入《读书杂志》。我最欢喜有人驳我，因为驳了我才可逼得我一层层的剥进，有更坚强的理由可得。

　　这一期《读书杂志》，刘文六千字，胡文二千字，我作一跋语三千字，可以齐备。下期我作答文一万字。但答文非二万余字不尽，只能登一小半也。

随后父亲在《答刘胡两先生书》中，将"层累说"又继续发展，提出推翻非信史的四项标准：一，打破民族出于一元的观念；二，打破地域向来一统的观念。三，打破古史人化的观念。四，打破古代为黄金世界的观念。

是时，正逢父亲身体最糟的时候，由于前一年所受湿热未除根，加之上海空气亦很潮湿，便生了一身湿疮，痛痒交作，脓血沾濡。兼以商务印书馆地处闸北，周围都是工厂，空气中充满了烟煤，使他又患了咳嗽，几乎成了肺病，精神甚为疲倦，不得已而请假回苏州养病。自5月至9月的四个多月里，父亲在家读书，轻易不出门；别人知道他有病，也不来勉强他做什么事，连长辈也怕他得肺病，更不来干扰。他与妻女相亲相依，处处感到家庭的温存。他安闲地读了许多书，写了许多有关古史的笔记，将数年来庞杂的见解成立了一个系统，并搜集了大量新材料，可以从容地作文答辩，他说："我真是想不尽的喜乐，把身上的疾苦一起丢向九霄云外去了！"

可惜这四个月的时间如白驹过隙，一篇答复的长文还未作完，生计负担已迫使他回商务印书馆复职了，只好暂停论战。胡适认为，这次古史讨论"可算是中国学术界的一件极可喜的事"，"双方的旗鼓相当，阵势都很整严，所以讨论最有精彩"；他称赞"层累地造成的古史"的见解是对"今日史学界的一大贡献"。由于当时北京很有几位老先生深怪父亲"忍心害理",故而他为父亲申辩道:"这回的论争是一个真伪问题;去伪存真,决不会有害于人心。"(胡适《古史讨论的读后感》)

父亲欲将研究古史的心得,应用于所编辑的本国史教科书上,他同朱经农商议。朱氏说:"现在的政府大概还管不到这些事,你只要写得隐晦些就是了。"于是在书里,父亲不提"盘古",对"三皇五帝"只略做叙述,并冠以"所谓"两字,表示不真实。这种做法,是商务印书馆所出的教科书里早已有过的,那是20世纪初,他们请夏曾佑所编的《中学历史教科书》里,就称三皇五帝时代为"传疑时代",那时还在北大预科上学的父亲读到此书时曾受震动。然而夏氏写书之时正逢中国被各列强瓜分,谁会来管这古代历史的问题,所以未引起社会上的风波。现在父亲并不比夏氏写得激烈,未料到几年后却给商务馆带来了麻烦。由于这些年的南北纷争,国民渴望统一,1927年国民党北伐成功,建都南京,各省设参议会。山东参议员王鸿一据山东曹州重华学院院董丛涟珠、院长陈亚三(亦北大同学)等人呈文提出议案,弹劾这本《现代初中本国史教科书》,说它"非圣无法",应予查禁。戴季陶(传贤)见此提案,认为:"中国所以能团结为一体,全由于人民自信大家是出于一个祖先";"学者的讨论是可以的,但不能在教科书上这样写,否则会动摇民族的自信力,必于国家不利。"因为此书已发行二十五万册,当时有人主张对商务印书馆处以巨额罚款,该馆总经理张元济(菊生)请国民党元老吴稚晖(敬恒)出来说情,最后免去罚款,只是由教育部下令禁止发行。这是1929年春天的事情,其时北平《新晨报》以《国府严禁反动教材发行》为题报道此事。

那时郑振铎在商务印书馆馆编辑《小说月报》,他又是文学研究会的创办人，在闸北租了一所大屋，一半自己住，一半作为文学研究会的聚会场所，或开会，或闲谈、听留声机。父亲到商务印书馆任职后，晚上也经常去那里聚会，和大家讨论些古史及歌谣的问题。1923年1月初，郑氏提议，说我们替馆里工作，一月才拿百元左右，可是出一本书，馆里就可以赚几十万元，何苦来！还不如自己集款办一个书店。大家都同意，讨论了几次，决定每人每

钱玄同

月从工资中提出十元储存银行生息，集款到一定的数目时，便可出书了。当时约集十人，有父亲、郑振铎、王伯祥、叶圣陶、周予同、沈雁冰、胡愈之、谢六逸、陈达夫、常燕生，由父亲任会计。周予同为此社起名曰"朴社"，因为他听了钱玄同的课，十分醉心于清代的"朴学"。接着又陆续约俞平伯、吴维清、潘家洵、郭绍虞、陈乃乾、朱自清（佩弦）、陈万里（鹏）、耿济之、吴颂皋等入社。父亲在一年前曾写信与李石岑，谈到学术界生活独立的问题，李氏将此信转与郑振铎、沈雁冰、胡愈之等人，共同讨论，大家认为若要创造一个专心治学的环境，一是要社会捐助，二要自己淡泊自守。现在他们往前进了一步，开始自己行动了，父亲在邀郭绍虞入社的信里说，我们"只希望著述上可以立足的人得终身于著述，不受资本家的压制，社会上的摧残。我们的生活，靠政府也靠不住，靠资

本家也靠不住，非得自己打出一个可靠的境遇就终身没有乐趣了"
（1923 年 2 月 20 日）！

　　为了在生计上站住脚，使学问之事能计日程功，走上轨道，父
亲对朴社寄予很大的希望。他积极筹划社事，并作了"朴社宣言"
及"社约"，经社中改定通过。"社约"中规定社员月交十元，如
停交半年，作为自动出社，这样可以淘汰没有常性、不负责任的
人，不致像别的有名无实的组织，不死不活的敷衍着。可是其他人
均忙于自己的工作和生活，且不免有"贪懒爱写意的毛病"，他们
觉得如果不是父亲督促，社事"很难有成"。当父亲在苏州养病期
间，叶圣陶来信谈到社事的松懈，一些人已欠交社费，父亲回信
说："振铎是发起这社的第一人，而欠交社费已有三月，诚不得不
使人失望。眼看再过三月，就要出社了。我们社里少一达夫之类没
有什么可惜，而少一振铎则大可惜。振铎如去，使我们社里减少生
气不少。请你和上海的几位社员一致的督促着，永久的督促下去。"
父亲不愿见到朴社拆散的不幸局面，他在信里感叹道："我们现在
生活的艰难，社会上不能善用我们的才具，这是可以怨恨社会的。
我们对于现在生活不满意，应当设法使将来的生活满意。我们对于
现在的社会怨恨，应当努力改造它，使得将来可以消弭我们的怨
恨。我们朴社的成立，就基于这种心理上。若不能好好的做下去，
使得我们的社无形消灭，而可厌的社会依然如故，违心的生活和我
们的生命一样永久，那是须怨我们自己的没出息，不能怪社会了。"
在信里父亲以自己积极的心态鼓励好友，他说："我的志愿，六七
年前已经立定了，但六七年来不能达到。不但不能达到志愿，而困
难的境遇层出不穷，身体亦尽管坏。""这志愿的能不能达到另是一
件事，我总照着这方向走。我深知天下只有劳而不获的事，不有不

劳而获的事。劳而不获是无奈，劳而获是本分，不劳而获是妄想。我的性质如此，所以一件事，不高兴做则已，既高兴做必用我的全力。又因为任劳必兼任怨，所以我也不怕任怨。"信里还讲到前不久与王伯祥的一次闲谈，王氏说起，世上不会有"自知掮木梢而掮木梢者"，所谓掮木梢，皆旁人批评之词，而当事者方自以为得势也。可是父亲说："我以为我就是一个自知掮木梢而掮木梢者。我因为应该掮木梢的时候，良心上非掮木梢不可，所以一件很愿做成的事，如无人做，我即尽我的力独做。这固然在己甚劳，在人更可避责，然总比我不做好一点。"他很"希望社中同人都染得我的一点掮木梢精神，大家努力做上去"（1923 年 6 月 7 日）。的确，不仅在朴社的事上，而且在他的一生中，都贯穿着这种"掮木梢精神"。

那时父亲为了多积些钱，常作文售于杂志，如应郑振铎邀，为《小说月报》作《〈诗经〉的厄运与幸运》（以后易名为《〈诗经〉在春秋战国间的地位》）；同时也节制自己在学问上的嗜好，如买书、印格纸、请书记等。不过他也有偶尔"犯错误"的时候。一次潘家洵到沪，晚间父亲和郑振铎陪他出游，顺路到四马路上走走，那里有一家卖旧书的铺子——集成书局——是郑氏认识的，自然要进去看看。父亲看到一部段玉裁的《春秋左氏古经》，是两部《皇清经解》中没有收进的，便出了两元四角钱买了。书铺的人见他买此书，就问他："还有一部毛奇龄的《春秋毛氏传》，要吗？"父亲不敢多买书，就搪塞道："要买《春秋毛氏传》，不如买毛奇龄的全集好了。"他以为此全集必是书铺所没有的。不料书铺的人说："这里有一部全集，可以看看。"这一部书一向是卖大价钱的，北京的市价须百余元，苏州的图书馆新进买的一部亦八十元，父亲哪里买得起，就说："我过一天来看吧。"言下之意就是不准备买，可是他们说:"书就在这里,看看也好。"于是就拿给父亲看,并劝他买。父亲既急于脱身,又要想一不伤体面的脱身方法,就说:"我是不出价的,至多不过五十元,你们不肯就算了。"他以为此全集绝不会有五十元的价钱,所以大胆还了这个价,就可使他们收起了书而放他走了。岂料他正要走,他们竟说:"卖给你吧!"父亲感到这犹如晴天一个霹雳,万万想不到。为了不失面子,他无可奈何,只得买了。为此他忧虑了好几日,想不出别的办法,只有再赶作一文,但在拿到稿费之前,只有把代子虬公收的田租暂借来一用。他甚是责备自己,在致妻子的信里说:"这次的事,我不希望你原谅我,只希望你自己不要生气!"又说:"我想以后每取到半个月薪水,就去存储十元,因为这样才可以积钱,否则上海的诱惑正多,恐怕到底积不起啊!"(1923年2月9日)

父亲在商务印书馆里,因有王云五、朱经农二位的提携,地位甚好,朱经农也望他能在此继续干下去。但父亲一直向往着北京,那里浓厚的学术空气、丰富的旧书和古物、众多的学问家,都是研究古史最有利的条件,是上海所无法比拟的;何况又远离苏州,可以将妻女接出,避免旧家庭的刺激,如若在上海,子虬公必说离家甚近,每星期可归,用不着接眷。父亲说:"我是自己有志愿的人,一天不能达到志愿,即兴起一天的悲愤。我若为生计计,商务中薪水这样稳,当然不愿离去。但我总觉得为生活而生活是无味的,一生易尽,若照此蹉跎下去,纵使安稳活着,也只能算作偷活。所以我决心辞出商馆,做自己的事。本年为敷衍经农先生计,当至年终而止。""我自北大毕业,至今三年,极力要寻得一个安定的生活,使学业与日俱进,而不可得。眼看这般吃人家的饭,听人家的命令做事,尽我的一生也所得无几。若不下一决心,把稳固的饭碗打破了，以后也永永拔不出来。如此，我虽是耄寿而终，也还是一个赍志而没。我并非不愿领受云五、经农两先生的情，但我终不能因为领人的情而夺己之志。我的遭遇如此的苦，在家庭中比在客店还要不定心，身体又如此坏，一年有半年在病中，我若无有志愿，我准可入于颓废之途。现在所以仍能积极，可以说全出于志愿的兴奋。若这个志愿又被压住了，真使我有死之乐，无生之趣了。"（致胡适信，1923 年 6 月 20 日）

这年底，父亲终于结束商务印书馆的事务，辞职出来，恢复了北京大学研究所的职务，并将苏、沪两地的藏书尽数装箱运京。

5 __ 在北大研究所

北大研究所国学门的主任是沈兼士，父亲任助教，是沈氏的主要助手，在编辑室、歌谣研究会、方言调查会、风俗调查会、考古学会诸会工作，并编辑《国学季刊》，月薪百元。又以政府欠薪甚久，父亲应沈尹默邀，兼任孔德学校教员，月薪五十元。他依照预定的计划，当 1924 年 8 月其祖母的灵座撤除后，便将妻女接到北京，开始了新的家庭生活。那时大石作住所中，是他和潘家洵两家同居。

父亲长久体会到为学而没有详备的年表和各种索引的痛苦，便愿以数年之力，编成年表、地表、人表、书表四种。因为此事范围太大，学术记载除正史通鉴外，尚须旁求于各家文集笔记之中，非个人精力所能完全担负，需请学界同人相助，于是父亲作《中国学术年表及说明》，刊《北京大学日刊》，征填此表，请大家于读书时见到有关学术者信息即按格式填列寄来。为此年表，父亲及研究所同事很是忙活了一阵，虽限于当时条件未经印行，但来查阅的人非常多，确实为学人提供了极大方便。

1924 年 9 月，北京大学《国学季刊》编辑委员会同人合影（左起：徐炳昶、沈兼士、马衡、胡适、顾颉刚、朱希祖、陈垣）

不过那时做得最多、成绩也最突出的还是歌谣研究会和风俗调查会的工作。

当时因《歌谣》周刊的编辑常惠（维钧）生病，父亲自 1924 年 4 月始代其编辑，并成为主要撰稿人，作了多篇有关风俗方面的文字。

那年，歌谣研究会决定将各地歌谣专集陆续登入《歌谣》周刊，再另印成册，作为该会《歌谣丛书》，其中以父亲所编《吴歌甲集》为第一种。于是父亲将此书重理一过，其间得到许多师友的帮助和审正，如常惠自始至终不间断地"逼我写稿"，魏建功、董作宾（彦堂）"替我标音"。父亲指出当时学术界"对于方言的地位没有充分的了解，至今还有许多人要执住了死文字来驾驭活语言，甚而至于说现在的字没有一个不可在《说文解字》中找出原字的"，他认为"这个观念不打破，不但方言的研究无从进行，即歌谣的著录也有改窜失真的弊病"，希望"大家用了新方法去处理新材料"（《吴歌甲集》附录三）。次年父亲又将整理歌谣所感作成《写歌杂记》十一篇，附入《吴歌甲集》中，其中有根据所集歌谣来解释《诗经》之作，如《起兴》《野有死麕》，及其所引起的胡适、俞平伯、钱玄同的讨论信札。这种开创性的搜集和研究使《吴歌甲集》具有了很高的学术价值。

由于歌谣研究会欲在《歌谣》周刊上多出专号，要父亲挑选一个题目做，他就提出了"孟姜女"。当父亲前两年辑郑樵的《诗》论时，见其《通志》一书中论杞梁之妻"初未尝有是事，而为稗官之流所演成"；又1923年在上海点校姚际恒《诗经通论》时，见其曰"在未有杞梁之妻的故事时，孟姜一名早已成为美女的通名了。"这两次发现引起了他的注意，此后，有意无意地又发现了关于该故事的许多材料，至这时便成为"孟姜女"专号的研究内容了。父亲作的第一文是《孟姜女故事的转变》，从《左传》所述直引至南宋初叶的材料，指出此故事由"不受郊吊"到"悲歌哀哭"再到"崩城"的变化。此文刊出后，在学术界引起震动，当时正在巴黎留学的刘半农来信表示对此文"佩服得五体投地"，称赞父亲"用第一等史学家的眼光与手段来研究这故事"，"你那文章是二千五百年来一篇有价值的文章"，还寄来自己在巴黎国家图书馆抄得的敦煌卷子中几首唐宋间之孟姜女小曲。魏建功在1962年的回忆里也认为，《歌谣》周刊所出的专号中，"成绩丰富多彩的"是"孟姜女"，"顾先生用研究史学的方法、精神来对旧社会认为'不登大雅之堂'的故事传说进行研究，一时成了好几十位学者共同的课题"，有的帮助收集材料，有的通信讨论故事内容。魏氏说：'孟姜女专号''最典型地体现了人们自发自愿、肯想肯干、互相启发、不断影响的范例。"（《〈歌谣〉四十年（下）》）父亲尚未续作此文的下半即宋以后的部分，投寄的材料却已接踵而至，使他"目迷五色，耳乱五声，感到世界的大，虽是一件故事，也不是我一个人的力量所能穷其涯际的，于是把我作文的勇气竟打消了！"

父亲将这些材料和通信都在《歌谣》中刊出，自 1924 年 12 月至次年 6 月，"孟姜女专号"共出了八十版，十二万字。其中的八首歌曲父亲编为《孟姜女故事的歌曲甲集》由歌谣研究会出版，他说："此为予个人编辑之书第一册出版者。"（日记，1925 年 10 月 17 日）因为研究所国学门中除歌谣、风俗两会外，其他各学会搜集整理的材料亦不少，而苦于无处发表，故于 1925 年暑假后，《歌谣》周刊扩大规模为《北京大学研究所国学门周刊》，仍由父亲编辑，他的"孟姜女专号"又接着出了七期。在《孟姜女故事研究的第二次开头》文中，父亲批评了当时的风气，他说："近年来，大家厌倦切实的工作而欢喜说漂亮纤巧的话"，如对某事有不明了之处即说"我是没有考据癖的，这种事情还是让考据专家去干吧"。他以为，"他们不知道在学问上原不当有什么考据专家，考据原是研究学问的方法"；并申明："我的工作，无论用新式的话说为分析、归纳、分类、比较、科学方法，或者用旧式的话说为考据、思辨、博贯、综核、实事求是，我总是这一个态度。"

1925 年春，承风俗调查会之嘱托，父亲与容庚（希白）、容肇祖（元胎）、庄严（尚严）、孙伏园到京西妙峰山调查进香风俗。自从北京大学提倡民间文学和民俗学以来，始终受财力束缚，正式的调查工作大约只有这一次，而这一次的调查费用仅仅领到五十元，所以调查日期也仅容许三天。由于父亲有"禹为社神"的看法，所以很想领略现在社会（祀社神之集会）的风味，如迎神送祟的赛会、朝顶进香的香会，希望从中得到一些古代社祀的暗示。每年阴历四月初一至十五，为妙峰山进香之期，进香者都是就一种职业或一处居住的地方联络结会，除了祀神之外更施舍用具及食物，并从事娱乐。父亲到了那里，被迷眼的香烟、震耳的鼓乐及身受的款待所感动，只觉得神秘、壮健、亲善的可爱，却忘记了他们所崇奉的乃是一种浅薄的宗教。这使他对于春秋时的"祈望"和战国后的"封禅"得到一种了解；并且从"依亩捐钱"的交纳会费的方式中更可证此种香会真有"社会"的性质。

每年从 3 月初起，北京城的街道上就渐渐张贴出许多"会启"（此名称是父亲所定），即为各香会的告示，有的简单，仅有此会的名称；有的复杂，说明进香的内容或终年的工作。对于这些"会启"，以前父亲从未注意过，自从 1924 年春间游三家店，看见数千香客，进了几个茶棚，方始在他经常走过的几条街巷中见到无数的"会启"，他"心中顿时痒得很，恨不得把这些东西立刻抄来，但又老不出脸皮当着许多走路人的面前抄写"。这次父亲下定决心，要去抄录一个全份。他说："抄录会启是从来没有的事情，所以一般香客都很注意，他们聚着看我。有的疑惑道：'抄来作什么的？'有的诧叹道：'他写得真快！'有的重碰见了我，对我笑道：'又来了！'我本来很怕羞，更经不起他们的注意；要不是受了抑压了一年的好奇心的逼迫，一定是羞怯得写不下了。"不过收集的结果，使父亲知道还有许多香会是没有会启的，他为此而发过一阵空想，想在圣母娘娘庙的门前立一个签到簿，有到必写，他们若是不识字就替他们写，那就不会有遗漏。但父亲也知道这事除了由圣母娘娘托梦给庙祝之外是不可能办到的，若是用了命令式的态度强迫他们做，徒然会把他们吓得退回去而已。

父亲根据所抄的会启——有关香会的第一手文字资料——仔细研究了一番，作成《妙峰山的香会》一长文，论述了香会的来源、组织、活动的日期和内容等，他认为香会的组织极有秩序，在财政、礼仪、警察、交通……各方面都有人管理，有人指挥，"实在有了国家的雏形了"！他又将自己及同人的调查所得编为"妙峰山进香专号"，在孙伏园所编《京报副刊》上连续刊出六期。为了破除一般人以为他们"提倡迷信"的误解，父亲在"专号"之首作《引言》指出：

> 从前的学问的领土何等窄狭，……现在可不然了，学问的对象变为全世界的事物了！
>
> 学问的材料，只要是一件事物，没有不可用的，绝对没有雅俗、贵贱、贤愚、善恶、美丑、净染等等的界限。……我们决不能推崇《史记》中的《封禅书》为高雅而排斥《京报》中的《妙峰山专号》为下俗，因为它们的性质相同，很可以作为系统的研究的材料。我们也决不能尊重耶稣圣诞节的圣诞树是文明而讥笑从妙峰山下来的人戴的红花为野蛮，因为它们的性质也相同，很可以作为比较的研究材料。

在"专号"里有一张照片，是父亲等五人从妙峰山"带福还家"的合影，他们每人的帽子上都戴了红花，胸前亦挂着红花，下系一条红绶带，上书"朝山进香代福还家"八个字。

对于父亲的这项工作，江绍原在为该"专号"所作《书后》中认为："关系于现今的民众宗教的研究，则顾颉刚先生的妙峰山香会调查，在邦人中只怕是绝无仅有的。"

那时父亲应各方邀约而须作的文字很多，如 1924 年夏，现代评论社成立，由陈源（通伯）主持，来请父亲作文。父亲以无暇而推辞，陈氏便说，那么就写些短文，如同你在《小说月报》上发表的读书笔记便可。半年后孙伏园办《语丝》，亦来请父亲，"语丝"这一刊名还是由父亲提出而被同人通过的，后来父亲据笔记中材料作成一些短篇文字《古史杂论》送去刊登。因为父亲屡屡发表些文字，姓名为世所知，所以社会上结合什么团体，每承招致，故而他常日在茶酒宴会之中。当时他曾把和自己发生关系的团体写出一看，竟有了二十余个，分起类来有历史、古物、文学、图书馆、教育、哲学、政治、社会、商业、编辑十种。这真使他惊骇极了！他哪里有这么多的技能，又哪里有这么强的精力！在社会上活动固然有出风头的乐趣，但他哪里爱出这种风头呢，实际上那时他在社会中是到处退避的。

父亲盼望能按照自己的宗旨来治学，那时他无论看哪种薄薄的书，都觉得里面有许多材料是可供旧有问题的研究的，或是可以发生新问题的。因为都是有用的材料，都不忍弃去，抄出既没有空闲，不抄出又似乎负上了一笔债，所以他真不敢随便翻动哪一本书，除了要把它自首至尾读一遍。偶尔生病而休息几日，在病榻中翻读几卷书，就觉得非常快乐。他对友人说："犹忆先妻死的一年，我的刚周岁的次女寄养在我的叔母处，有一天，她因事把我的次女送交我妻，同眠了一夜，这一夜我的次女的喜乐真是难以形容，看着她的母亲就笑，扪着她的母亲又笑。我回家时，我妻把这事告我，眼泪也迸出了。我现在对于学问的眷恋，何啻襁褓之儿对于母亲的眷恋。但因了种种的牵制，竟把我与母亲分开了；偶然同眠得一夜，心花就要怒放。可恨同眠的机会真是太难得了！"（致李石岑信，1924年1月29日）岂但是读书呢！他的袖珍笔记册积了一抽屉了，里面有许多是见闻所及的抄录，有许多是偶然会悟的见解，很有誊入红格本笔记簿的价值；但是铅笔的影子已经渐渐地渐灭了，急写的字体也有许多认不清了，却还没有动手抄写。在这以前的几年他每年都能记下数册笔记，但在1925年竟连一册也未记毕，可见其繁忙了。父亲叹道："我真悲伤，难道我过去的努力竟不由得我留下一些残影来吗？长此以往，我的一生也就完了！"

父亲也设法摆脱这种境遇，那时自标居室为"泣吁循轨"，谓自己之生活太无轨道，泣而吁之循。他说："我感到生命的迫促，人智的短浅，自己在学问上已竭力节缩欲望，更何能为他人夺去时间，所以要极力摆脱这种漩涡，开会常不到，会费常不缴，祈求别人的见舍。可是时代的袭击到底避免不尽，我的肩膀上永远担负着许多不情愿的工作。我只得取一点巧，凡是和我有关的事情总使它和自己愿意研究的学问发生些联络：例如文学方面的要求，我就借此作些民众艺术的文字应付过去；政治方面的要求，我又作了些历史的文字应付了。这样干去颇有些成效。这二年中，我所以和民俗学特别接近，发表的东西也最多之故，正因我把它与研究所的职务发生关系。研究所中有风俗调查会和歌谣研究会，我便借此自隐了。……只是这样做去，虽不致完全埋没了自己，而所做的工作总是'鸡零狗碎'的，得到的成绩决不是我的意想中的成功。"（《古一序》）

父亲对于王国维十分敬重，1922年春曾到上海拜访过他，感到"彼极诚朴，蔼然可亲"（日记，1922年4月18日）。归后又与他通信讨论《顾命》，并在信中表示：自己"惟以拙于言辞不能自达其爱慕之情，私衷拳拳，欲有所问业，如蒙不弃，许附于弟子之列，刚之幸也"。"先生所著书，以新法驭古学，凡所论断，悉为创获"（1922年4月24日）。1924年4月22日，父亲在致王国维信中又表示："拟俟生活稍循秩序，得为一业之专攻，从此追随杖履，为始终受学之一人，未识先生许之否也？"这年11月，废帝溥仪被冯玉祥赶出清宫，王氏不再任帝师，生计无着，父亲请胡适荐其入清华，说道："静安先生清室俸既停，研究所薪亦欠，月入五十元，何以度日？曾与幼渔先生谈及，他说北大功课静安先生不会担任，唯有俟北京书局成立时，以友谊请其主持编辑事务。然北京书局不知何日能成立，即使成立，而资本有限，亦不能供给较多之薪水。我意，清华学校既要组织大学国文系，而又托先生主持其事，未知可将静安先生介绍进去否？他如能去，则国文系已有中坚，可以办得有精彩。想先生亦以为然也。"（致胡适信，1924年12月4日）所谓大学国文系，即1925年秋成立之国学研究院，此事得胡适相助而办成。

当1927年6月王氏去世的消息传来，父亲受到"猛烈的刺激"，感到"失望而悲叹"，即作《悼王国维先生》一文，说道："我对于他虽向少往来，但是恋慕之情十年来如一日。""本年三月中，康长素先生逝世，我淡然置之。我在学问上受他的影响不亚于静安先生：静安先生教我怯，他教我勇；静安先生教我细针密缕，他教我大刀阔斧。我既是很佩服他，为什么对于他的死倒不觉得悲伤呢？因为他的学问只起了一个头，没有继续加功。在《新学伪经考》和《孔子改制考》做完之后，他便自以为学问成功了，专要做政治的活动了。……所以学术界上的康有为，三十六岁就已死了。""至于静安先生，确和康氏不同，他是一天比一天进步的：……他的大贡献都在三十五岁以后，到近数年愈做愈邃密了，别人禁不住环境的压迫和诱惑，一齐变了节，惟独他还是不厌不倦地工作，成为中国学术界中惟一的重镇。""他的学问，恐怕一般人要和别的老先生老古董们相提并论，以为他们都是研究旧学，保存国粹的；这是大错误。学问的新旧决不在材料上，而在方法上，思想上。""他对于学术界最大的功绩，便是经书不当作经书（圣道）看而当作史料看，圣贤不当作圣贤（超人）看而当作凡人看；他把龟甲文、钟鼎文、经籍、实物，作打通的研究，说明古代的史迹；他已经把古代的神秘拆穿了许多。""为学术界著想，他的死是一个极重大的损失，说不出代价的牺牲。"

1925 年 5 月 30 日，上海发生"五卅"惨案，全国震动。北大同事要进行宣传，推父亲来作文。父亲想：知识分子天天看报，用不着我们宣传；需要我们做宣传的乃是工农群众，只有用了他们的口语和他们习用的表现形式来写，才可使他们乐于接受。父亲因参加歌谣研究会工作，懂得一些民众文艺，就用民歌体裁写了一首《伤心歌》，开头几句是："咱们中国太可怜，打死百姓不值钱，可恨英国和日本，放枪杀人如疯癫。上海成了惨世界，大马路上无人烟……"父亲与同事集款购纸把《伤心歌》印成传单，亲自上街散发，并且由孙伏园在《京报副刊》刊出。没过几天，这首歌便广为流传，不仅被街头儿童传唱在口中，而且被人用粉笔抄在墙上，这使父亲深深感到通俗文学确是教育群众的利器。

当时北大成立了救国团，父亲亦参加，并被推为出版部主任，负责编撰"救国特刊"刊于《京报副刊》。他在《发刊词》里写道：此刊"宗旨有二件：一是用浅近的语言作演讲稿，可以供给演讲员的应用；二是把这次的事变寻出它的前因后果，以求不止于这一件事的解决，更进而了解多少件积案，慢慢地计划总解决的办法。"
父亲奋笔疾书，写出《上海的租界》《鸦片战争》《不平等条约之
一——江宁条约》《不平等条约之二——天津条约》《不平等条约之
三——中法条约》《我们应当继续救济失业的工人》《永久的救国事
业的真实基础》《救国与工作》等数十篇讲演稿及评论文字。他极
想写出一部通俗易懂的"国耻史"，以昭示国人、唤醒民众。那时
许多人虽然尽在呼喊"废除不平等条约"，可是不平等条约究竟有
多少个，内容如何，却很少有人知道，不仅一般国民如此，即使是
学者，甚至连外交部官员也是如此。正由于朝野一律的不注意，所
以父亲为作文而寻找这些资料时，竟然是到图书馆查不到，到书铺
买不到，到藏书家家中也借不到。他为此而痛心不已，说道："这
真是我们的奇耻大辱！我们在这些不平等条约上，受了这么大的痛
苦，而所以给予我们痛苦的这些条约大家竟忘记了！要不是有孙中
山先生一辈先觉，我们便是压死了也不知道是给什么东西压死的。"
父亲依据自己前几年中从地摊上收集来的几部条约书，如 1878 年
申报馆出版的《和约汇抄》、1892 年李鸿章编的《通商约章类纂》
等，将各个不平等条约依次登载出来，并加以说明，指出："这种
好看的字样，正似杀猪屠对着拎住的猪念往生咒：满肚子的杀机，
却给满口的仁义道德遮盖了！"帝国主义者就是在"大皇帝恩准寄
居""大皇帝恩准免罪"等名义下，夺地、夺钱、夺权、为所欲为，
以致使中国主权日益沦丧。父亲多么希望竭尽自己的力量，"用强
壮的血液射进一般人的身体之中，使得这数千年以来麻木惯了的性
质能够用感情来洗刷过，又能得到理性的辅助"，从而确实看清该
走的路，抒发血性，为自己争回人格，为国家争回地位。

6 __ 朴社与《古史辨》的出版

父亲在北京仍积极参与朴社的事务。1924 年 9 月，盘踞江苏的直系军阀齐燮元，为夺取盘踞浙江的皖系军阀卢永祥控制的上海，矛盾激化，爆发战争。双方军队开到闸北一带打仗，那里正是商务印书馆所在地，朴社的上海同人欲逃避战火，不得不搬家到租界，便商议解散朴社，将存款取出来作逃难之用，并将父亲等北京同人的存款寄来。父亲生性是既做一事便不肯轻易放手的，尽管处于欠薪的困境之中，仍欲将此社开办起来，他以为解散一事非上海朴社同人所能决定，就与在北京的俞平伯、吴维清等同人商量，"谓朴社本部当移至北京，由我经理"（日记，1924 年 9 月 25 日），依照原来办法继续下去。不久又有父亲的中学同学蒋仲川、蒋崇年，以及与父亲辩论古史的刘揆藜入社。在 1925 年 6 月朴社的选举中，父亲当选为总干事，至于会计、出版方面，由吴维清和蒋仲川、蒋崇年分别负责。到 9 月间，朴社的存款居然已经有两千余元了，这是三年来同人勉力积聚的成绩。他们觉得可以开一个小书店了，于是 10 月就在北大二院对门，即景山东街十七号租了三间铺房，备

1925 年 3 月，朴社同人合影（左起：吴维清、朱自清、顾颉刚、俞平伯、陈万里）

开门市部，起名为"景山书社"。11 月 15 日，书社开业，这是北大附近唯一的书店。

父亲可以实现自己出书的设想了。两年前他在《读书杂志》上发表辨论古史的文字时，朴社同人就嘱他编辑成书，由社中出版。他当时答应了，但因其中一篇主要的文字没有作完，总想作完后才付印，所以一直没有动手编辑。不想 1925 年夏间上海的曹聚仁将这些辨论古史文字编为《古史讨论集》出版了，朴社同人大哗，都来埋怨父亲的一再拖延，以致给别人抢了去。父亲为此当然对社中抱歉，并且看那本书错字很多，印刷也粗劣，就答应立刻编辑，并赶作些文字加入。8 月下旬父亲开始编辑，然而一经着手，材料又苦于太多，只得分册出版。他将此书定名为《古史辨》，当时钱玄同认为此名不合适，但父亲未改，在致钱氏信中说："我所以不换去者亦有故。因为我所作的各种文字，凡收入此编者，其目光皆在于古史。例如与建功辨论《诗经》与歌谣之文，虽与古史无直接关系，但此文既为辨明《诗经》之性质，而《诗经》中有古史材料，《诗经》之考定即可辅助古史之考定，故仍不妨收入。"（1925年9月18日）

　　《古史辨》第一册至9月中旬便开始付印。其中上编三万字，是在《读书杂志》进行辩论前的文字，可反映辨论古史的由来，父亲以为与胡适讨论姚际恒遗著的来往书信"实开予等治史之门"（《诗经通论序》），因而置于上编之首。中编九万字，即《读书杂志》所发表者，其中许多问题虽都没有讨论出结果，但父亲认为"我们将来继续研究的骨干却已在这几篇文字中建立起来了"。下编四万字，基本上是在《读书杂志》辨论后的文字，可反映其现在的研究趋向，父亲同时作《答柳翼谋先生》一文收入此编。因1924年柳氏作《论以〈说文〉证史必先知〈说文〉之谊例》，认为父亲以《说文》释"禹"为虫而未能依据《说文》的例，父亲借编《古史辨》之机而作答，文中谈到引《说文》之故是"希望在这些材料之中能够漏出一点神话时代的古史模样的暗示"，以此去建立自己的假设，后因得钱玄同指点，知《说文》对"禹"之释不足以代表古意，遂已放弃，但"依然有旁的证据可以建立我的假设"，并指出《说文》本就没有例，"就是要从文字研究古史，也应以甲骨文金文为正料，以《说文》等随便凑集的书为副料"。父亲说，柳氏"驳斥我的古史说，不免有些盛气凌人，我答覆他的时候还是很有礼貌的，这并不是我要假作谦虚，只因学问之事本不是一时可以决定是非，我从这一点想，他从那一点想，参加讨论的既多，才可以慢慢地寻出一个结论来。他肯和我讨论，原是应当欢迎的"（《顾颉刚自传》，以下简称《自传》）。

父亲为此书写了一篇六万字的自传性的长序，前后历时三个月，海阔天空地把心中要说的话都说出了。为在文中"说明我的研究古史的方法和我所以有这种主张的原因"，父亲回顾了三十多年来的经历，说明所受前人及章太炎、康有为、胡适、钱玄同等人的影响，认为"我能承受我的时势，我敢随顺我的个性，我肯不错过我的境遇"，所以会建立这一种主张。他强调："若是我不到北京大学来，或是孑民先生等不为学术界开风气，我的脑髓中虽已播下了辨论古史的种子，但这册书是决不会有的。"父亲重申自己辨论古史"唯一的宗旨，是要依据了各时代的时势来解释各时代的传说中的古史"。他本将两年来搜集到的孟姜女故事分别依时代和地域开一篇总账，来为他研究古史的方法举一旁证的例子，由于材料太多，竭力节缩仍有三万多字，为避免将序文前后隔断，故忍痛割爱，将这部分删去，以后独立发表（题为《孟姜女故事研究》）。父亲在序文中畅言自己治学的快乐与痛苦，他本不愿求人知，但数年来竭力要打造出一个治学的境遇，终归未打出来，就不得不尽量把自己表白一番，希望人家知道之后或许能够帮助自己一些。他在文章结尾表示："我不愿意在一种学问主张草创的时候收得许多盲从的信徒，我只愿意因了这书的出版而得到许多忠实于自己的思想，敢用自力去进展的诤友。"

在此文写作期间，适逢北方军事紧张之际，奉皖军阀之战已经打到北京郊外，"北京长日处于恐怖的空气之中：上午看飞机投弹，晚上则饱听炮声"。父亲的寓所在北海与景山之间，高耸的峰和塔平时颇令人喜其风景的秀美，到这时竟成了飞机投弹的目标。当炮弹落到北海之时，池中碧水激涌得像白塔一般高，家中的窗户也像地震一般振动了。每天飞机来到时，大家只觉得死神在自己的头上盘旋不去。家人惊恐之余，连水缸盖和门户的开阖的声音也以为是炮弹声。当炮声停止之后，市上更加寂静了，店铺饭馆都是"清理账目""修理炉灶""铁门有电"，比了春节的歇业还要整齐。"北京大学的薪金，这两个多月之中只领到一个月的一成五厘，而且不知道再领几成时要在哪一月了。友朋相见，大家只有皱眉嗟叹，或者竟要泪随声下。"父亲说："在这又危险又困穷的境界里，和我有关系的活动一时都停止了；就是印刷所中，也因交通阻绝，纸张缺乏，不来向我催稿子。我乐得其所，终日埋头在书房里，一天一天的从容不迫地做下去，心中想到什么就写什么，实足写了两个月，成了这篇长文，——我有生以来的最长最畅的文。"

本来这一册书在1926年2月中旬即印毕，因为等待这篇序文，延至6月才出版。想不到序文竟博得了许多读者的同情，各处报纸为之宣传，于是此书销路大增，一年里竟再版了多次，这样就奠定了朴社的经济基础。

胡适称《古史辨》第一册"是中国史学界的一部革命的书，又是一部讨论史学方法的书。此书可以解放人的思想，可以指示做学问的途径，可以提倡那'深彻猛烈的真实'的精神"（胡适《介绍几部新出的史学书》）。"层累地造成中国古史说"动摇了两千多年来人们崇信的偶像，不仅具有重大的学术价值，而且具有反封建的重大社会意义。此后尽管发生商务印书馆本国史教科书的风波，但不少学术著作已不再将三皇五帝、禹定九州等作为信史，如张荫麟后来撰《中国史纲（上古编）》时，也不讲三皇五帝而是从有文字记载的商代讲起了。

不久又有冯友兰（芝生）、范文澜（仲沄）等入朴社。父亲南下期间，朴社由冯友兰主持社务。

第 四 章

南 下 的 坎 坷

1 忍痛别北大而至厦大

　　1926年，张作霖入关，通缉进步分子，传说其开出的黑名单有百余人，平日在社会上露些头角者都在内，自然包括北大这个新文化运动大本营中的许多人，因此校中人心不稳。况且当时政府的财政已陷绝境，政费屡屡数月不发，北大欠薪极剧，父亲当时日记中有如下一段记载：

　　　北大薪

　十四年一月　二十二元（六月十七号取）

　　　　　　　七十元（六月廿五号取）

　　　　　　　八元（七月十六号取）

　　二月　一百元（六月廿四号取）

　　三月　三十二元（七月十六号取）

　　　　　四十元（八月十号取）

　　　　　廿八元（九月九号取）

　　四月　三十七元（九月九号取）

六十三元（十月二号取）

五月　三十七元（十月二号取）

三十五元（十一月十二号取）

二十八元（十二月二号取）

六月　三十七元（十二月二号取）

十五元（十二月廿一号取）

十二元（一月八号取）

二十元（一月二十号取）

十六元（一月三十号取）

七月　五十八元（一月三十号取）

二十六元（二月二号取）

十六元（二月十二号取）

八月　六十四元（二月十二号取）

十五元（三月廿九号取）

十三元（五月十二号取）

八元（五月十七号取）

九月　十九元（五月十七号取）

五十五元（六月十四号取）

　　由此可以看出，1925 年 9 月北大薪水直至 1926 年 6 月还未全部领到；同人生计艰窘，故而纷纷另谋出路。适时北大教授林语堂应家乡厦门大学校长林文庆邀回去任文科主任，并应林校长邀为该校筹备国学研究院，于是就在北大邀请不少同人前往，充实这两个部门。5 月，在语丝社为林语堂饯行的宴会上，他邀请父亲前去，鉴于上述两重原因，父亲实在不能不应。自接眷到京之后，父亲连淡泊的生活也难以维持，债台高筑，真成不了之局。当时在致胡适信中他曾开过一份账单，其中"颉刚欠款"为："欠家七百元，欠适之先生二百廿元，欠学校二百五十元，欠同乡友人四百六十元，欠储蓄会三百廿元"，共一千九百五十元，"除欠学校可用薪水作抵外，实欠一千七百元"；"本年必须之用度（阴历四月至十二月）"为："九个月经常费一千零八十元，三节特别费一百五十元，本年必须还去之债四百元"，共一千六百三十元，"如此，截至本年年底，尚欠人一千三百元"；"两共二千九百三十元"。（1926 年 5 月 16 日）父亲本想将《东壁遗书》及《孟姜女故事研究》等书稿卖与亚东图书馆，以筹得这笔款项，但一时亦无望。6 月 6 日，父亲日记中有这样一件事："近日手头干涸已极，后日须付房金。没有法子，只得向适之先生开口借钱，承借六十元。予感极。自想予家非无钱，父大人亦非不肯寄钱，但我竟以种种牵阻，终不能向家中取钱，翻有赖于师友之济助，思之悲愤。回家后哭了一场。"实在没有办法，父亲不得不忍痛在 7 月 1 日接受了厦大的聘书，在次日致胡适信中说："昨日兼士先生转来厦门大学聘书，聘我任研究院导师及国文系教授，月薪二百四十元。"父亲心里是极不愿离开北京去厦门的，此时他的计划是："现想前往一年，如身体不惯则半年。明年如庚款方面可以使我得一正当之职业，决计仍回北京。此间书籍什物，一切不动，只算作一旅行而已。""厦大方面，闻用度极省，单身只需四五十元。我须付家用，合来或尚可积存一百元一月。此款即用来还款。前欠先生二百廿余元，前月又欠六十元，此两款或可于半年内还清也。"（1926 年 7 月 2 日）

当时，林语堂邀沈兼士任厦大国文系主任兼国学研究院主任，不过沈氏仅拟到厦门一两个月，将研究院布置就绪后即回北大，以接洽日本方面之庚款。林氏又邀鲁迅、张星烺（亮尘）为研究教授，还邀陈万里等人。在离京之前，大家曾开会商议国文系课程及研究院进行计划，拟将研究院分为研究、陈列、编辑三部；父亲也对工作有一番设想。

8月下旬，父亲抵厦大后，不料林语堂来嘱换聘书，改为研究院史学研究教授。父亲不免感到惊讶，急问林氏缘故，林告曰，自从《古史辨》第一册出版后，其学术地位突高，故而称谓亦须改变。按说是时父亲方三十多岁，大学毕业仅六年，即由北大助教一跃而成为厦大研究教授，这在当时恐怕是绝无仅有的，不可不谓少年得志。当时父亲与沈兼士、鲁迅、张星烺同室办公，同桌进餐，唯卧室不在一处。在9月15日父亲致胡适信中，可以反映他那时的心情及愿望："厦门素无文化，来此后生活颇为干燥。但我志在读书，只要无杂事搅扰，亦可安居乐业。我现在任研究院史学研究教授，兼国文系名誉讲师，每星期上课钟点只有二小时，课目为经学专书研究，现拟讲《尚书》。数年以来，无日不想好好地读几部古史书，今竟得此境界，快慰之至。现拟先授几篇最靠得住的《周书》，再讲春秋战国间人补撰之《夏商周书》，再讲秦汉间人补撰之《虞书》，再讲汉代人假造之《泰誓》及《逸周书》，再讲东晋人假造之《古文尚书》。再用许多旁证的材料来说明，如讲《周书》时用钟鼎刻辞，讲《虞书》时用诸子书，讲《古文尚书》时用《九锡文》及苏绰《大诰》等。一年之后，必可对于古代史得进一步之了解。"

可是父亲哪里想到，自从当了研究教授之后，各种攻击便随之而来，为此无端增添了许多烦恼。不仅北大同窗对他侧目而视，称其为"天才""超人"，更有甚者，他竟会成为鲁迅的眼中钉，他认为："我一生中第一次碰到的大钉子是鲁迅对我的过不去。"(《自传》) 其实父亲与鲁迅的交往并不多，但为什么会成为鲁迅笔下的阴谋家、不共戴天的仇敌？"冰冻三尺，非一日之寒"，此事还需从几年前说起。

2 _ 北大宿怨

父亲曾以"成也萧何，败也萧何"之语来比喻自己与北大的关系。从前两章可以看出，他的进步和成绩得益于北大，然而他受到的打击、产生的烦恼也大多缘于北大。

蔡元培任北大校长后，组织教授会，定出教授治校的办法，因此教授便有了权。权之所在，成为争夺的目标，于是马上学校中分为留学英美和留学法日两大派系。孙福熙的《〈古史辨〉第一册》文中批评过这种情形：

> 中国近来太多被尊为或自尊为思想家者都只看了世界的一角想来概括一切，他们所不晓得的非但不肯采取，而且竭力的排挤。……中国太大了，加以交通如此阻塞，使历史地理的关系十分显著的影响于极近的各区域的人，况且所受的外国影响也太不一致，在各国留学，学了各不相同的一种语言与各不相同的背景前的学术回来，要大家聚在一处共事，这原是很难合意的；加以中国素重宗派门户之见，于是各不相容是意中事了。（见《古史辨》第二册）

那时英美派和法日派各有两种刊物，前者有《现代评论》和《晨报副刊》，后者有《语丝》和《京报副刊》，它们总是在对骂。有许多事，只有北大里知道，外边人看着也莫名其妙。这即是"文人相轻"的恶习在北大的反映。父亲极不愿意介入其中，但因为他勤于治学，笔头又快，在当时有较高的名声，所以两派均来拉稿，而师友间都是极熟的人，父亲也无法拒绝他们的邀稿。

父亲那时既从胡适受学，又在沈兼士手下任研究所国学门职。沈兼士及其兄沈士远、沈尹默（号称"三沈"）以及马裕藻、马衡（叔平）兄弟（号称"二马"）是法日派的中坚，他们均是浙江人，鲁迅、周作人兄弟即这一派的笔杆子；而胡适、陈源等是英美派的中坚。鲁迅后来与许广平信中所说北大国文系与现代评论派的对抗，其实即指这两派的矛盾。按说父亲从未出国留学，既非英美派，也非法日派，其地位本来是超然的，可以用超然的态度对待他们。但是"两姑之间难为妇"，父亲在《自传》中说：

> 胡先生写了文章交给我，我在研究所的刊物上登了出来，沈先生就发怒道："他不是研究所的人，为什么他的文章要登在研究所的刊物上！"其实，胡先生明明是研究所的委员，而且是研究生的导师。有一回，沈尹默的女婿某君，在南池子开印刷厂的，为了发展业务，邀请北大教授编纂教科书，借研究所地方开一次商讨会，为了派别关系，当然不通知胡先生。可是，胡先生是一个欢喜管事而又很天真的人，听了这消息，就打电话给沈先生，说："他们开会编教科书，为什么不通知我？"沈先生答道："我是嘱咐颉刚通知你的，恐怕他忘记了吧？"这样一来，这责任就落到我的头上，好像顾颉刚已投身法日派，有很深的党见似的。

> 我的为人，只能行其心之所安，宁可两面不讨好，不愿两面都讨
> 好的，所以我和沈先生就渐渐疏远起来了，他当然对我很不高兴。

鉴于这种现状，父亲不免感伤，他说："校中党派意见太深，在极小的地方倾轧得无微不至，和旧家庭的妯娌姑媳一般，消耗精神于无用之地，至可悲观。和前数年之北大颇有革新气象者大不同了。我虽不加入漩涡，但看着终觉头痛。将来有机会，颇想舍之他去。"（致胡适信，1926年3月16日）这就是父亲与鲁迅矛盾的北大派别背景。

1921年底，鲁迅作《阿Q正传》，其中说到"阿Q"之名为"桂"或为"贵"，只有待于"有'历史癖与考据癖'的胡适之先生之门人们"的考定了；这便是讥讽那年春天胡适著《红楼梦考证》而父亲助其搜罗曹雪芹家世等史料之事。是时，父亲刚从大学毕业，乃一后辈小子，与鲁迅并无交往，鲁迅何至于在文中讥讽他呢？况且鲁迅的《中国小说史略》中亦使用考据方法，其中并采纳了胡适《红楼梦考证》的结论，"足证此类考据亦适合于彼之需要"。父亲在日记里写道："而彼所以致此讥讽者，只因五四运动后，胡适以提倡白话文得名过骤，为北大浙江派所深忌，而我为之辅佐，觅得许多文字资料，助长其气焰，故于小说中下一刺笔。"（日记，1973年7月）由此看来，父亲的师承关系注定了他以后是逃不脱鲁迅的攻击的。

1925年，北京发生了著名的"女师大（原为女高师）学潮"，矛头指向校长杨荫榆，父亲认为此事与李石曾（煜瀛）有关。李氏曾留学法国，原是蔡元培的好友，在北大讲授生物学，又利用中法庚款办了中法大学、孔德学校，势力渐渐发展起来，"成了法日派

的领袖"（《自传》）。由于李氏嫉妒蔡元培的声望，便想攫取北京的教育权，打击蔡氏的势力。父亲说："他不抢北大，因为知道英美派的人多，他抢到手也是麻烦；他专抢北京的各专科学校，抢的方法就是把原来的校长骂倒，或利用学生要求'改大'（改为大学），而后他介绍新校长给政府，这个学校就成了他的了。最明显的一个例子，就是他利用鲁迅、周作人在报上攻击女师大校长杨荫榆，而后他介绍易培基为该校校长。"（《自传》）不久，李石曾又把易培基介绍与冯玉祥，做了教育总长，易氏就将北京的农专、工专、医专、法专等校"尽数抢来"，在大革命后合并为北平大学，由李氏做了校长。

杨荫榆是一位女教育家，但较为守旧，当时鲁迅在此校任教，他主张革新，故与杨氏在思想上格格不入。在"女师大学潮"中，鲁迅、周作人坚决支持学生的运动，而校长杨荫榆的同乡陈源为压制学生运动的杨氏辩护，两方发生了激烈的论战，鲁迅与陈源由此结了深怨。鲁迅作《中国小说史略》，以日本盐谷温《支那文学概论讲话》为参考书。父亲说，鲁迅书中"列了一个关于《红楼梦》人物的关系表，而这个表是从日本人盐谷温《支那文学讲话》中抄来的，我用考据学的眼光看，认为鲁迅应当写出出处，并把这种想法讲给陈源，也告诉了孙伏园"（致陈则光信，1975年春）。1926年初，陈氏便在报刊上将此事公布出去。随后鲁迅于2月1日作《不是信》，说道："盐谷氏的书，确是我的参考书之一，我的《小说史略》二十八篇的第二篇，是根据它的，还有论《红楼梦》的几点和一张'贾氏系图'，也是根据它的，但不过是大意，次序和意见就很不同。"为了这件事，鲁迅自然与父亲亦结了怨。

父亲与鲁迅在世界观、治学风格等方面迥然不同，两人所走的道路自然也不同。父亲的古史考辨是对旧中国史学界进行的一次革命，推翻了三皇五帝的神圣地位。自此以后，中国的古史就是另外一种写法了，这对于几千年来中国人的传统思想的变革作用不可谓不大。其实，父亲对于自己治学的意义一直是极明确的，在致师友的信里多次述及，如在1926年11月9日致叶圣陶信中，他说："斩除荆棘不必全走在政治的路上，研究学问只要目的在于求真，也是斩除思想上的荆棘。""我自己知道，我是对于二三千年来中国人的荒谬思想与学术的一个有力的革命者。"他的这一观点得到了中外学界的认同，赞成者也好，反对者也好，无不认为父亲的疑古辨伪对于青年心理有极大的影响。胡适的朋友恒慕义（A.W.Hummel，美国国会图书馆中文部主任）当时还认为：《古史辨》一书可以作为中国"五四"前后新文化运动的好例证，而且那篇自传式的长序亦是中国近三十年中思潮变迁的最好记载；他并将此自序译为英文介绍给西方。而鲁迅对于《古史辨》及自序的态度始终都是冷嘲热讽，这就不能不说是成见了。

父亲在1925年底为《北京大学研究所国学门周刊》作成一篇《一九二六年始刊词》，此文大气磅礴，犹如在旧国学界中刮起了革命风暴。不仅现代评论派的陈源、杨振声（今甫）著文表示对此文"几乎没有一句话不同意"，认为此文是把国学置于科学基础上的奠基石；而且日本学界亦认为此文标志着中国新国学的诞生（见何思敬《读妙峰山进香专号》）。父亲在此文中说道：

　　我们的机关是只认得学问，不认得政见与道德主张的。……所以要是共产党、无政府主义者和我们发生了学问上的关系，我们也当然和他们接近。……我们的目的只在勤勤恳恳地搜集材料而加以客观的研究，作真实的说明，在民国之下这样说，在帝国之下也是这样说，在社会主义共和国之下还是这样说。事实是不会变的，我们所怕的只在材料的不完备，方法的不周密，得不到真实的事实；至于政治的变迁原是外界的事情，和我们有什么关系呢！

父亲对此的确是身体力行的，他"十分谨慎，十分宽允的研究一切派别、一切科别的学术与一切大小的事物"，"他的《古史辨》的编著，就是这样研究所得的知识的应用"（孙福熙《〈古史辨〉第一册》，见《古史辨》第二册）。本来，学术机关是以提倡学术为专责的，在学术机关里的学者是以研究学术为专职的，旧社会的破坏与新社会的建设必然要以这种科学研究为基础，即使是动荡中的社会，亦需要有人把基础的学术工作坚持不懈地做下去。鲁迅当然是一位学者，但更是一位思想家和社会批评家，他不赞成父亲的观点，说道："现在我最恨什么'学者只讲学问，不问派别'这些话，假如研究造炮的学者，将不问是蒋介石，是吴佩孚，都为之造吗？"（鲁迅致许广平信，1926 年 10 月 20 日）其实父亲所致力者乃是"求知"，而鲁迅着眼点乃是"应用"，这是两条不同的大路。父亲认为当时的学术界因为没有求真理的知识欲而单有实际应用的政治欲，急功近利，所以只知道宣传救世的方法，而以为自己这一类人所作所为只是"无聊的考据"，看不见其中真正的价值；父亲又认为从前的学者治学不在求真而单注重应用，所以造成了抑没理性的社会，以致中国社会两千余年来无甚进步，即使到了 20 世纪20 年代，老学究们还要把过去的文化作为现代人生活的规律，把古圣贤的遗言看作"国粹"而强迫青年们去服从，父亲对于此种"通经致用"是深恶痛绝的。或许是有些矫枉过正吧，父亲当时甚愿投入纯学术研究中，他在《始刊词》中说："我们研究的东西也许是社会上很需要的，也许是现在虽没有用而将来可以大用的，但这种的斟酌取择原是政治家，社会改造家，教育家的事情而不是我们的事情；……一个问题，尽管社会上看作无谓的，丑恶的，永不生效用的，但我们既感到可以研究而自己又有兴致和方法去研究，那就不能迁就他人的意见而改变自己的志向了。"

在此文中，父亲十分希望社会上"能够了解我们的态度而不加以种种的阻碍，并不是说唯有我们的学问是学问，你们该来随从我们，做我们的徒党。这种道一风同的观念，在政治上不知怎样，在学问上则决是个蟊贼。它的弊害，是使人只会崇拜几个偶像，而决不会自去寻求，得到真实的见解"。为了打破学问上的一尊之见，父亲努力冲出旧见解的牢笼，去寻求新材料，开辟新天地。诸如前面所述，他以歌谣来论证《诗经》，以孟姜女故事来研究古史的演变，以妙峰山进香来探讨春秋以来的社祀，均是在这方面为学术界做出的贡献。不过遗憾的是，他所希望得到的社会的理解并未成为现实，起码在鲁迅那里没有产生反响，鲁迅对于与自己道不一、风不同的父亲是不能容忍的。

本来各人才性的不同是客观存在的，唯其各人能发展自己的才性于工作之中，这个世界才会丰富多彩。父亲说："我性长于研究，他（鲁迅）性长于创作，各适其适，不相过问可已。"（日记，1927年3月1日）在北京时，学术界天地甚广，可以做到这一点，但到了弹丸之地的厦门大学，同在一处供职，相互的矛盾则是不可避免的了。

3 __ 与鲁迅共事

父亲"本来怕管事",但"此次来厦,以地位关系,不能不管"(致冯友兰信,1927年2月20日)。那时,父亲除了讲课以及欲通过讲课继续开辟经学研究的新途径以外,又投身于国学院的创办,如:筹划编辑国学院周刊、季刊,欲以此得到言论阵地来创造新空气,就如同他在北大编辑《歌谣》周刊及《国学门周刊》那般;又举行学术演讲,发起成立厦大风俗调查会,调查福建各地风俗古物,与福州协和大学国学系商议成立"闽学会",等等。

当时,从表面上看,父亲与鲁迅之间还是很客气的。父亲所编《辨伪丛刊》之一的宋濂《诸子辨》出版后,曾赠鲁迅一册(见《鲁迅日记》,1926年9月8日);那时胡适来信嘱父亲撰《封神榜》序,父亲在复信中说:"《封神榜》的序,接信后即从事搜集材料,并将本书看了一遍。只因到厦门后参考书太少,尚未下笔。鲁迅先生已为我函日本友人,嘱将内阁书库所藏明本之序文抄出,因看书目上有'明许仲琳编'字样,序文必甚重要。两星期后,必可得到复书。"(致胡适信,1926年9月15日)虽然日本友人之复信得到与否现在尚不知，但由此可证明，起初他们两人尚有学术上的交往。

不过，由于北大时期的宿怨，鲁迅对于同室办公、同桌进餐、终日在自己眼皮底下活动的父亲甚为不满。初到厦门，鲁迅便多次在致许广平的信中指责父亲，说："在国学院里，顾颉刚是胡适之的信徒。另外还有两三个，似乎是顾荐的，和他大同小异，而更浅薄"（鲁迅致许广平信，1926年9月20日）；"看厦大的国学院，越看越不行了。顾颉刚是自称只佩服胡适、陈源两个人的，而潘家洵、陈万里、黄坚三人，皆似他所荐引"（1926年9月25日）；"他所荐之人，在此竟有七人之多。……此人颇阴险，先前所谓不管外事，专看书云云的舆论，乃是全部为其所欺"（1926年9月30日）；"本校情形实在太不见佳，顾颉刚之流已在国学院大占势力，……从此现代评论色彩，将弥漫厦大。在北京是国文系对抗着的，而这里的国学院却弄了一大批胡适之、陈源之流，我觉得毫无希望。……我们个体自然被排斥"（1926年10月16日）。

鲁迅说父亲爱荐人，其实父亲起初仅荐潘家询、陈乃乾。潘家洵与父亲关系极熟，他们是同乡又是北大同学、同事，而且同住在大石作，那时潘氏亦不愿继续留在北大，当得悉父亲在沪登船赴厦日期，届时即束装以俱登，托父亲代为谋职。父亲到厦门后便为之向林语堂介绍。林氏以其在北大时任外语系讲师，则照例仍聘为讲师。至于陈乃乾，当时并未至厦，父亲遂又荐容肇祖接陈氏之职。而鲁迅说最使他讨厌的黄坚（振玉）及善唱昆曲的陈万里也是父亲所荐，这就不是事实了。黄坚本是北京女师大的职员，林语堂在女师大任教时与其相稔，因招其去厦大做自己的副手，任文科主任办公室襄理。陈万里亦是林氏自己招去的。从鲁迅致许广平信中可以看出，他与黄坚在厦大有不少冲突，为此他还愤而辞去国学院之兼职。但这与父亲有何关系？又与现代评论派有何关系？黄坚既非现代评论派之人，在北京时与父亲又没有什么来往，而鲁迅却怀疑黄氏来厦大是父亲所荐，并因对黄氏的憎恶而迁怒于父亲及现代评论派。后来有一清华研究院毕业生程憬（仰之），系胡适同乡，毕业后尚未就职，请父亲在厦大为他谋一个助教职位。程氏甚冒失，还未得到父亲的回信已然搭船到了厦门，父亲不得不为他加紧办理此事。这件事自然为鲁迅批评父亲"要在厦大里造成一个胡适派"提供了口实。

父亲生性绝俗，不善处世，往往得罪了人而不自知。当初到厦门之时，他曾劝林语堂不要聘川岛（章廷谦），"孰知这一句话就使我成了鲁迅和川岛的死冤家"（致胡适信，1927 年 4 月 28 日）。父亲之所以不赞成川岛来厦大，是因其"未能成毫末之事而足败邱山之功"（致胡适信，1926 年 9 月 15 日）。其实即使是鲁迅本人，虽与川岛交往甚密，也不是很赏识他的，据容肇祖回忆，当鲁迅离厦门大学至中山大学后，川岛请鲁迅推荐自己去中大，当时容肇祖亦在中大，鲁迅对容氏谈起此事时说："他不能讲课，我要他来做什么！"鲁迅终未荐彼。父亲与川岛是北大同事，亦同是《语丝》成员，大概川岛曾托父亲替自己在厦大谋职，父亲尽管从工作考虑不赞成其来厦大，但从私人面子上考虑不便回绝，所以当得知林语堂有意聘川岛时便复书告川岛"事已弄妥"，这是私人交往间常有的事，但鲁迅知道后认为父亲使出"陈源之徒"的"手段"（鲁迅致川岛信，1926 年 11 月 21 日），或许这就是鲁迅说父亲"阴险"的依据。而川岛抵厦大后，也常在鲁迅面前败坏父亲。

鲁迅当时对父亲等人有这般厌恶的心理，也与许广平当时在广州，他独自一人，得不到人劝慰有关。他自己也承认，"我的脾气太不好"，"一卷行李一个人"，"一有感触，就坐在电灯下默默地想，越想越火冒，而无人浇一杯冷水"，"我看凡有夫人的人，在这里都比别人和气些"（同上）。

厦门大学是陈嘉庚独资创办的，请林文庆任校长。林校长从小在外国，此时年纪已届六十，不懂中文，一切文件均由秘书兼理科主任刘树杞（楚青）代理，因此刘氏权力甚大。厦大是实行校长独裁制的，和北大教授治校的民主制不同，林语堂在北大里呼吸自由空气惯了，在厦大就不免感到与校长、秘书格格不入。又加上北大有新文化运动的光荣历史，为全国所瞩目，当然北大里出来的人不免趾高气扬一些。因此，不到两月工夫双方已经相持不下。林语堂一心想把刘树杞打倒，而理科方面则要求收回国学研究院向生物学院所借之空屋，并对考古学会在此屋里陈列的北邙明器批评道："这也算做国学？"无理取闹地将陈列品搬到室外露天搁置。林校长又宣布陈嘉庚因橡胶业不景气，要大量缩减国学研究院经费。其实，研究院的日常经费五千元，校长是具条向陈嘉庚照领的，只是领来扣下，除薪水外每月只给办公费四百元。林语堂因此愤而辞职，虽经校长挽留，并说明此后仍照预算办理，然而林语堂与校长之间已经起了恶感。

鲁迅藉林语堂辞职之机，亦提出辞职。是时广州中山大学邀鲁迅去任教，况且许广平又在广州，鲁迅即欣然应之。其实鲁迅刚到厦门不久即想走，其原因除了与国学研究院内的"现代评论派"不能共处，"周围多是语言无味的人，不足与语，令我觉得无聊"（鲁迅致许广平信，1926 年 9 月 20 日），"无人可谈，寂寞极矣"（鲁迅致许寿裳信，1926 年 10 月 4 日），又不满意学校当局，认为他们并非真心提倡学术研究，而校长"不像中国人，像英国人"，甚"讨厌他"，与他"无可调和"（鲁迅致许广平信，1927年1月2日）；再者感到此地"饭菜不好"（鲁迅致川岛信，1926年11月30日），"食不下咽"（同上，1926年10月10日），"语言不通"（鲁迅致许广平信，1926年11月26日），"交通不便"（同上，1926年10月10日）；如此等等。只是怕才来就走，使林语堂为难，方未正式提出。

对于鲁迅的辞职，厦大学生发起"挽留运动"，随即转为改革学校运动，欲"打倒刘树杞，重建新厦大"。为了平息风潮，校长一面假意挽留鲁迅，一面放出空气，说鲁迅离校是由于北京来的教员中胡适派和鲁迅派相排挤，以此推卸责任；当地报纸亦将此言登出。为此，1927年1月5日国学院开会质问林校长，会上林语堂"声色惧厉"（日记，是日）；1月8日《民钟报》社为鲁迅饯行，邀请父亲和林语堂、陈万里、川岛等作陪，报社为此事当面道歉，并刊登更正启事。实可见鲁迅之行，并非"胡适派"所排挤走的。林校长一招不行，另使一招，他欲拉拢父亲合作，以共同抵抗风潮。1月9日，校长为鲁迅饯行，邀请父亲等作陪。父亲到后，校长当了许多人的面，招父亲入一小室谈话。父亲与彼本无共同语言，彼乃拉杂说琐细事以拖延时间，尔后开门同出，使其他座客疑为会谈机密。父亲很怕川岛挑拨感情，故散席归后当众宣布所谈内容。然而川岛等仍以此为据，散布流言，说父亲勾结校长以排挤鲁迅。这样，林文庆出于自身利害关系，对父亲与鲁迅间矛盾的加深起了推波助澜之作用。

1月15日，鲁迅离厦大赴广州，父亲到彼处作别。待鲁迅上了开往广州的"苏州号"轮船后，父亲还到船上访之。由此可证父亲后来所说他与鲁迅"不曾当面破过脸"之言。当时鲁迅对他的责言，都是从同事或学生中传过来，如鲁迅对厦大学生说："顾颉刚是研究系。"（研究系是宪政研究会的简称，在当时是反对国民党的。）一位学生问道："你说他是研究系，有什么证据呢？"鲁迅答道："这要什么证据，我说他是研究系就是研究系！"这位学生倒也幽默，出而告人道："恐怕顾先生在研究所工作多年，所以成了研究系罢！"（见《自传》）对此父亲并未计较，他说："予自问胸怀坦白，又勤于业务，兹受横逆，亦不必较也。"（日记，1927年2月11日）在鲁迅离校的同时，刘树杞因受学生及厦大内闽南教职员之攻击，亦不得不离校。然而，父亲与鲁迅的纠葛并未到此结束。

4 __ 明枪暗箭

　　1927 年初，父亲同时收到武昌中山大学与燕京大学的聘书。半年来的经历使他对厦大很不满意。国学院季刊虽已编就，但因为印一期需要印费千余元，林校长不肯出。国学院周刊本来林校长亦不肯出，但由于父亲等人态度强硬，尚不得其批准便发印了，然其在款项上处处阻碍，一个月中只印成了两期。诸如此类事情，使父亲意识到："厦大一班人的病根，在于没有学问的兴味，只懂得学习技能，却不知道什么叫作研究。国学研究院的成立由于他们学时髦，并不是由于学问上的要求。……厦门本没有文化的根柢，我对于他们的没有学问观念也决不加苛责。我深知道我在福建的地位，加上十年的奋斗，必可改变学风。但是自审学问根柢没有打好，终日在事务上，在防止人家攻击上用功夫，更无余闲求学。那么，福建固可受到我的利益，而我自己的学问生命却已终止了，未免太可惜。所以我还是想走。"（致胡适信，1927 年 2 月 2 日）是年 1 月，蔡元培为避孙传芳通缉，偕马叙伦由浙江乘船至福州。当时父亲与容肇祖、潘家洵等适在福州购买书籍和风俗物品，便邀蔡、马两先生同到厦门小住一时。父亲将武昌中大及燕大来邀之事与蔡元培商量，蔡氏劝他就武昌中大之职。只是父亲视时间至重，知道每易一地即有半年左右之不安定的生活，不克从事读书写作，故而厦门环境虽不合理想，亦不愿未及一年时间即走；并且父亲自1926年秋天与同人创办国学院以来，筚路蓝缕，辛苦经营，刚刚规模初具，不忍看它灭亡，想维持。因此学校虽起了风潮，父亲仍在为国学院周刊、季刊写稿。他说："我们来此半年，劳于筹办，尚无成绩发表，使即此离厦，未免使人笑为'徒铺啜'，故只要厦大不解散，总想在此半年中出版书籍数种，周刊季刊二十余册。到了暑假，我就一去不顾了。"（致冯沅君书，1927年2月5日）然而事态的发展比父亲所料想得更快，当鲁迅和刘树杞二人离厦大后，校中又兴起了攻击林校长的风潮，于是校长到新加坡向陈嘉庚告急，2月中旬，校方将国学研究院停办。

是时，广州中山大学于不久前刚由广东大学改建，成立整理委员会，戴季陶、顾孟馀为正副委员长，朱家骅（骝先）等为委员。委员会就职之始，即锐意整顿，竭力延聘知名学者任各科教授，父亲亦被邀。1926年底1927年初，鲁迅、傅斯年、何思源等应聘到校。鲁迅任教务主任兼国文系主任，傅斯年任文学院长兼哲学系主任。父亲在北大就学

戴季陶

时，傅斯年是同窗好友，顾孟馀是教务主任，他两人均赞赏父亲的学问及为人，因此当知道厦大闹风潮后，即函电交驰，促父亲赴粤应中大之聘。傅氏要父亲去中大"办中国东方语言历史科学研究所，并谓鲁迅在彼为文科进行之障碍"（日记，1927年3月1日）；顾氏告父亲武昌中大经费设备俱感缺乏，嘱其到广州中大。鲁迅却以为，许多说父亲好的人太可笑，其阴险可恶他们居然"会看不出来，大约顾孟馀辈，尚以他为好货也。孟馀目光不太佳"（鲁迅致川岛信，1927年2月25日）。"顾之反对民党（即国民党），早已显然，而广州则电邀之。"（鲁迅致许广平信，1926年11月6日）父亲因鲁迅在广州中大，感到其既视自己为大敌，自己亦不愿投此矛盾重重之漩涡，故去函辞谢。鲁迅知父亲不愿去，即宣扬："顾颉刚与林文庆交情好，他地位稳固，哪里肯来！"川岛又散布："顾颉刚虽由顾孟馀推荐至广州，然鲁迅是主张党同伐异的，看他去得成否！"如此，父亲当然更不愿去。可是傅斯年来信说："兄如不来，分明是站在林文庆一边了，将何以答对千秋万世人的谴责？"几面夹攻，使父亲走投无路，在厦大这边辞职后，即致电顾孟馀及傅斯年，告自己决定去广州。他想，去了中大，鲁迅至少不能骂自己是林文庆的走狗了，看他还用什么方法对付自己。没想到3月下旬父亲接傅斯年复电曰："彼已去阻，弟或亦去校，派兄去京坐办书，月薪三百，函详。"（意即鲁迅反对父亲至中大，傅斯年或亦为此辞职。）父亲实在不明白鲁迅究竟为何这般反对自己至粤，恰逢是时厦门邮局罢工，傅斯年来信未能收到。4月上旬，父亲又致电傅氏曰："无函为念，可否到粤面商，电复。"多日后仍未得其回音，父亲不免焦急，便于15日只身赴粤观看情形。

17日抵广州后，父亲见到傅斯年，方知鲁迅在中大宣扬谓顾某若来，周某即去；并知鲁迅恨自己过于免其教育部佥事职之章士钊，大有誓不两立之势。鲁迅一知道父亲来了，即于20日辞职；傅斯年亦为鲁迅反对父亲入校而辞职。中大学生开会结果，主张三人皆留。纷乱多日后，朱家骅出作调人，一方面许鲁迅请假离校，一方面派父亲到江浙一带为校中图书馆购书，因中大经费甚充足而书籍颇少。因此父亲与鲁迅在中大并未见面。父亲当时说："我现在想和鲁迅避面，并不是怕他，实在我觉得时间可惜，精神可惜。我自己的事业，尽了我的时间精神去做还嫌不够，哪里可以分心于人我的争战上。所以他若不在报上露脸攻击我，我是不攻击他的。"（致傅斯年信，1927年6月27日）令人遗憾的是，以后的情形与父亲的愿望背道而驰。

是时北伐军东破沪宁，西破武汉，国民党内部分裂，蒋介石在宁组织国民政府，汪精卫在武汉亦组织国民政府。孙伏园任武汉《中央日报》副刊编辑。鲁迅离中大后寄与孙氏一信，曰："我真想不到，在厦门那么反对民党，使兼士愤愤的顾颉刚，竟到这里来做教授了。那么，这里的情形，难免要变成厦大，硬直者逐，改革者开除。而且据我看来，或者会比不上厦大。"鲁迅的学生谢玉生亦写与孙氏一信，骂父亲道："顾来迅师所以要去职者，即是表示与顾不合作的意思。原顾去岁在厦大造作谣言，诬蔑迅师；迄厦大风潮发生之后，顾又背叛林语堂先生，甘为林文庆之谋臣，伙同张星烺……等主张开除学生，致使此项学生，至今流离失所。"而孙伏园将此两信加以按语，增其力量，刊于5月11日武汉《中央日报》副刊，按语曰："看来我们那位傅斯年先生和顾颉刚先生大抵非大大地反动一下不可的了。""厦大的情形，林语堂先生来武汉，才详详细细的告我，顾颉刚先生真是荒谬得可以"，

"傅斯年、顾颉刚二先生都变成了反动势力的生力军"。这真可谓欲加之罪，何患无辞！

事实上，父亲从不曾反对国民党。当是年1月父亲游福州时，北伐军已到此地，恰巧父亲在北大时的同事王悟梅投笔从戎正在军中，因此父亲得以结识了几位军官，看见了许多印刷品，加入了几次宴会，他当时在致胡适信中说："深感到国民党是一个有主义、有组织的政党，而国民党的主义是切于救中国的。又感到这一次的革命确比辛亥革命不同，辛亥革命是上级社会的革命，这一次是民众的革命。我对于他们深表同情，如果学问的嗜好不使我却绝他种事务，我真要加入国民党了。"（1927年2月2日）父亲甚至在该信里劝胡适如果从政的话，可以加入国民党。父亲在厦大也不曾造谣污蔑鲁迅。他一心只想在学术上有所发展、有所贡献，而不把什么名利放在心上，更不会排挤别人来成全自己。父亲是年致叶圣陶信中说："若要排挤鲁迅们来成全自己，更无此想。……我岂无争胜之心，但我的争胜之心要向将来可以胜过而现在尚难望其项背的人来发施。例如前十年的对于太炎先生，近来的对于静安先生。我要同他们争胜，也是'堂堂之鼓，正正之旗'，站在学术上攻击，……所以，我要达到我的争胜之心，要创造出些新事物。"（1927年7月4日）

至于厦大风潮发生之后，父亲又何曾背叛林语堂，甘为林文庆之谋臣，伙同张星烺等主张开除学生呢！当父亲知道林文庆新加坡之行即为撵去林语堂时，他已立定主意，如林语堂走，他也决不留，事情并非有关朋党，而是因为："林校长并无办国学院的诚意，如果我们留了，将来也是办不好的。何况闽南派并不比刘楚青好，将来的倾轧正多着呢。"（致胡适信，1927年2月2日）2月中旬，林文庆来电曰：厦大国学研究院停办，唯留父亲及张星烺二人。父亲当即与国学院同人及蔡元培、马叙伦开会商议此事。马氏劝父亲勿辞职，先向校长提出质问书，质问停办国学院及辞退院中各教员之理由，俟其答复而后再辞职。蔡氏亦劝父亲要为机关而留，勿为个人而去。其他与会者均无异议。于是父亲暂不辞职，作《顾颉刚为厦门大学停办国学研究院事质问林文庆书》，交国学院同人看后，送校长室寄新加坡，并刊于《民钟报》。事后听说林语堂以《质问书》中承认国学院同人有投入风潮漩涡者，颇不满意，父亲却感到"其实起风潮非可耻事，何必自讳耶！"（日记，1927 年 2 月 22 日）由此可以看出，父亲始终没有站在学校当局一边。父亲为保全国学院计，直至 3 月中旬林文庆由南洋归来，声明不能召回辞退之教职员而后辞职，自问此心甚为坦白。而川岛却替父亲造谣，"说我和张亮丞先生抢做主任哪，说我向林文庆暗送秋波哪，……说我阴谋倒戈，赞成开除学生哪"，父亲慨叹道："想不到像我这样瘦弱无才的人骤然添了这许多排挤谄媚的本领。语堂先生信其谗言，骎骎疏远，后来竟不见面了。"（致胡适信，1927 年 4 月 28 日）这些谎言，也许就成为鲁迅、孙伏园、谢玉生、林语堂等人此时咒骂、诬蔑父亲的依据了吧！其实，父亲是知识欲最强、政治欲最淡的人，对于厦大风潮，他并不愿过问。"不料因为这个超然的态度，反使风潮的主动者疑我为反对他们，而被攻击者乃疑我为接近他们，于是有的把我拉，有的把我推，弄得我投入了风潮的漩涡。"（致戴季陶、朱家骅信，1929 年 7 月 28 日）

当父亲在杭州为中大购书之时，听厦大学生说起《中央日报》之事，因托人代觅此报。7 月 22 日，父亲得见此报，览后大愤，他实不知自己如何"反对民党"，亦不知自己如何使沈兼士为之愤愤，以及自己如何在厦大有如许劣迹。他感到鲁迅等人值此国民革命之际加己以反对国民党的罪名，而且登在国民党的报纸上，直是要置自己于死地！如果自己当时应武昌中山大学聘而在武汉的话，那么据此一纸副刊，已足置自己死命！他们这样血口喷人，未免太狠毒了！父亲立即致鲁迅等人信，怒道："此中是非，非笔墨口舌所可明了，拟于九月中旬回粤后提起诉讼，听候法律解决。如颉刚确有反革命之事实，虽受死刑，亦所甘心，否则先生等自当负发言之责任。"父亲因不能容忍鲁迅等人的诬陷而欲诉诸法律，事情发展到这一步，能责怪父亲吗？不过，鲁迅是不会留粤待讼的；后来傅斯年劝父亲不必与鲁迅涉讼，王伯祥等人亦加劝止。当父亲购书完毕返回广州时，鲁迅已离粤赴沪。此事遂不了了之。以后双方不在一处共事，再也没有什么关系了。

当父亲正处于激愤中时曾作一诗，曰："只从齿颊生欢笑，难解肝肠结怨悱。剧恨虚名招毒谤，十年心事至今违。"无端在报纸上被人扣以反革命罪名，父亲心中之怨恨自是"难解"的。那几年中父亲"得名太骤"，他感到"实不副名。因此，凡有称誉我者，反躬自省，唯有局蹐"（致冯友兰信，1927 年 2 月 20 日），他极愿与人事隔绝，专心做学问，以打好根柢。然而事与愿违，这骤然得到的大名招来"毒谤"，到厦门以后竟成为不少人攻击的目标，受了多少明枪暗箭，精神上极不安宁，以致一些想研究的题目、想动笔的文章都没有着手，就连教书、办事的生涯也无法达到，"在我的成绩上，这一年抵不上北京的一月"（致胡适信，1927 年 7 月 30 日），不可不谓损失惨重，父亲怎能不恨这"虚名"！在 1927 年 7 月 4 日致叶圣陶的信中，他说："这半年中，生活一乱，差不多没有读书。'不进则退'，我现在比了去年确是退步了。""我若从此不得继续以前的课业，那么我的生命不啻从此歇绝，我的活比了死还要痛苦。"在这封信中，父亲也谈到就职中山大学的态度："至多，我只有看孟真面上，看金钱面上，去上一二年，把北京的欠债还清，我就卷铺盖。……若不容我自由发展，虽是广州中大给我高官厚禄，也留不牢我。"

5 _ 为广东学界造新风气

　　父亲为中大购书是为学界开新风气的，在去杭购书之前，他曾作《国立广州中山大学购求中国图书计划书》说明购书的宗旨和内容，他认为："以前人看图书是载圣人之道的，……所以藏书的目的是要劝人取它作道德和文章的。现在我们的目的是在增进知识了，我们要把记载自然界和社会的材料一齐收来，……使得普通人可以得到常识，专门家也可以致力研究。这一个态度的改变，是从恹恹无生气的、和民众不发生关系的图书馆改作活泼泼的，供给许多材料来解决现代发生的各种问题的图书馆的大关键。"父亲计划所购图书资料有十六类：经史子集及丛书、档案、地方志、家族志、社会事件之记载、个人生活之记载、账簿、中国汉族以外各民族之文籍、基督教会出版之书籍及译本书、宗教及迷信书、民众文学书、旧艺术书、教育书、古存简籍、著述稿本、实物之图像。然因经费所限，父亲认为应先购：现在急需之书、现在即可下手研究之材料、现在虽不能下手研究然恐其失去而应即行购买之材料。此《计划书》以后被收入中大图书馆丛书，该馆馆长杜定友为作《书后》曰："我们的宗旨，非但要把它作为购书的根据；而且希望这本小书能够在中国图书馆学上发生重大影响，以助中国图书馆事业之发展。"五十多年之后，上海图书馆馆长顾廷龙（起潜公）在介绍此《计划书》文中说道："我从事图书馆古籍采购事将五十年，即循此途径为收购目标，颇得文史学者的称便。"（《介绍顾颉刚先生撰〈购求中国图书计划书〉——兼述他对图书馆事业的贡献》，见《学行录》）

在杭州四个多月的购书期间，江浙一带的书商和旧藏家纷纷来接洽，使父亲"户限为穿"，可是父亲说："我与他们之间总觉得有一层隔膜：就是我志在为图书馆购书，而他们则只懂得正统派的藏书。……我所要的材料，他们以为不应买，所以不肯（实在也不会）替我去搜集，使得我不能完全达到我的计划，……唯有地方志，是因商务印书馆和外国图书馆的收买，他们已懂得搜求了（二十年前是不知道有这一回事的），所以这一项买到很多。"（《〈本馆旧书整理部年报专号〉卷头语》）当时父亲在致傅斯年的信中也说到："杭州，据书坊中人的眼光看来，是没有好书的。他们所谓好书，是指版本书，价钱大的书。我所谓好书是史料。杭州是一个旧文化中心，书铺中所藏，没有名气的人的诗文集甚多，八股文及一切科举用书也甚多。……我们要收'个人生活之记载'，日记尺牍等是很难收到的，诗文集却是个人生活之记载，我们用历史的眼光看去，差不多一部诗文集就是一部自传。我想这类东西，要收索性收一个全。收得多了，我们照地域，照年代来分，倒也可以帮助地方志及各种历史的研究。科举文字及一切读本书，我们将来可以成立一个'旧教育文库'。这类东西，花钱甚廉，……我新近花了十元，收了两部'夹带'，抄满了八股文，是写在绸上，缝在衣里的。字字细密，看着可惊。"（1927 年 6 月 27 日）父亲又亲自到旧藏家及小书摊上去寻得不少杂志、日报、家谱、账簿、日记、公文、职员录、碑帖，等等；还有医卜星相的书，从前虽不入藏书家的收藏范围，但因有人信仰，这类专家往往有丰富的收藏，所以也居然买到许多秘本。至于民众文学书，上海滩上石印小本的势力远至全国，父亲也买了一个全份。共计买书约十二万册，五万六千余元。当然，父亲购书的宗旨也不是中大同事都能认可的，故而那时有人说他将有用之钱买无用之物。

1927 年 10 月，父亲的购书工作结束，回到中山大学。此时校中正、副校长分别由戴季陶、朱家骅担任。在父亲回校之前，傅斯年已经宣布了父亲任历史系主任，这时他坚请辞去，但辞不掉；同时朱家骅又要父亲任图书馆中文旧书整理部主任，主持整理他所购之十二万册书。父亲"念鲁迅攻击我时他们帮助的好意，只得答应了"（致胡适信，1928 年 2 月 27 日）。

傅斯年要父亲多教书，必要其授三门功课——上古史、《尚书》、书目指南。由于此时已经开学，没有充足的时间编讲义，父亲只好专抄他人文字，给学生看材料。当然父亲这样编讲义也自有目的，他曾在致周予同的信中谈到此事："我觉得讲中国学问都不应随便立个系统，必须先搜材料，让学生在许多真伪异同的材料中自去寻求可信的历史，自去打破可疑的历史。……能把各种书上的古史材料先抄出，将来研究时也方便多多。……《尚书》亦然，把历代经学家的经说多量抄出，让学生自去批评。书目指南，则请学生到书库中去，什么书都翻看。我的宗旨，是要使学生知道研究学问的不易，材料的多，使无志者望洋兴叹而退去，使有志者望洋兴破浪之志而猛进耳。如此教法，颇为特别，兄谓然否？"（1928 年 2 月

1日）在这一年中，父亲拼命发讲义，至暑假时已有千余张了，他想将来编排为《上古史材料类编》及《尚书学史材料》两书，他认为："所得的创见虽不及以前多，但比以前踏实，对于这两种学问的常识比以前丰富多了。学生很有几个好的。我深信这一年中已为广东学界造成一个新风气。"（致胡适信，1928年6月15日）

傅斯年又要父亲同办语言历史学研究所，父亲本以为这研究所办好后可以使自己恢复北大当年的生涯，所以乐于答应，并且办得很努力。他主编《国立中山大学语言历史学研究所周刊》，作《发刊词》曰：

> 语言学和历史学在中国发端甚早，……但为历史上种种势力所缚，经历了二千余年还不曾打好一个坚实的基础。我们生当现在，既没有功利的成见，知道一切学问，不都是致用的。又打破了崇拜偶像的陋习，不愿把自己的理性屈服于前人的权威之下，所以我们正可承受了现代研究学问的最适当的方法，来开辟这些方面的新世界。
>
> 我们要实地搜罗材料，到民众中寻方言，到古文化的遗址去发掘，到各种的人间社会去采风问俗，建设许多的新学问。

这些看法亦代表傅斯年的观点，以致后来有人以为此文系傅氏的手笔（见董作宾《历史语言研究所在学术上的贡献》），由此可见他们两人在大方针上是一致的。当时该所虽未正式成立，"而已有房子，书籍，职员，出版物，同已经成立一样，这一方面孟真全不负责，以致我又有实无名地兼了研究所主任"（致胡适信，1928年2月27日）。

那时，父亲将傅斯年给自己的一封长信在此周刊上发表。当前些年父亲等人在《读书杂志》上讨论古史时，远在欧洲留学的傅斯年受此事刺激，曾想发愤写一大篇寄来参加这场讨论，"然而以懒的结果不曾下笔"，但仍一改几年来懒于给国内朋友写信之状况，自 1924 年 1 月始给父亲写一长信，不过直至 1926 年 10 月归国，船到香港为止，还未写毕。在此信中，傅氏盛赞父亲"层累地造成的中国古史"观，认为："你这个古史论，是使我们对于周、汉的物事一切改观的，是使汉学的问题件件在他支配之下的。"他感叹道："几年不见颉刚，不料成就到这么大！这事要是在别人而不在我的颉刚的话，我或者不免生点嫉妒的意思，吹毛求疵，硬去找争执的地方。"他希望父亲能将尧、舜、神农、黄帝等传说中人物"都仔细照处理禹的办法处置他一下子"，又如商汤、周文、周公、孔子等人，其事迹也是历时而变的，也可仿此例处置。傅氏还受"层累观"的启发，在信中对"几篇《戴记》的时代""孔子与六经"等一些问题阐述了自己新颖的见解。这封写了三年而未写毕的长信充分显示了傅氏对父亲炽热的友情以及他的博学多才。不过由于多年不读中国书了，傅氏对自己这些见解不敢自信，不愿发表；但父亲却不同意，在 1927 年 1 月 7 日致傅氏的信里，谈到对此的看法：

> 恕我作一请求，我希望你许我在报纸上发表你的信。我所发表的文字，都是没有论定的，有许多自己承认是臆想。但为什么敢发表呢？因为我们都没有空闲的时间作专精的研究，而社会上正是日逼出货，所以不妨利用这出货的要求来帮助我们作研究。一方面，我们常有文字发表，自然常有人来讨论，也可把自己的意见一次一次的修改，使得它渐近于事实。再有一个很好的

影响，就是使得读者看我们把自己的意见一次一次的修改，材料一次一次的加多，激起他们的求知识的欲望，能够用正当的方法去寻求知识。现在颟顸的空气浓厚极了，若不是我们做些榜样给他们看看，使得他们知道研究学问是不容易的，说一句话不是可以随便的，当可使得他们得到些益处。所以弟发表文字，不怕它浅或误，只是怕它隘狭，不能容受人家的批评。兄给我的信，虽不自满（以弟看来，里面很有许多极精当的议论），但至少可以引起多少问题，引起多少人来商量或攻击，这便是一件好事情。何况登在报上，可以使得弟不能不作答，比了现在搁起来总是好得多呢。

由此可知，父亲发表文字的宗旨就是想造成一个学术讨论的风气，造成学者们容受商榷批评的度量，以利于人们的求真。这是父亲一贯的态度。此时，他将傅斯年此信刊于1928年1月的《中大语言历史学研究所周刊》上，正是希望在广州造成一个学术研究的环境，他在致周予同的信中说："在粤中，你要有研究工作，但处处无此环境，不得不自己造环境，于是购书也，印报也，创办研究所也，莫不由此出发。"（1928年2月1日）

朱家骅当时又在杭州任浙江省建设厅厅长，在那儿他听到书肆里讲父亲购书的情形，书商说："送他书他不要，自己要的书也花钱买，这是从来为公家办事的人所没有的。"因此朱氏对父亲印象颇好，他隔几个月来中大一次，处理校务，父亲向他申请设备费、印刷费，他无不批准。有他的支持，所以父亲才可以在中大里做出许多成绩来。

那时父亲对自己学术工作所理想的成就有两方面，一是"想从圣道王功的空气中夺出真正的古文籍，也可说是想用了文籍考订学的工具冲进圣道王功的秘密窟里去"；二是"在古文籍中不少民族的信仰，民众的生活，但是一向为圣道王功所包蒙了"，他"又很想恢复这些材料的本来面目"（《古史辨第二册自序》）。这也正如1927年7月6日父亲在致叶圣陶的信中所表示的："我近来颇有传道的冲动，我的道是'打倒圣贤文化，表彰民众文化'，故无论作文或演说，总要说到这上去。"因此，那年11月父亲在中大语言历史学研究所里发起民俗学会，出版《民俗学会丛书》（一名《民俗学会小丛书》）；至1928年3月，又将中大同事钟敬文、董作宾所编《民间文艺》扩充为《民俗》周刊。在他为《民俗》所作《发刊辞》的末尾有这样几句口号：

> 皇帝打倒了，士大夫们随着跌翻了，小民的地位却提高了；到了现在，他们自己的面目和心情都可以透露出来了！
> 我们要站在民众的立场上来认识民众！
> 我们自己就是民众，应该各各体验自己的生活！
> 我们要把几千年埋没的民众艺术，民众信仰，民众习惯，一层一层地发掘出来！
> 我们要打破以圣贤为中心的历史，建设全民众的历史！

随后，父亲又作了一次题为《圣贤文化与民众文化》的演讲，旨在为民俗学会作鼓吹。在演讲中，父亲说："我研究历史感着痛苦"，因"最没法措置的是记载的偏畸"，都是关于贵族方面的材料。他分析了作为贵族护身符的圣贤文化的核心——圣道、王功、经典，指出"我们研究历史的人，受着时势的激荡，建立明白的意

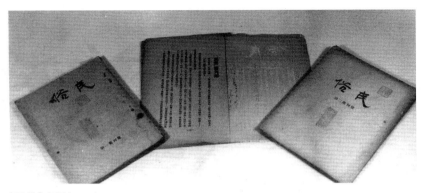

《民俗》周刊

志：要打破以贵族为中心的历史，打破以圣贤文化为固定的生活方式的历史，而要揭发全民众的历史"。他进一步提出"研究旧文化，创造新文化"，要把圣贤文化和民众文化"平等研究"；最后他明确宣布："现在中山大学有民俗学会的组织，就是立意在继续北大同人所要做而未成功的工作。"于是，以北大征集歌谣为开端的民俗学运动便传播到了南方。

　　但父亲这方面的工作被不少中大同事不理解，《民俗学会丛书》出到一、二册时，傅斯年就说这本无聊，那本浅薄，出到三、四册时，伍叔傥就请校长成立一个出版审查会来限制，出到七、八册时，戴季陶就辞掉钟敬文了，理由是丛书中《吴歌乙集》有秽亵歌谣。父亲很生气："即使民俗学会中不应印出秽亵歌谣，其责亦在我而不在敬文。今使敬文蔽我之罪，这算什么呢！岂不是项庄舞剑，意在沛公！又岂不是太子犯法，黥其师傅！"（致胡适信，1928 年 8 月 20 日）对待《民俗学会丛书》，傅斯年与父亲的态度很不同，傅氏以为"大学出书应当是积年研究的结果"；而父亲认为傅氏的观点"在治世说是对的，在乱世说是不对；在一种学问

1928 年 12 月，广州中山大学民俗学会会员合影（左起：余永梁、商承祚、陈锡襄、庄泽宣、沈鹏飞、顾颉刚、刘万章、崔载阳、容肇祖、黄仲琴、□□□）

根基打好的时候说是对的，在初提倡的时候说是不对。现在的人，救世不遑，哪有人能做积年的研究。所以拿了这个标准来看，现在讲不到出版。但是我们不出版，一班可以继续我们工作的青年便得不到诱掖引导的力量而要走到别方面去了，他的这一方面的才力便不克发展了"。"民俗学是刚提倡，这一方面前无凭借，所以我主张有材料就可印。"（同上）傅斯年因留学欧洲六年余，未参加北大的民俗学工作，对大众文化不免隔膜。而父亲未出国留学，积极投入北大歌谣研究会、风俗调查会的工作，并将民间的歌谣、戏剧、故事、风俗、宗教和高文典册中的经学、史学放在平等的基础上做研究题材，取得突出的成绩，故对于大众文化极为重视，并很有感情。

6 _ 向往北京

父亲在中大，为应付功课和事务，终日无暇，他整段的工作是编讲义、上课、理书；零碎的工作是编刊物、开会、接洽事务。"自到粤以来，教了三种功课，兼了三个主任，办了两种刊物，理了十间屋子的书，惫矣，惫矣，即一刻之闲亦不可得矣！"（致周予同信，1928年2月1日）"去年还有两册笔记，今年竟无一字了。"（致胡适信，1928年8月20日）父亲办中大语言历史学研究所，原是想恢复北大研究所那种学问生涯，但忙了半年多以后，就明白这个期望是达不到了，因为"我的努力办事，只使我在研究所中权力增高，成为不得下台之势，不会使我忽得暇闲，重理旧业的。若是不得下台，则我生将永在与人交涉之中，如何还能使得自己学问进步。况且我之为人颇有些掮木梢的勇气，不作事则已，一作事则必用全力为之，这便是使得同侪讨厌的一件事，于是对我屡屡有所攻击。……我本是不想办事的，我何必使得别人不快呢"（致戴季陶、朱家骅信，1929年7月28日）。当时父亲为了奖进青年、提倡研究的风气而拼命工作，成果相叠涌现，不禁使同事对其侧目而视，有人竟说："中山大学难道是顾颉刚一个人的天下！"何况中大的教授有很多是北大出身且早于父亲毕业的，"他们自视为前辈，然而风头出不起来，仿佛他们所以不出风头完全受制于我，所以越是老同学越攻击得厉害，正合于谚语所谓'熟皂隶打重板子'"（《自传》）。于是，父亲亟欲在与中大所签一年之约期满之后，便离开此地到北京去，他说："我所以想到北京去，实因我的东西统统在北京，非到老巢里去便不能使生活安定，不能使研究有成绩。……我无论哪个地方（连苏州也在内）总觉得是作客，偶尔住几时是可以的，永远住便决不愿。"（致胡适信，1928 年 3 月 22 日）父亲对于北京的深切向往之情被傅斯年戏言为"颉刚望北京以求狐死首丘"（傅斯年致胡适信，1928 年 4 月 6 日）；他日思夜想恢复自己的研究工作，在 1928 年 2 月 1 日致周予同的信中说道："弟研究之念，无刻忘之，而竟不能，故甚思北归"；甚至急切到"今年暑假中不管北伐成功与否，不管张作霖之窃踞与否，必到京矣"。"年来弟研究之中心论题，为《尧典》《皋陶谟》《禹贡》《洪范》数篇之辨伪文字。此数篇牵涉之问题太多，如能研究有结果，则弟之事业可得一坚实之基础矣。"

　　1928 年春，燕京大学来书见聘，谓在美国已捐得大批基金，招父亲去做研究。父亲觉得这很合自己的宿志，便答应了；并告与傅斯年，彼极反对，责备父亲忘恩负义，还说："你若脱离中大，我便到处毁坏你，使得你无处去。"父亲倒不怕其毁坏，深信"如果能构成我理想中之作品，一定抵得过种种毁坏的损失"（致胡适信，1928 年 8 月 20 日）；但怕伤其感情，便说："只要你供给我同样的境遇，我可不去的。"恰好那时中央研究院的聘书寄来，请他们二人参与筹备历史语言研究所，父亲就接受了，辞了燕大。但由此"孟真对于我的裂痕已无法弥缝，差不多看我似叛党似的"（同上）。当年暑假，父亲预备脱离广州；经朱家骅和学生作了十来天的挽留，因感相知之深，始答应再留半年。在当时致胡适的信里，父亲说：

> 我真想走，但走不了。现在讲定再留半年。到年底我必走了，一来我的京寓和朴社没办法，二来我在此地被同事嫉妒甚深（凡不在民俗学会的文科同事都讨厌我，其故只因"民俗丛书"多出了几种），若不知难而退，厦门的风味又要来了。我对于办事虽有勇气，却无兴趣。三则我想研究的问题积了四五年，再也忍不住了，既在中央研究院有专门研究的机会，落得整理我旧业。到了广州，在小鸡里做凤凰，甚怕有堕落的危险。有此三因，故薪金虽多，亦不留恋了；学生虽依依，也顾不得了。（1928年8月4日）
>
> 前年出京时，负了二千元的债，觉得肩上重得很，现在预算到今年年底可以还清了，从此我也不要多金了。至于名位，我没有兴趣，我自审现也不配居此名位，所以得卸去时即以卸去，决不留恋。
>
> 我若是要名要利，则中山大学所以待我，孟真所以为我设法者确已不薄。我应当感激不已，却之不去。不幸我的目的不在名利而在别的。我便不能因有饭吃了故而舍弃我的真生命。以前我在北大研究所时，兼士先生固不信任我，但他并不支配我的工作，又肯给我以研究孟姜女、妙峰山的便利，我终当感激。自从到了广州以后，研究所周刊出到四十二期了，我没有作成一篇文字，心中愈弄愈乱，坐定读书简直没有这回事，因为责任所在，

天天要到学校去一次，而寓所离校又远，在路上费去的时间不知多少，一天一天，一月一月的蹉跎下去，我哪得不恨，我哪得不想走！照现在这样做下去，不到五年，我是一个落伍者了，我完了，我除了做学阀之外再没有别的路了！所以这一关，我一定要打破，一定要在别人看为"得意"的环境中挣扎奋斗！孟真是极聪明的人，乃不能理会我这一点，一定要我在他的支配下过生活。结果不但支配无效，翻激起我回想在北大研究所时的甜梦，怨恨我的自由已为名缰利锁囚禁了！（1928年8月20日）

早年父亲与傅斯年在北大同窗之时，谈及志向，父亲谓最强者乃知识欲，傅斯年谓最强者乃政治欲。傅氏博学多才，知识欲不谓不强，然而他极具办事才干，甚欲在学术界成为领袖人物，做出一番事业，当然愿父亲与他同舟共济，助他一臂之力。但父亲一心想回到自己的学问天地中，他生性倔强，"只能做自己愿意做的事情而不能听从任何人的指挥的"（《古一序》），傅斯年愈是要支配他，便愈使他回想过去的自由研究学问的生活，他说："我决不愿把身子卖给任何人。我决不能为了同党的缘故而把自己的前程牺牲了。"（致胡适信，1928年8月20日）

当时，父亲与傅斯年、杨振声应中央研究院院长蔡元培之聘，任历史语言研究所筹备委员，在广州筹办该所。当商议此事时，傅斯年与父亲两人各有一番设想：傅氏在欧洲七年，甚欲步法国汉学之后尘，且与之争胜，故其旨在提高。父亲以为欲与人争胜，非一二人独特之钻研可成，必先培育一批人，积叠无数材料加以整理，然后此一二人者方有所凭借。两人意见不同，而傅氏脾气暴躁，不免有家长作风，父亲亦生性倔强，不能受其压服，于是两人始破口相骂，幸赖杨振声等人劝解而止。以后他们又共同商讨、制定该所各项规划，傅氏就任该所所长后又推父亲任文籍考订组主任，但两人间因已有隔阂，父亲认为傅氏"脾气太坏，我怕和他开衅"，于是便畏而远之。

父亲与傅斯年因为经历、志趣、性格的不同，一起共事自然有不和谐之处。父亲说："我和孟真，本是好友，但我们俩实在不能在同一机关作事，为的是我们俩的性质太相同了：（1）自信力太强，各人有各人的主张而又不肯放弃；（2）急躁到极度，不能容忍。又有不同的性质亦足相拂戾的，是我办事太欢喜有轨道，什么事情都欢喜画了表格来办；而孟真则言不必信，行不必果，太无轨道。又我的责功之心甚强，要使办事的人都有一艺之长，都能够一天一天的加功下去而成就一件事业。孟真则但责人服从，爱才之心没有使令之心强，所以在用人方面，两人的意见便时相抵触。"（致胡适信，1928年8月20日）这段话确实讲出了两人办事的特点。父亲"是一个桀骜不驯的人，不肯随便听信他人的话"，这对于他研究学问很有利，使之不迷信任何偶像，勤于思考，勇于怀疑；而当他与别人配合工作时，这种秉性无疑是不利的。并且他也知道自己在"世务上"显得"平庸""急躁""优柔寡断"，与"研究学问的时候"所表现的"有兴趣，有宗旨，有鉴别力，有自信心，有镇定力，有虚心和忍耐"（《古一序》）简直判若两人，因此也怕办事。但是父亲信守承诺，一旦办起事来又极其认真，太喜欢有轨道，如同自己做学问那般；可是办事就必须有灵活性，总不能都依了预定的计划来办，他说傅斯年办事太无轨道，实则是傅氏有灵活性。另外，父亲的确是爱才如命，希望所用之人均能依自己的长处发展，他从不对人发火，也很少责备人；可是作为一位领导，在用人方面自该有一定之规，不可能全凭人们的兴趣自由发展，傅斯年的用人之道也正是其日后对于中央研究院史语所的组织建设立下功绩的重要因素之一。

这期间胡适曾想为两人调解，他劝父亲不要因骄傲树敌。父亲在 8 月 20 日回信中直陈两年中之痛苦以及对傅斯年的看法，并认为："我自己觉得傲则有之，骄则未也。我以前不负事务上的责任，而且怕管事，所以人家只觉得我谦恭，往往以我为绝没有脾气的人，甚且以我为'烂调和'的人。我心中暗笑他们以貌取人。现在这两年中，我负了事务的责任了。既负了责，就不该避，就应当有计划，就应当照了计划做，顾不得和人碰伤了。……所以这两年树的敌虽多，但我自己心无愧怍，亦听之而已。（我树的敌人可以分作两种，一种是妒忌我，一种是想征服我，这两种都是没法避免的。我不能求悦人而自暴自弃，迁就了别人的标准。我自己不愿压迫人家，也不愿人家来压迫我。如有人想要压迫，当然反抗。此其所以结怨而心无愧怍也。）《洪范》上说，'无虐茕独而畏高明'，我觉得我有些矫枉过正，竟成了'虐高明而畏茕独'。人家摆架子，我也以摆架子应之。人家盛气相向，我也以盛气相向报之。至于对我谦恭的人，我也以谦恭报之。在这种地方，我只任着本能而动作，但吃了一个大冤枉，则人家误会我有意抢做领袖是也。……前信所云'小雏里作凤凰'，乃是因只有人向我讨教，而自己不易得人请教，恐怕就此孤陋寡闻，作成一个学究，并非说我是真凤凰，应当压倒一切也。"

父亲虽答应再留半年，但不愿意为办事而耗散精力，所以在秋季开学以前，自定了四门功课："古代地理研究""春秋研究""孔子研究""中国上古史实习"，一周凡十二小时，送到文科公布，他以为："教授如是教足十二小时，便可不办事，我现在教足了，研究所和史学系的事便可不问了。"可是"开学之后，骝先先生以研究所和史学系无人主持，仍坚邀我做去。辞书十上，终不报可。没奈何只得勉强干下。"（11月，傅斯年辞去中大语史研究所主任职，12月，父亲不得已就任该职。）所以这半年父亲"真是经过了毕生未有之忙，几乎连眠食也没有工夫。嫉忌者又日多，甚至十余年之老友亦因此无形中绝了交。作文，是作的，但只替别人的书作序。看书，是看的，为的是编辑讲义，但一字不曾入肚。在这一种的生活中，真使我悲愁万状。我理想中的天国，只是北大当年的助教生活。那时地位虽低，薪金虽寡，但方寸是安定的，学问是日有进步的。现在地位高了，薪金多了，但得到的是什么呢？只有忙，只有乱！有人说，'你的苦是自己弄出来的，别人尽有比你教书多，办事多的，但哪有这样忙的！'但我为责任心所驱迫，自己也没有法子。"（致戴季陶、朱家骅信，1929年7月28日）

7 __ 脱离广州

　　1929 年 2 月，父亲乘戴季陶、朱家骅两位校长不在校之时，携眷离开了广州。他在致胡适的信中说:"我在此地，一天到晚的忙，忙得此心愈放愈远，再没有收束到一个问题上的可能。为我自己学业计，决心脱离中山大学。只为有种种关系不能容我干脆脱离（校长的坚留，研究所的前途危险，学生的不放），所以用请假名义离开广州。在半年中，为中大聘定一位研究所兼史学系主任，即辞职。所以这次的请假是尽室北行，不希望再还来的。"（1929 年 2 月 4 日）父亲之所以未即辞职，只是想维持语言历史学研究所，毕竟他为该所付出了那么多心血，鉴于中大同事的妒忌和攻击，父亲顾虑研究所因自己一走而倒塌，便请商承祚（锡永）在自己请假期间代理主任，希望半年以后，其工作上轨道了，即可请学校聘彼为主任，自己再辞职。那时父亲在致商承祚的信中说:"语史研究所主任，敬请兄代。其实不是代，是正任。弟性不能办事，年来为所中事务弄得汗流浃背，而反树了许多敌人";"两种周刊为本所喉舌，弟为此费了许多力，始得保存至现在。此次弟到沪苏杭各地，知本所名誉甚好，向往者甚多，在国内学术界中已有地位，此则皆发刊两周刊之功也。故此事千万不可听信人言，将其停止。至丛书则可渐与各书肆接洽，归其出版，节省开支。""研究所中印书太多，起人诋责。弟意此后应多印些考古学书，藉增身价。"（1929 年 4 月 28 日）

　　父亲本打算离开中大后，入中央研究院历史语言研究所专事研究，"但既系请假，则和中山大学的关系仍未断，与中央研究院的专任研究员的条例不合，所以也许不入中央研究院"。（致胡适信，1929 年 2 月 4 日）那时史语所所长傅斯年甚愿父亲来此共事，但一定要父亲辞了中大职再加聘任，而父亲觉得这时候辞职则中大的研究所必有危险，所以不答应，后来便改任了史语所特约研究员。在 3 月 25 日致胡适信中，父亲说："致孟真一函，乞转交。此函先生亦可一览，并劝孟真不必拉我。我非与孟真有意见，盖急欲在种种束缚中拔出此身也。"在 4 月 24 日致胡适信中，父亲又说："中央研究院方面已允改我为特约研究员，从此减轻肩负，容我自由，非常感激。"从此，父亲就不再与傅斯年同事了。

　　离开广州后，父亲又为中大事到上海、南京。后来，父亲在致中山大学文史两系同学书中述及当时情景："到南京之后，看见戴校长，我向他辞职，他问我什么道理，我说我不能定心研究学问，他说：'我们这辈人，像树木一样，只能斫了当柴烧了。如果我们不肯被烧，则比我们要矮小的树木就不免了。只要烧了我们，使得现在矮小的树木都能成长，这就是好事。'我听了这几句话很为感动，因为我自己学问虽极浅薄，但我懂得我们要研究学问应采取何种方法，研究一种学问应取得哪几种常识，在这举国兴办大学而大学教授大都不悦学或自己有了某种学问即排斥他种学问之时，我如能多留中大数年，必可使诸君增高些知识热，能作专门的研究而又能宽容他种学问，如此则我自己虽毁弃了而能使诸君成就，亦属得失相抵。因此，我尚未作决绝的辞职。"（1930年10月13日）

说实话，父亲是不喜欢广州的，"因为那边参考书籍不够，学术团体也没有，而且屋宇太小，使我不能把我的书悉数搬来——我的书是我廿余年来亲手购置的，已成了我的生命中之一部分，若不在手头，竟似三魂中少了一魂，弄得我彷徨无主。——天气又太热，事情又太忙，要定心研究和作文，真无从说起。"但是他留恋中大的学生，因为他很喜爱广东人的精神，他们"有信仰，肯干，肯吃苦"，父亲认为"这是无论做什么事情的基本条件，而不幸长江黄河两流域的人都缺少了它，使得具有这种精神的我在这敷衍因循的社会中成了一个特殊的人，旁人都笑我，而我则以之自傲。但到了广东以后，我就觉得此道不孤，我明白广东人的势力所以远被的缘故，我祝颂广东能成为将来的文化中心"。父亲与中大的学生在精神上产生了共鸣，故而他离开广州，"别的没有什么恋恋，单单恋着你们一班人，以不能和你们在学术上努力为恨"（同上）。因此，当他听了戴氏一番话之后，对于辞职的确有些犹豫。

但当5月初父亲抵达北平（是时北京改名北平）后，却再也不欲去广州了，在这封致中大同学信中，他说："一到北平旧宅，开了我的书箱，理了我的旧稿，我实在不忍再走了。诸君，这不是我的自私自利，甘于和你们分离，只因北平的许多东西是我的精神所寄托的，我失去了三年的灵魂到这时又找着了，我如何舍得把他丢掉了呢。"也就是说，求知识、做学问的欲望是父亲的"全生命"，"决不能用他种欲望来抵代"（致戴季陶、朱家骅信，1929年7月28日）。

中大的学生对父亲很有好感，故而对他的离去依依不舍。有一位学生何定生竟休了学而随父亲北行。何氏在校时听父亲"《尚书》研究"课，对《尚书》文字的佶屈聱牙很感兴趣，因看到胡适文章，便写了一篇《从胡适的〈尔汝篇〉到〈尚书〉去》，送给父亲看。父亲阅后交还，并告他："你的文很好，只是须得改一下，因为有误会的地方。"何氏一看父亲的批语，才知道自己连今古文还未弄清。以后在父亲的引导下，何定生最终作成《〈尚书〉的文法及其年代》一文。父亲将《研究所周刊》四十九至五十一期合刊，作为"《尚书》的文法研究专号"，将此文发表，他认为："此自有研究所以来第一篇成绩也！"（日记，1928 年 11 月 6 日）接着父亲又为此而请学校给何定生奖学金二百元，经父亲力争，一个多月后事成，但为此他又受到校中同事的攻击。多年以后，"中大同学想起那时还觉得是一个黄金时代"，然而"他们不知道有一个为了创造黄金时代而受了无数的明枪暗箭以致遍体鳞伤的人"（《自传》）。

父亲到北平后，燕京大学又多次来邀，父亲终于应聘。他认为："这个学校固然是教会立的，但因设在北平，吸着文化中心的空气，故思想比较自由。他们与哈佛大学合办的国学研究所，经费更为稳固。又有前辈先生主持，用不着我去担负事务的责任。"（致中山大学文史两系同学书，1930 年 10 月 13 日）"在薪金上，在地位上，我在燕大所居都比中大为低，但是我本不计较这些，我所计较者只在生活上安定与学问进步。燕大既在北平乡间，甚为僻静，又一星期只有三小时功课，不担任事务，我可以依我六年前所定的计划，将应读的书读着，应研究的问题研究着。我无所爱于燕京大学，我所爱的是自己的学业。"（致戴季陶、朱家骅信，1929 年 7 月 28 日）

这样，父亲便辞了中大的职务。不过，他仍记着朱家骅欲其代为中大物色新人之嘱托。那时，父亲在苏州初识苏州中学首席国文教员钱穆（宾四），得读其《先秦诸子系年》之稿，甚为赞赏，便对钱氏说："君似不宜长在中学中教国文，宜去大学中教历史。"拟推荐其至中大任教；又告钱氏：自己在中大任课，以讲述康有为今文学为中心；此去燕大，当仍续前意并将兼任《燕京学报》之编辑任务。嘱钱氏得暇为学报撰稿。不久，钱穆便得中山大学来电，聘其前往。因苏中校长挽留，钱氏乃辞中大之聘。（见钱穆《师友杂忆》）

第 五 章

壮 年 的 情 怀

1 　入燕大之初

　　1929 年 9 月，父亲到燕京大学就职，并迁家至该校东门外之成府蒋家胡同。他任燕大国学研究所导师及学术会议委员，又任历史学系教授，授"中国上古史研究课"，编讲义。

　　当时北大校长陈大齐及史学系代表来邀父亲任北大教职，但父亲为避免人事纠纷，婉辞拒之。后因史学系坚邀，"因定'《史记》研究'一门，两星期一去，或一月一去，尽义务，不支薪，不上课堂，不算北大教员"。（日记，1929 年 10 月 12 日）

　　父亲在"上古史研究"课中，指导学生做《史记》本纪和世家的研究，可谓循循善诱。一次考试，出题课外作，这是父亲经常采用的方式，用意当是不重背诵记忆，而是重研究，要找资料，提出看法。有人先交卷，父亲看过说，答卷所言都是我讲的，那是我的见解，不是你的研究心得，不可以。燕大学生徐文珊（贡珍）已经把答卷拿在手里准备交上，一听此言，不敢交出，因为他也正犯同样的毛病。于是回去后读书、查资料，硬是在鸡蛋里找骨头，居然有收获。交卷后父亲看了十分赏识，将他叫到家中，当面夸奖一

1935年8月，与家人在成府蒋家胡同三号寓所合影（后排左起：顾自珍、顾廷龙夫人潘承圭、殷履安、顾颉刚、顾廷龙；前排左起：顾廷龙之子顾诵芬、顾诵诗）

番。徐氏由此明白，做学问没有不劳而获的，一定要下功夫，提出自己的见解，而不可"千古文章一大抄"。他说："这鸡蛋里找骨头的方法是我得自顾师的最得力的教育，一生享用不尽！"（徐文珊《沐春风，霑化雨》，见《学行录》）随后父亲与徐氏共同整理《史记》，1936年出版了白文本，使其成为研究《史记》的专家。燕大学生韩叔信作《史记·五帝本纪》研究实习时，为使其练习研究古史传说的方法，父亲便把自己数年前未作完的旧稿《虞初小说回目考释》交与韩氏，嘱他加以改作，同时提供给他许多材料，让他随意去取。韩氏将此文作毕发表于1931年燕大《史学年报》第三期。

　　父亲经常针对每个学生的学力、秉性等方面的不同特点，给予不同的课题，引导各人向自己所长的方面深入学习。如燕大学生朱士嘉（蓉江），父亲认为他国学基础和写作能力还需提高，就亲自为他修改作业，嘱咐他选读《史记》《汉书》里部分传记以及唐宋文学家的名篇，最好能背诵。朱氏遵嘱每天朗诵文史名著两小时，坚持半年，果然收到良好的效果。当朱氏向父亲汇报《四库提要》中有一部分方志时，父亲即指出方志的材料对于治史者甚重要，而长期以来却不被学者所重视。1927 年父亲为广州中山大学购书时，曾购地方志约六百种。为开辟这片新园地，父亲将章学诚《文史通义》借给朱氏读，并与他联名起草《研究中国地方志的计划》，发表于 1931 年《社会问题》。以后朱氏撰成《中国地方志综录》一书，成为我国地方志研究领域的专家。他说："我之对于方志，从不知到知，从知之不多，到知之较多；……都是顾老师循循善诱和谆谆教导的结果。"（朱士嘉《回忆顾老师对我的教导和禹贡学会》，见《学行录》）

除了指导学生，父亲自己的研究工作也得以展开，他研究了《尧典》《皋陶谟》《禹贡》的著作时代问题，《周易》之"经""传"的著作时代问题，三皇五帝的系统问题，一年里就作了数十万字的论文，把十年来蓄在心头的问题，看在眼里的材料，逐一系统化，心中当然有说不出的高兴。当时他在致胡适的信中说："自来燕大，生活比较安定。校中固然党派甚多，但我毫无事权，且除上课外终日闭门不出，人家也打不到我的身上。北平城中固然有人替我作反宣传，好在我轻易不进城，就是有人告我也只当没听见。如能这样的做下去，过了几年，我的学问一定可以打好一个基础了。但人事变幻是说不定的，不知我有此福分否耳。"（1930 年 1 月 24 日）

1929 年秋间，父亲作成《〈周易〉卦爻辞中的故事》，刊于《燕京学报》是年第六期。其中论述"王亥丧牛羊于有易"的故事，是依据王国维对于商的先祖王亥与王恒的考证，并加以自己的新发现。当前两年始作此文时，父亲以为自己的发现"足以贡献于静安先生的"，然未及请教而王氏已辞世，父亲深感遗憾，在此文中注道："民国十五年十二月在厦门草此文，甚快，欲质正静安先生，旋以校中发生风潮，生活不安而罢。今日重写，静安先生之墓已宿草矣，请益无由，思之悲叹。"此文之作，首尾四年，"生活不安，即此可见。"（《古史辨》第三册）当时在美国留学的张荫麟接到容庚寄与他的《燕京学报》，读父亲此文后写信告容庚："顾君《周易》一文精绝，甚佩。"（见蒋志华《鲜为人知的〈张荫麟致容庚书〉》，刊《书品》，2004 年第六辑）

　　此文发表后，父亲又有了新见解，因而就编《上古史研究讲义》之便，写入其中《易传》一章，他指出《系辞传》中所说伏羲、神农、黄帝、尧、舜等圣人观象制器即一切物质文明都发源于《易卦》之谬误，认为"制器时看的象乃是自然界的象而不是卦爻的象"，并认为《系辞传》中这一章是京房或是京房的后学们所作，其时代不能早于汉元帝。父亲将讲义寄与胡适、钱玄同，他告胡适："前日寄上讲义一包，请先览及。……此半年中，除为《燕京学报》做了一篇《〈周易〉卦爻辞中之故事》外，全力都用在这讲义里。其中甚多新得，如三统说由于汉人改历运动，《系辞传》中古圣王观象制器一段文字为京房一派的人所窜入，自以为都是创见。请先生批评。"（致胡适信，1930 年 1 月 24 日）不久，接两人回信，对讲义《易传》一章进行讨论，钱氏认为父亲所言"精确不刊"，胡适则反对，认为观象制器是易学里的重要学说，不该推翻。父亲将他两人回信发表于《燕大月刊》，以后又编入《古史辨》第三册；他以为胡适对自己的观点"不免误会"，甚欲复信进一步阐明自己的意见，但一时抽不出时间，直至这年冬，方作成万余言的复信，但终因病而未作毕。这是父亲与胡适在学术上公开发生分歧的开始。其实当 1929 年，父亲离粤北行途中在上海访胡适时，他两人在学术上已有分歧，那时胡适是上海公学的校长，他对父亲说："现在我的思想变了，我不疑古了，要信古了！"然而，父亲不明白其改变的原因，仍是坚持自己原来的态度，在 1930 年 7 月 3 日致胡适的信中写道："承嘱勿过怀疑，自当书之座右。惟这一方面，总希望让我痛快地干一下，然后让人出来调和，或由自己改正。总之，我是决不敢护短的。"由此可知，胡适是感到父亲对于古史近于怀疑了。

这里有一件事情，使父亲"很不安的"，是 1929 年夏，何定生在北平作《关于胡适之与顾颉刚》一册，趁父亲在苏州时，交朴社印出。父亲返平后，"见之大骇。恐小人藉此挑拨，或造谣言，即请朴社停止发行，且函告适之先生，请其勿疑及我"（日记，1929 年 10 月 3 日）。在是日致胡适的信中，父亲说："他不该题这书名，使得旁人疑我们二人有分裂的趋势，而又在朴社出版，使人疑我有意向先生宣战。近几年来，我深感到处世的痛苦，我竟成为喽罗们捧场或攻击的目标。所以一定要脱离广州，回到北平，即是'宁为牛后，毋为鸡口'的意思。因为北平前辈甚多，青年们骂不到我，也捧不到我，容许我安心读几年书，打好我学问的基础。不料何君如此对我，唯恐我在北平不成一个箭靶。"后以朴社同人之意，此书已花百余元的本钱，若停止发行损失太大，故换一封面，题为《治学的方法与材料及其它》。

父亲一直很珍惜与胡适的师生情谊，1931 年为编辑《古史辨》第三册等事，父亲连致胡适数函，然未得复信，乃不禁"甚为惶恐"，去信道："未知是我有所开罪于先生呢，还是有人为我飞短流长，致使先生起疑呢。如有所开罪于先生，请直加斥责，勿放在肚里，因为在我们的交谊上是不该放在肚里的。如有人为我飞短流长，则请徐察之。去年有人告我，刘半农先生说我骂他，这真是想不到的事。但因我和他的交谊浅，觉得不必申辩，听之而已。如果先生亦听见同样的话，那我不敢不'垂涕泣而道之'。如有暇闲，愿详告我。"（1931年9月7日）胡适遂立即复信，打消父亲的疑虑。于是父亲回信道："这数年来，受无聊的攻击和离奇的谣言太多了，逼得我对于人间社会多所疑虑。兹承先生示知，自即释然，幸见恕之耳。"（1931年9月9日）

1930年春，父亲应杨振声邀为《清华学报》作《五德终始说下的政治和历史》，此文即《上古史研究讲义》所论"帝系考"之扩展，专门研究王莽时代的五帝说。父亲起初并未希望写得很多，以为一两万字也就够了，不料愈写愈觉得里面的情形复杂，"一件材料，如不作多方面的说明，即不能得到真实的了解"，结果费了很大的气力，历时三个多月，写了十一万字，"要不是杨振声先生屡次催我，并派人来抄，在短时间之内我是写不成的了"（《古史辨》第五册）。但写至此全文仅成一半，尚有一半待以后作。父亲以为"这是我第一次所作的有系统的研究文字"，"很有可喜的发见"（致胡适信，1930年4月20日）。在写作期间，父亲曾生病数日，"至目不能张。我这一年太勤了，生病乃是纳税。盖以数日之病换得一年之工作也"（日记，1930年4月26日）。在病床上父亲得一联曰："好大喜功，永为怨府；贪多务得，何有闲时。"以为此联语"切中予病也"（日记，1930年4月27日），以后又改为"好大喜功，终为怨府。贪多务得，那有闲时！"并请容庚以钟鼎文（大篆）将此联写出，悬挂室内，以时常提醒自己。

当时父亲又任《燕京学报》编辑委员会主任，1930年的七、八两期由其主编。1929年，父亲曾邀钱穆为此刊撰文，后来又去信催促，钱穆本来对康有为《新学伪经考》有不同看法，又因父亲方主讲康有为，乃特草《刘向歆父子年谱》一文与之。钱穆与父亲的观点相异，但父亲从来都是欢迎不同意见的争论，相信"知出乎争"，他将此文编入《燕京学报》第七期，并在自己《五德终始说下的政治和历史》一文中说："我很佩服钱宾四先生（穆），他的《刘向歆父子年谱》寻出许多替新代学术开先路的汉代材料，使我草此文时得到很多的方便。"接着又屡次邀钱穆批评自己之文，想听到不同的见解，于是钱穆在《评顾颉刚〈五德终始说下的政治和历史〉》一文中说："顾先生的古史剥皮，比崔述还要深进一步，决不肯再受今文学那重关界的阻碍，自无待言。不过顾先生传说演进的古史观，一时新起，自不免有几许罅漏"，顾先生"对晚清今文学家那种辨伪疑古的态度和精神，自不免要引为知己同调。所以《古史辨》和今文学，虽则尽不妨分为两事，而在一般的见解，常识其为一流"，"这一点，似乎在《古史辨》发展的途程上，要横添许多无谓的不必的迂回和歧迷"（《古史辨》第五册）。父亲在发表钱穆这篇评论时，作跋语道："我对于清代的今文家的话，并非无条件的信仰，也不是相信他们的微言大义，乃是相信他们的历史考证。"

前几年我在整理父亲遗稿时，在其所编辑的他人稿件中偶尔发现了钱穆《刘向歆父子年谱》之手稿，上面有父亲编辑时留下的笔迹。此文的题目原本是"刘向刘歆王莽年谱"，是经父亲的改动方成为日后这个题目。1993 年钱夫人胡美琦女士来京查阅父亲的日记时，我们将此手稿交与她，她翻览后说道，以前听钱先生说过，此文题目原来不是发表时的那个题目，不知是否为顾先生所改，现在可以明白了。

父亲不仅亲手刊出了钱穆此文，而且在当年 6 月又荐其任燕大讲师，并电告彼，得其回电同意。9月，钱穆抵校后，父亲即热情招待，为其接洽一切。那时钱氏没有正式学历，由于父亲赏识其才学，乃助其走上大学讲台。钱穆晚年所著《师友杂忆》中说：《年谱》一文"不啻与颉刚诤议，颉刚不介意，既刊余文，又特推荐余至燕京任教。此种胸怀，尤为余特所欣赏。固非专为余私人之感知遇而已"。当时《年谱》一文在北平学界造成很大震动，《师友杂忆》中说："及去燕大，知故都各大学本都开设经学史及经学通论诸课，都主康南海今文家言。余文出，各校经学课遂多在秋后停开。但都疑余主古文家言。"

钱穆在燕大时，有一次父亲去看他，手持胡适一信，内容系与父亲讨论老子年代，其中言及钱穆《关于〈老子〉成书年代之一种考察》（此文亦由父亲刊于《燕京学报》），父亲对钱氏说："君与适之相识，此来已逾半年，闻尚未谋面。今星期日，盼能同进城一与相晤。"于是他们同赴胡适家，相见后对于老子问题谈论许久。不过以后钱穆与胡适仍不大往来。

由于不适应教会学校的环境，钱穆来燕大未及一年便不愿再留，到父亲处告以欲离去之意。父亲并不对其加以挽留，亦不问所以。仅云："此下北大清华当来争聘，君且归，到时再自决定可也。"其实那时父亲为钱穆的前途已经有所考虑，当1931年1月，管理美国退还庚款的机构——中华教育文化基金董事会开年会决定于今后五年内每年赠与北大二十万元，作设立研究讲座聘专任教授及购置图书仪器之用（研究讲座九人，专任教授十五人）。是时，蒋梦麟就任北大校长，他聘胡适任文学院长兼中文系主任。他们希望父亲去北大任专任教授，1月31日父亲在日记里写道："今日孟真与适之先生均劝余改就北大专任教授。月薪四百五十元，课六小时。此事与予迎养父母极有利。以父母来平，予家至少须用三百余元一月，非现在经济状况可任也。他们要我作史学系主任，则力辞之。不但主任不作，即其他事务亦一概谢绝。总之，必与燕大过同样之生活，然后可就。"蒋梦麟答应父亲的请求；可是燕大校方及同事极力挽留，司徒雷登校务长允给其加薪（当时父亲每月薪不到二百九十元），尤其是同系教授洪业（煨莲），为父亲谋划者甚诚挚，使父亲"感激泪下，因作书报之"（日记，1931 年 3 月 7 日）。在这封信里，父亲说：

> 像我们这种人，个性太强，事业心太重，是天生的给人攻击的。所以我在燕大年余，城内诸人对于我的疑忌始终未释，他们以为我是借此休养的，将来必仍出与他们争权夺利。因此，我进北大，心中实惴惴然。惟以奉养家父之心存了已久，去冬归家，见他衰态益甚，如再延缓，将使我抱终天之憾，故只得牺牲些自己，仍去作别人的眼中钉。好在我不想久住，何时可重回燕大即何时来，当不致招他们的过度的嫌恶也。
>
> ……我的性情过于爱才，只要一个人有些长处，我总希望他肯竭尽其才，做出些有价值的工作。不幸自暴自弃的人太多，有了甲种之才而懒得努力，没有乙种之才而偏会妒忌，常常使我失望。但学生方面是鼓励得起的，我常常顺了他们的才性给些题目与他们做，他们是很高兴的，所以我每到一处，这一处的学生就有许多归向到我一边来。于是激起一班同事的妒忌心，说我利用青年，结合党徒。甚至学问比我好，地位比我高的人也来妒忌我，以为我要抢他的领袖的地位。数年以来，这种冤枉气不知受了多少。这次到燕大来，在我已竭力疏远学生，而我所给与学

生之温情终比他教员为多，他们一样地来接近我。史学系中，以您的关系为最深，照了一班人的通例，您大有对我侧目而视的资格，但是您毫无这种意思，依然容许他们接近我。这足以证明您只有事业心而无嫉妒心，您是要自己做事而又要他人做事的，不是自己不肯做事而又不要他人做事的。这就和我的宿志起了共鸣了！我不能得之于十余年的老友而竟能得之于初识的您，岂不是一件最快乐的事呵！

洪氏自 1923 年始即任教于燕大历史系，1924 年始代表该校与美国哈佛大学筹办哈佛燕京学社，1928 年赴哈佛讲学，1930 年 9 月刚返校。他确是该校的资深人物了，父亲能得到他的关心和帮助，自是幸事。经洪氏与校方商量，下学年不仅给父亲加薪，而且另行设法给父亲一笔津贴一千六百元，"已由基金会通过，盛意可感。然父大人如不来，此款不敢受也"（日记，1931 年 3 月 18 日）。两年后，因其双亲尚未来北平，而研究生请求奖学金者又多，在学校召开奖学金审查会时，父亲便以这笔一直存于账上之款，作为奖学金，"多得四个名额"（日记，1933 年 6 月 19 日）。

由于燕大的盛情相待，且顾虑北大中某些人的攻击，父亲在进退之间便倾向于燕大这一边，于是在 3 月 18 日给胡适的信中，父亲推荐钱穆代替自己，他说：

北大与燕大之取舍，真成了难题目。此间许多人不放走，当局且许我奉养老亲，住入城内，为我自己学问计，确是燕大比北大为好。闻孟真有意请钱宾四先生入北大，想出先生吹嘘。我已问过宾四，他也愿意。我想，他如到北大，则我即可不来，因为我所能教之功课他无不能教也，且他为学比我笃实，我们虽方向有些不同，但我尊重他，希望他常对我补偏救弊。故北大如请他，则较请我为好，以我有流弊而他无流弊也。他所作《诸子系年》，已完稿，洋洋三十万言，实近年一大著作，过数日当请他奉览。

紧接着父亲又分别致蒋梦麟、傅斯年道歉长信，各两千言，并答应自下学年任北大兼课讲师事。这次父亲不就北大职，傅斯年颇不高兴，谓父亲"燕京有何可恋，岂先为亡国之准备乎"？父亲以为"我入燕京为功为罪，百年之后自有公评，不必辨也"。（日记，1931年6月12日）

父亲在此向胡适推荐的钱穆《先秦诸子系年》一稿，是钱穆根据燕大藏书，以半年之力在原稿基础上增改一过的，并特制通表。父亲那时曾向"清华丛书"推荐此稿，然而审查未获通过，"列席审查者三人，一芝生，主张此书当改变体裁便人阅读。一陈寅恪，私告人，自王静安后未见此等著作矣。……"（《师友杂忆》）父亲以后读此书时，谓"宾四之诸子系年作得非常精炼，民国以来战国史之第一部著作也"（日记，1939年7月2日），十分赞佩。

由于父亲的推荐，当1931年夏，钱穆在苏州度假时，得北京大学寄来聘书。他先任北大史学系副教授，旋升教授。他说："待余赴平后，清华又来请兼课。此必颉刚在北平先与两方接洽，故一专任，一兼课，双方已先洽定也。但余亦未以此面询之颉刚。"（《师友杂忆》）他们两人的交往，真可谓"君子之交淡如水"。

至于他们两人治学的异同，钱穆以后在致父亲的信中说道：

弟与兄治学途径颇有相涉，而吾两人才性所异则所得亦各
有不同。妄以古人相拟，兄如房玄龄，弟则如杜如晦。昔唐太宗
谓房君善谋，杜君善断。兄之所长在于多开途辙，发人神智。弟
有千虑之一得者，则在斩尽葛藤，破人迷妄。故兄能推倒，能开
拓，弟则稍有所得，多在于折衷，在于判断。(1940年7月2日)

钱氏晚年在《师友杂忆》中又道：

　　颉刚史学渊源于崔东壁之《考信录》，变而过激，乃有《古
史辨》之跃起。然考信必有疑，疑古终当考。二者分辨，仅在分
数上。……余疑《尧典》，疑《禹贡》，疑《易传》，疑老子出庄
周后，所疑皆超于颉刚。然窃愿以考古名，不愿以疑古名。疑与
信皆须考，余与颉刚，精神意气，仍同一线，实无大异。

此等肺腑之言，是后人比较研究的重要材料。

　　在父亲与钱穆的交往中，还有这样一件小事，是由钱穆的侄子
钱伟长在纪念父亲百年诞辰大会上讲述的：钱伟长自小跟从其父和
叔念书，熟读四书五经，不久其父病逝，当叔父到苏州中学任教
时，亦将其带至该校读高中；由于其叔与我父亲的交往，钱伟长
也认识了这位顾伯伯。1931年9月17日钱伟长考入清华大学，他
的历史和国文成绩最好，而物理和数学考得一塌糊涂，因为以前
没有好好学过；当时钱穆不在北平，他就去找我父亲，说自己想
学历史，尤其是古代史，父亲很赞同。本来定于20日选课，不料
"九一八"事变发生，使钱伟长一夜之间改变了想法，认为要救国
必须学科学，当时清华物理系是有名的，非常难进，很多人想去，

于是他想学物理。待其叔回北平后，他与之商议此事，而叔父不同意，以为他家一贯搞历史，他还是学历史好。钱伟长见自己不能说服叔父，知道叔父平时很听我父亲的意见，就与其一同去看我父亲。父亲听了钱伟长的想法后满口赞成，对钱穆说："我们国家首先要站起来；站不起来受人欺，就因科学落后。青年人有志向学科学，我们应该支持。"钱穆就不再反对了。家庭这一关通过了，还有学校这一关，由于钱伟长物理才考十八分，物理系主任吴有训坚决不答应；而历史系主任陈寅恪又在到处打听这个历史考满分的学生为何不来报到。陈氏处由钱穆去商量，吴氏据说是由我父亲去谈通了，父亲对吴氏说："一个青年有选择志向的权力，他愿意为国家、民族学科学；尽管有困难，但他愿意学，坚持要学，他就能克服困难。他清楚自己的条件，比别人学得晚，是很吃亏的。但他有坚定的志向，我们对年轻人的志向只能引导，不能堵。"加上钱伟长也是一天到晚找吴有训，一个星期之后，吴氏同意让他试读一年，一年后数理化成绩能达到七十分，方可转为正式生。果然一年后钱伟长达到了这个要求，而且从此走上理工研究之途。因此他在发言中说："我与顾先生的关系是很深的，今天我之所以能从事科学工作，顾先生是帮了很大忙的。"

当年父亲和洪业热爱学术、提携青年的胸怀，在对待罗香林（元一）的客家研究上也得以充分展现。罗氏受北大征集、研究歌谣的影响，1926年曾搜罗客家歌谣，编录五百多篇，并考订其背景、价值、分类、诗人等；次年定稿为《粤东之风》。这是第一部有关客家文化的著述与辑录。1929年父亲与其同游妙峰山香会，得以相识，对其客家文化研究甚为关注。以华南民族种类复杂，各有其不同习性及特殊的语言文化，在学术研究上已成为非常重要的问题，若不积极收集与彼有关的史料，以及从事实地调查，就不足以引起国内外学者的注意。父亲曾在《厦门大学国学研究院周刊缘起》中提出："学问应以实物为对象，……要掘地看古人的生活，要旅行看现代一般人的生活。"又在《中山大学语言历史学研究所周刊发刊词》中重申："我们要实地搜罗材料，到民众中寻方言，到古文化的遗址去发掘，到各种的人间社会去采风问俗，建设许多的新学问！"因此，当1930年罗氏由清华大学毕业入清华研究院后，父亲就积极支持其进行客家调查，并请洪业相助，将此纳入燕大的研究课题，解决调查所需经费。是年9月27日父亲致罗氏信中说："昨晤洪煨莲先生，弟以尊拟调查计划交览，彼读后极赞成。惟谓搜集材料一项内可添金石文字（如墓志等）一种。""至经费出处，彼云可先在国学研究所学术会议中提出。"1931年夏罗氏因其父病逝乃请假归，而归家后又生病；然不久调查经费由哈佛批准，9月28日父亲遂"发香林电"（日记语），电报大意据罗氏《南行日记》可知："电余转学燕研，谓待遇可较清研为优，且以经费充足之故，将来机会正无限量。"1932年1月罗氏北返，20日访父亲，罗氏《南行日记》写道："此次北上以来，未尝去电报告顾师，意余或已改变计划，故于余来深为讶！现闻余仍欲照前电进行一事，则又大喜！乃即作书，使见洪煨莲先生，讨论转学燕研及筹款调查华南民族事。"洪氏声明，此次"用费当由燕大国学研究所调查费项下及余奖学金应得津贴内支给"，费用定以半年为期。此处所记父亲闻知罗氏计划未变"则又大喜"四字，反映出父亲对罗氏欲建设新学问的兴奋之情！在此还需谈及罗氏在清华研究院的导师陈寅恪的支持：为取得调查经费，罗氏需兼肄业燕大研究院，陈氏极表同意，嘱其前为守丧及养病而请准之假期，留用于华南之行，不必销假，调查返回再撰硕士论文即可。2月罗氏南行，数月中调查收获甚多，他写信向父亲汇报，并询问下半年调查经费。6月29日父亲致罗氏信中言："居今治学，端赖实际寻求，兄对于民族向感兴趣，此次得亲莅粤东诸地，从事于客家人种风俗之研究，他年之伟大工作得于此次旅行中打好基础，无任欣幸。"父亲又告罗氏，因美国经济恐慌，燕大经费吃紧，导致下半年的调查无法进行，然领研究生奖学金固无问题，建议他回燕大研究院选课读书，同时"从事于调查报告之撰述"。虽然罗氏是年秋应中山大学聘并兼广东通志馆纂修，离开北平，但客家学研究这门学问经其毕生奋力开拓，至今已成为国际"显学"。我以前对此毫不知情，是从马楚坚《罗香林教授之客家学的形成》一文以及香港大学图书馆提供之《乙堂函牍》所存父亲致罗氏书信等资料中才有所了解。当年父亲及洪氏、陈氏对罗氏的爱才奖掖之心，在该项学问发轫之时，产生了积极的推动作用，1930年代北平学术界的风气由此可见一斑。

2 _ 辛未访古与"九一八"事变

父亲来到燕大后用功过度，成了怔忡病，一构思，一动笔，心旌摇摇，好像要跳出腔子似的。他的工作因此不能继续下去，是多么的痛苦！于是他向学校当局请求，许其与同事作一次旅行，考察国民革命后各地古物古迹的现况，得到学校允可。1931年4月3日，父亲与容庚、郑德坤、林悦明组成燕大考古旅行团出发，洪业、吴文藻藉4月上旬学校放春假之机亦同行。所到之处有河北之定县、石家庄、正定、邯郸、魏县、大名，河南之安阳、洛阳、陕州、开封、巩县，陕西之潼关、西安，山东之济宁、曲阜、泰安、济南、龙山、临淄、益都、青岛等。此行父亲最晚归，历时两月，5月29日抵北平。

其中去魏县、大名，则为专访崔述故里，父亲说："两三月来，我们讨论崔东壁遗著，兴致正浓，故趁着这一次邯郸旅行道过之便，要往大名调查崔东壁先生故里，并希望能得点新材料。"他们由邯郸乘汽车前往，但汽车老而无力，道路坏而未修，时须下车步行。车行雇两个工人，时时推车前进。后由大名去魏县时又换一汽车，四轮之外带皆破裂，两个司机取麻绳捆之，以护其内胎。车行半小时必停一次，修理绳索，重新打气，为此又要耗半小时。父亲等人"久待不耐，辄前行三四里以俟车"（《辛未访古日记》）。这样，四十多里路竟费时两小时。由此可知当时旅行的艰辛。

父亲一路考察，所见先民之遗产，"或建筑之伟，或雕刻之细，或日用器皿之制造，或文字图画之记录"，莫不使其惊心动魄，但"何意此二三十年中竟受急剧之破坏，及我之身将沦胥以铺"。父亲说：1924年初，"予始至洛阳白马寺，一院中以汉砖为墙，及兹再至则无睹矣。主军政者方假破除迷信之名以行其聚敛掊克之术，而一二千年之古刹古物不为黄巢、李闯及辽金胡元所摧毁者乃悉销散于民国。以河域埋藏之多珍，汉人得鼎且以易年号，今则一发得即远渡重洋为豪门之赏玩，而本国专家乃未见未闻。予常喟然告人曰，'我宁毕世不见新出土之古物，以待太平之世我曾孙、玄孙之发掘，不愿其今日显现而明日渐灭也！'"（《辛未访古日记》）

这次旅行，所见古迹古物残毁的情状，固然大可伤心，但真正使父亲最伤心的倒不是这些，而是国计民生的愁惨暗淡的实况。旅行中因怕遇到土匪，所以离铁路稍远的地方就不曾去，他们所到的地方算不得荒僻。每一个地方只逗留两三天，匆匆地一看，也算不得调查。但给予父亲心头的痛苦几年后还不曾解除，可见对其刺激之强烈。他作《旅行后的悲哀》述道：

> 当我们上了平汉车之后，满目荒芜。几个名城，城垣虽然伟大，但土地干枯，人家稀少，一进城仿佛进了沙漠。到石家庄，便听得某地某地有制造白面的工厂和运输白面的办法。到彰德，就闻得很浓厚的鸦片烟味。到开封，就看见许多贩卖"特

货"的店铺，又听得中央与地方征收三重的特货税的制度。到巩县，知道这一县只有一条市街，这条街上共有二百家铺户，而鸦片烟馆就占了四十家。还到了几处小县城，县党部所贴标语尽多"严禁鸦片毒物"的话，但党部的间壁就可以开烟馆。白面这个名词，我固然听得了几年，却从未见过，这次在陇海路中，亲眼看见一个穿中山装的人，不断地抽卷烟，每抽一支，就用薄纸包了些白色的药粉，用吐沫粘在卷烟的头上，燃之而吸，大约每过十五分钟总要卷一回药粉，猜想起来必是那个东西了。陇海路上，很少见到时髦人，穿中山装的，非学校教员即党国公务人员，再有什么话说！到了西安，看看更不像样了，面上有血色的没有几个人。每个人力车上有一个篷帐，连车夫一齐遮荫，较别处的车夫舒服了些，似乎更可有劲；然而他们一步一顿，一面走，一面就眼泪鼻涕滴个不休。我是性急人，真觉得坐车不如自己走的爽快了。在归途的汽车上，听得乘客谈话，说凤翔一带没人不抽，小孩子在母胎中已有了先天的瘾，一出母胎，非喷烟不得活。到三岁，能自己把了筷子吃饭时，也就能托了烟枪自己呼烟了！我们到西安去的汽车，本来只有十四个人的位置，公司中为了牟利，常常挤至二十人，加上行李，就把乘客塞得同死尸在棺材内一般的紧，喘不出气来；然而每过一个城镇，一道关隘，必令客人下车查验，铺盖箱子打开不算，还要一件一件地嗅。本来行李理得好好的，捆得紧紧的，经不起关吏的忠心服务，查一次乱一次，再也捆不紧。然而查完上车的时候，人还是这些，车上的地位还是这一点，行李的容量却加大了，这叫人怎么办？因此，汽车路虽不很长，但乘客好像受了一次毒刑，丧了半条性命。我起初不懂得关吏为什么如此认真，后来才知道，关内的烟价太便宜了，一运出关就可发大财，这种严厉的搜索乃是禁止老百姓与官厅争利的一种必要的手段。

梅毒的发达也是极显著的一件事。我虽没有到医院调查，但看医院门口的牌子和药房门口的广告，我敢断说必占全体疾病的三分之二。"德国六〇六"，我早已在上海报纸的广告里认识了，至于"法国九一四"，还是这次内地旅行所给与我的知识。娼妓之多，自不用说。我们住的客店，常常就是她们的香巢。所以有些人进了客店，就不再开客房。

兵和匪的情形也值得一说，洛阳的龙门，虽离城不过二十余里，然而我们要去，许多人都说"不保险"，不得已向官署请兵而后往。一路所见的行人，差不多都带着枪支。那边的一个乡村，就是一座城，这是先前所已有的。但每一座城外开一道壕沟，甚而至于壕沟之外还绕着铁丝网，又甚而至于郊外的一所庙宇就是一座城，这是十年前我旅行河南时所没有见过的。从此可知这十年中土匪问题是怎样的严重了。在大名的一个村子里，我们住了一夜，因此探得那边红枪会的组织，知道他们自己办了一个兵工厂，有五十人工作，两天能出枪五支；因为防备周密，所以土匪不敢来侵袭。我们没有出门的时候，从报纸上得到些知识，仿佛红枪会就是土匪似的，至此才知道它确是民众的自卫的武力。兵呢，我们沿途看见得很多。有几处的客栈全给军队占据；或因店主人的请求，只留出一间供客宿。我们住在里边，出入都受盘问，然而店内没有厕所，又不得不常常出入，因此时时受到站岗兵的斥诘。有一天，我们为了赶车，起身较早，既起身则必有声音，于是军官就传令禁止吵闹，而我们也只得自认是犯人了。我们曾进邯郸的城，碰见的人，兵士占十分之七八，不但庙宇住了兵，人家和商店也全住了兵了。城楼上有一古迹，名唤丛台，我们前往参观，军官来取名片，我们一一把有街头的名片很恭敬地送上去，哪知他忽然板起脸来，向我们中的一位瞪目一看，说道"吓！你是社会学系！站住！"我们知道他误解了，连忙辩道，"社会学系不即是社会主义，和共产党是没有关系的"，他才放过了他。因此想起此数年中，旅客有带《马氏文通》和《马寅初演讲集》而被军警认为马克思的信徒，就投在牢狱里的，我们的受些虚惊又算得了什么！然而回转来一想，就可怕了。我们有所属的学校，有随身带着的护照，穿着的衣服又是绅士味儿，他们多少带些尊敬，所以虽有虚惊而无实祸；至于一班老百姓呢，他们更有什么保障？

现在要说一下老百姓了。他们许多人还度着穴居的生活。自虎牢以西，土质甚粘，山又无石，所以容易开洞。洞有贵贱之别。贵者用砖砌壁，好像城门一样；有深至二三丈的。贱者则凿了就算，只求容身而已。洞中左面一炕，右面一灶，一家所需，尽在于是。有一次，我们走到一个村子里，适值某家结婚，就进门参观，新娘子是小脚，布衣，面上不涂一点脂粉。我想，一个女子在结婚时，自然应当用尽其打扮的能力，这是她自己和她的亲人所共有的要求。这家人家也有几个窑洞，不算一个贫户，然而脂粉还上不了新娘子的脸，其平常的生活又将怎样的俭啬？我们为了休息，进过多少乡村人家，我用了历史的眼光来观察，知道炕是辽金传来的风俗，棉布衣服的原料是五代时传进中国的棉花，可称为最新的东西。其他如切菜刀、油锅之用铁，门联之用纸，都是西历纪元前后的东西，可以说是次新的。至于十一世纪以后的用具，就找不出来了。然而他们所受的压迫和病痛却是二十世纪的，官吏和军队要怎样就怎样，鸦片、白面、梅毒又这等流行，他们除了死路之外再有什么路走！

再有一件事情也是我所不能忘记的。我们在江南用当十铜元，在江北用当二十铜元，这已是十余年来的事了。这次一到河南境界，就用当五十及当百铜元，一到陕西就用当百及当二百铜元，洋价仍只五千左右。因为没有小铜元，所以物价就随着提高。我在敷水镇停车的时候，喝了一碗豆腐花（北平称为豆腐脑），问其价目乃是四百文，我听了一惊，想道，"若在我的家乡吃四百文的豆腐花，真要胀死了"。但在那边，只有当百铜元四枚，或者当二百铜元二枚而已。因为军阀想赚钱，所以各地别的工厂不开，造币厂却很多，他们收了小铜元，改铸大铜元。

父亲说自己是一个"生于深宫之中，长于妇人之手"的人，又久居都市，已度现代化生活，对于现实的民间本来是孤陋寡闻的。他幼年虽读了些圣贤书，颇有范仲淹"以天下为己任"的大志，但到年纪稍长之后，深知世界情形的复杂和一己知识的短浅，觉得自己这一生只配研究学问，而毫无"用世"之心。因此，就是对于政治社会诸方面感到不满意，但总以为自有贤者能者担当责任，不必以自己不适合的才能投入其中，弄得于世无益，于己有害。所以十余年来，虽然国事"如沸如羹"，而他始终专注于自己的研究工作。对于"亡国"，因为帝国主义的侵略已经成了国民的常识，父亲自然早已有此种恐惧了；然而对于"灭种"，生活在城市的父亲以前还没有这感觉，但在这次亲历华北农村之后就清楚地看出来了。他带了一颗沉重的心回到北平，当晚住在中央饭店，就眠时已近十二时，楼上的舞会仍很热闹，音乐声与脚步声一阵阵地传来。这灯红酒绿、纸醉金迷的都市生活与农村破产的状况一经对比，使得父亲心中酸痛极了，向来不会滴泪的人也滴泪了，这一夜竟翻来覆去地睡不着。次日走到东安市场，又觉得自己不配享受这锦簇花团的奢侈生活。回到学校里，看着大家无忧无虑的容颜，不禁对朋友说："你们不要高兴了，中国人快要灭种了！"人家听了，只觉得他言之过重；即使相信了他的话，也只有作同情的一叹。父亲说："从此以后，鸦片、白面、梅毒、大铜元、农村破产，永远占据了我的心。本来我的精神是集中在学问上的，但从此以后，我总觉得在研究学问之外应当做些事了。"（《旅行后的悲哀》）

就是这一年的秋天，"九一八"事变发生，东北三省沦陷。别人都悲愤填膺，父亲反心中暗喜，他念"若药弗瞑眩，厥疾弗瘳"之言，认为这一服瞑眩的药，实在是我们中华民族起死回生的好机会。他说："我以为如果没有这件事，我们的国家是亡定了，我们的民族是灭定了，再也翻不起来了。现在固然已到肺病第三期，但留得一口气，毕竟还有起死回生的一点希望。日本人性急了，没有等我们绝气就来抢我们的产业，激起我们的自觉心和奋斗力，使得我们这一点希望能够化成事实，这是一个极好的机会，我们应该捉住。如能捉住这个机会，帝国主义便真可打倒，中华民族便可恢复健康了。"（《自传》）他以为，"我们现在最要紧的职务，是捉住这机会，来唤起民众"（致徐炳昶信，1933年7月18日）。

次年1月，父亲乘寒假之机赴杭探亲，不料抵杭之日即发生"一二八"淞沪抗战，交通阻隔，以此滞留杭州四个月。父亲在3月11日致郑德坤信中叙述当地民众支持抗战的情景道："杭州无线电机置备甚多。每有消息报告，则写贴门前。我常一天往看数次，每一处必有若干人围聚而观：有提了买菜篮者，有拖了洋车者，有抱了小孩者，皆聚精会神以读之。前天讹传白川大将阵亡，杭州城里放了半天的爆竹以庆贺之，比新年热闹得多。市政府说要送粽子与前线兵士，捐的粽子即数万只；说要送炒米，捐的炒米又数万袋。我有一天到虎跑寺，寺僧慷慨陈说必战之义，现在和尚们已组织救护队到前线了。至不济事的道士，也在我们巷口关帝庙内打醮，祈祷和平。我看见这种情形，真觉得我们的民众可用。一地如此，他地亦必如此，我不信中国是终于失败的。"又指出："此后救国工作，第一要有计划。千万不可以喊口号、贴标语为满足。例如我们学校里：国文系可以编民众读物，史学系可以编中国民族史，外国文系可作国外宣传，教育系可深入民间去，……一时可任感情，持久必须理智。我希望我们同学，一方面还是研究学问，预备对付更艰巨的环境。"因郑氏当时正研究地理沿革史，父亲便希望他能从中"证明东三省隶中国的版图，已有二千余年的历史"，来揭露日本学者"说东三省本非中国的领土，以惑国际视听"的险恶用心。

3 __ 通俗读物编刊社

　　"九一八"之后，燕大成立了中国教职员抗日会，父亲及洪业、容庚等人均加入其中，该会经费是由会员的薪水中按月扣付百分之五，即每人均在十元上下。学生中亦组织了抗日会，自由捐款。1933年春长城之战，丢了热河，河北成了前线，燕大师生感觉到时局危急，都积极行动起来，进行了万顶钢盔运动、万斤咸菜运动、军衣的捐助、救护队的出发等一系列工作。抗日会中洪业任宣传组长，父亲任宣传干事，他们开会商量宣传的办法，父亲说："我们的文字是民众所不能了解的，他们有他们的辞藻、语句、趣味。我们的宣传如面对知识分子，他们天天看报，自会知道一切，用不着我们费力。如果面对民众，便该顺着他们的口味，不能闭门造车。"父亲这样说，是出于在北大时编《歌谣》周刊以及为"五卅"惨案做传单的经验，燕大师生便同意了他的意见。当时大鼓书在北方乡村里最流行，因为乐器简单，只要一人弹弦子，一人打鼓兼唱，有了两人搭档，便可走遍农村，而且句子长短不拘，最接近说话，尤其适于宣传之用。于是他们决定出大鼓书词，以教职员、学生两抗日会名义共同发起此事。父亲先在报上登一征鼓词广告，列了许多题目，两个月内即收到四十多篇。经父亲与洪业、马鉴（季明）、郭绍虞、高君珊、吴世昌（子臧）、郑德坤等共同审阅，定出名次："第一名是作《杜泉死守杜家峪》的赵君，他写的是义勇军的真实故事；第二名是《翠红姑娘殉难记》，写的是沈阳被陷后的惨状；第三名以下有新剧本《淞沪战》，有牌子曲《哭朝鲜》，有弹词体《义勇军女将姚瑞芳》，……都给了奖赏。"（《编印通俗读物的经过》）他们作抗日会启事公布评选结果，并继续征求稿件；同时陆续将入选稿件修改付印，又取"楚虽三户，亡秦必楚"之意，将发行机构命名为"三户书社"。6月5日，唱本第一册《杜泉死守杜家峪》出版。不久又推出《宋哲元大战喜峰口》《胡阿毛开车入黄浦》《义勇军女将姚瑞芳》《二十九军男儿汉》等十多种。起初因为推销无把握，"所以每种只印五千册。哪知分散到小书铺里，再由小书铺分散到各书摊上，有几种很快的销完了。小书铺贪图赚钱，凡是销得快的他们都自行翻印了，……其中《大战喜峰口》在半年之内他们就添印了七万册"（同上）。

当时前门外打磨厂是小书的总汇处，各县各乡的摊贩来北平批发书的都到那里去，其中有几家已是百余年的老店了。父亲考虑出版的唱本"除分送之外，必须觅一推销之场所，曾累次到打磨厂各唱本铺接洽，结果，以他们各有自出之书，不欢迎代销；间有肯代销者，亦感于条件太苛（如一元须售二百五十册之数），无法进行。然我辈希望推广，必不可无一销售之机关，以此即在打磨厂二百二十二号觅得市房一所，委托耿长来君创办唱本书肆，命名金利书庄"。（致郑振铎信，1933年9月15日）父亲曾告朱自清"金利"之意有四点："第一，不用说是财旺；第二，金属西，中国在日本西，是说中国利；第三，用《易经》'二人同心，其利断金'的话；第四，用《左传》'磨厉以须'的话，都指对付日本说。"（《朱自清文集》第二册《诗多义举例》）暑假中筹办二月，该书铺大致就绪，开办费二百二十多元，七八两月经常费八十多元，均由父亲填付。唱本的售价十分低廉，父亲说："我们照成本，每二百册一元，大小一律。所以不加价者，因为民众的购买力太差，批发的人又不能不赚钱，价一高则将销不出也。"（致徐炳昶信，1933年7月18日）尽管书铺在门面上张挂得引人注目，以求摊贩的光顾，"然而他们只管向几家老铺子去，不向我们这边来。可见我们要做这件事业，必得费长期的力量去挣扎，在一二年之内是没法蹉跎满意的。"（致天津《大公报》书，1934年7月25日）因为营业不佳，金利书庄于次年初关闭。

其实，金利书庄的失败，固然是因为在市场上竞争不过那些老手，但更主要的原因则在于时局的变化。自1933年5月底《塘沽协定》签订后，抗日气氛有所缓和，下半年以来，"当局者已讳言抗日，甚至禁止抗日。我们出版的东西，放在地摊上，常受警察的干涉而不得售卖"。（同上）而且燕大同事的抗日情绪渐渐衰落，薪金停止扣用。按说经费来源断绝，三户书社便该收歇，何况父亲本来教书、研究、办事、交际也尽够忙了，但他说："这件事情觉得是义之所在，必须勉强腾出一些时间去做。"（致徐炳昶信，1933年7月18日）"我的性情，不做则已，一做则越来越有劲，所以燕大抗日会的事业就成为我私人的事业，我竭力挺了下去，除了自己贴钱之外，再在外面募捐。"（《自传》）当时校中教职员抗日会主席是郑振铎，是年9月15日父亲致其信说：

弟欲藉兄之力，请求于抗日会，给这一点事业以永久的维持。固然空气早已缓和，存款亦不充裕，未能有大希冀，但抗日工作是否将即此而止？窃谓我辈今日正如鱼游釜中，未尝无片刻之安逸，然而炊烟突起之时，即为我辈毕命之日。塘沽协定之签字，岂遂为天下太平之征象？故我辈今日，如承认天下已太平则已，苟其未也，则我辈抗日之使命正长，责任正重。即使本校扣薪事已不可行，而他处设法，使经费充裕，实为本会同人所不可逃之义务。愿兄于开会之时，提出议案，共同讨论。

　　同时父亲又致函教育部长王世杰（雪艇），请求津贴三户书社，他以为"唤起民众乃立国根本大计，无如我国教育不能普及，文盲遍地，怠惰自安，任人宰割"，而该社所编唱本，通过传唱"俾得深入民间，即不识字者亦能感觉当前之危机与自身之责任"（1933年9月14日）。不久得复书，知王氏对于唱本之事极表赞同，唯须改社名。父亲一方面体谅政府处境的困难，一方面又觉得应做的民众教育不应限于抗日，所以就在10月中，将三户书社改为通俗读物编刊社（以下简称通俗读物社），脱离了燕京大学抗日会而独立，所出版的东西也超出于抗日的范围了。在10月15日上教育部呈文中，父亲说明该社"目标除提倡民族精神外，尤注意于国民道德之培养及现代常识之灌输，盖救国大业固非但恃血气之勇若义和团者所可胜任"；父亲并请求教育部社会教育司予以辅助，"令各省教育厅转饬各县教育局局长切实推销，备款向本社批发，委托各乡村小学及民众教育馆代为售卖"。不久得教育部批准照办，并按月补助该社经费一百元。父亲原设想"只须半年内有十分之一地方可以响应我辈一隅之功，即不难渐推而及全国"（致燕大中国教职员抗日会书，1933年9月15日），可是以后各厅各局来社批发的不到十处。以中国之大，省教厅与县教局近两千处，而仅得如此的结果，不由使父亲感到"真可痛哭"，他叹道："难道掌管教育的人都觉得民众教育是不需要的吗？"

不过社会上也有知音，1934年春，天津《大公报》在一个多月之内连续三次介绍了通俗读物社的工作，并建议其扩大规模。父亲对此"真是说不尽的感激，并为中国的民众教育前途欣幸"。7月25日父亲在致谢信里说道："我们真是碰够了钉子。但是决不灰心，我们深知要作事就免不了困难，愈大的事困难愈多，是一定的道理。""这数十年来，大家都急近功，不但要求及身的成功，而且要求弹指楼台的实现。但天下没有便宜事，容易成功也就容易失败，表面的成功也就是根本上的失败。我们做这件事业，应当'不问收获，但问耕耘'地做去。我们这辈人看得见成功固快意，就是看不见成功也无妨，好在只要国家不亡，民族不灭，将来总有人享受其成的。"

日本人"知道我们的一切，屡次到华北行辕主任何应钦及北平市长袁良处交涉，要求他们取缔，他们听话，北平市上我们出版的东西就看不见了。……但农村里边政府的力量还达不到，我们仍在海淀一带卖。真正农村人民对于文字宣传还不够接受，我们……就请廊房头条画灯片的工人画了许多抗日性的画片，五彩套印，销路就大了。"农村里每逢过年要贴年画，"所以我们出多少就销多少"（《自传》）。

1935年初，通俗读物社与天津聚文山房签订合作契约，将读物印刷推销之事委托彼处办理。此时，作为社长的父亲手下已聚集了几位精兵强将，其中有容庚、王守真（日蔚）、吴世昌、郑侃嬑、杨缤〔刚〕等，以后赵纪彬亦加盟。这时父亲缘于自我经历，又想做些小学生方面的工作，他说："回忆自己所受的教育，以十一二岁时的为最深入。我最受感动的是《新民丛报》所载的《十五小豪杰》，这篇写的是一群顽皮的小孩弄断了船缆，飘到海中孤岛，从此自谋生活的故事。我所以至今敢于特立独行，实受此书之赐。因此，我要扩大这勇气到一班小朋友的心里。"（致罗家伦信，1934年2月26日）为此他欲编写通俗故事丛书，请社中同人撰写民族英雄的故事，如《勾践报吴》《子产治郑》《张季直》等，陆续刊于《大公报·史地周刊》，颇得一般读者好评。尤其郑侃嬠的文笔清健流畅，描写人物栩栩如生，父亲又请其代作《黄宗羲》《顾炎武》《王夫之》，由自己修改后寄《中学生》刊出。父亲还打算先由个别人物写起，将来再整理加工，改写为中国通史的通俗读本。

对于父亲办通俗读物的工作，当时有不少师友不能理解，以为他是"上等人"，为何要做这种"下等事"？以为他不该这样"刺激日本人"；甚而以为该社中人都是共产党。于是陈立夫以社中有共产党员为由欲将其封门，父亲便于1936年1月带了出版物到南京去，找朱家骅想办法。其时朱氏任交通部部长，他翻了这些小书后，称赞父亲的工作，并表示支持；但他又说，因父亲不是国民党员，党内不能信任，遂问父亲能否入党？父亲为维护通俗读物社起见，就答应了。于是他加入了国民党，不过未曾办入党手续，也未曾向北平市党部有所接洽，只是以后接到朱家骅所寄入党证书，成了特别党员。朱氏帮父亲平定了风波，不久又在中央党部里弄到两万元，汇寄北平，作为该社工作经费。8月，社址由燕大迁至城内观音堂，父亲请徐炳昶（旭生）任副社长，王守真任总编辑并主持日常工作，李一非任总务主任，正式办公、写作、绘画。随后，父亲又在社中相继创办《民众周报》《大众知识》两种刊物。就在这一年，宋哲元做了冀察政务委员会委员长，秦德纯做了北平市长，他们都是二十九军的人，早已知道父亲这项工作，且久表同情，所以就由李锡九、刘治洲诸耆老出面介绍，由政务会聘父亲为顾问，月送车马费一千元，另外津贴此社工作费每月一千元，这一月两千元全归社中收用。此时，通俗读物社有了稳定的经费，社务远比在燕大时候发展得多了。此后一年内社中增至四十人，每星期编出小册子八本，报纸副刊六七种，图画数张。发行网也组织起来，遍及华北各省，主要的人员是各村镇的小学教师，因为他们接近民众。

那时国民党中，陈果夫、陈立夫兄弟攻击朱家骅最甚，由于朱氏扶植通俗读物社，陈立夫就唆使北平市党部向中央党部告父亲为共产党，他们也没有得到什么证据，只是说："顾颉刚倘使不是共产党，为什么要接近民众？"父亲听后哈哈大笑道："国民党天天念孙总理的遗嘱：'必须唤起民众'，现在竟把民众送给共产党了！"朱家骅嘱父亲前去辩解，1937年1月，父亲便带了出版物到南京，请中央有关部门审查，要他们将有嫌疑者指出来，他们也挑不出毛病，此事就不了了之。可是中央党部怀疑父亲为"左倾"，此后就不再为其发放通俗读物社工作经费。父亲在南京时又趁机为社中募款，罗家伦捐了五百元；孙科提出中山文化教育馆每月补助五百元，然而这钱只寄了两个月就停止了。

这一年通俗读社成立"大鼓书训练班"，请了一位盲艺人翟少屏来，训练了九位大鼓书演唱者；除此之外，每作成一篇新词，先读给翟君听，请他修改得顺口而动听。当时为傅作义（宜生）收复百灵庙，该社作了一册《百灵庙》以颂扬其部队战绩，排练完毕父亲便请傅作义来听演唱，傅氏听后就邀训练班去绥远表演；因为翟君唱得太动人了，听众为之流泪，士气鼓舞，因而绥远人士对于通俗读社有很好的印象。《百灵庙》半年之内印了五版，每版两万册，均售毕。可见凡是内容为民众所喜悦的或关心的小书，销量都特别大。

父亲说："在这一年里，我们的社真成了北平城的民众中心，识字的警察、邮差、洋车夫都常常来问，有什么新出版的，一有就买去读。所以日本人对我们更愤恨了，多次到宋哲元和秦德纯处抗议。他们答道：'我们只能管中小学；这些事是大学教授干的，我们管不着！'但是他们的抗议在上海竟生了效。我们出的《民众周报》交开明书店印行，定户就有两万，英界的捕房竟受理了日本人的申诉，把该报全部没收了。"

不久"七七"事变发生，傅作义邀通俗读物社迁绥远工作。该社所作《芦沟桥》之唱本，自7月15日出版，至22日迁绥远之时，已在北平销出五千册。由此可见该社工作效率之高、成绩之大。

4 ⸺ 禹贡学会

　　当大学毕业后父亲开始辨古史时，对于《尚书》中的《尧典》《禹贡》两篇特别注意，因为这两篇一记制度，一记地理，可谓古史料里的重心。1931年下半年，父亲欲研究上古史中的"王制考"，便作《〈尧典〉著作时代考》；当新学年开学时，就在燕大、北大两校开了"《尚书》研究"课，首先讲《尧典》。父亲所编讲义中认为《尧典》的十二州是缘于汉武帝时的制度，燕大研究院学生谭其骧（季龙）对此有不同意见，父亲得知后，即鼓励他将意见写成文字，二人展开了讨论。谭氏说：当时父亲已是一位著名教授，自己却是一个二十岁刚出头的毛头小伙，而父亲在讨论书信中"措辞是那么谦虚诚恳，绝不以权威自居，完全把我当作一个平等的讨论对手看待"，对谭氏的意见"同意时就直率承认自己原来的看法错了，不同意时就详尽地陈述自己的论据，指出我的错误。"父亲又将往返讨论书信编入讲义，印发给全班同学，并加按语说："现在经过这样的辩论之后，不但汉武帝的十三州弄清楚了，就是王莽的十二州也弄清楚了，连带把虞舜的十二州也弄清楚了。对于这些时期中的分州制度，两千年来的学者再也没有像我们这样清楚了。"除了这一收获，这场讨论还有一个重要成果，即如谭氏所说："通过这场讨论，使我这个青年对历史地理发生了浓厚的兴趣，又提高了我做研究工作的能力。"以后谭氏成为历史地理学的专家。（谭其骧《关于汉武帝的十三州问题讨论书后》，见《学行录》）

由于感到对于古代地理知识的迫切需要，一年后，父亲又在两校改开了"中国古代地理沿革史"课，讲《禹贡》。他认为："九州与十二州，四岳与五岳，都是中国地理史上的极重大又极繁复的问题，这些问题又是互相关联的。"因而选两校同学有关札记、论文编入讲义，同时自己亦作论文，并说自己的文字"所以能在讲义里发表，完全由于北大同学王树民、杨向奎（拱辰）二君，燕大同学谭其骧、翁独健二君和我讨论这问题，使我不得不发表这些意见之故"，他感谢同学们对自己的激励。

两校中听父亲"中国古代地理沿革史"课的学生有数十人，他们的笔记、论文中颇有佳作，而无机会出版，不能互相交流，父亲常为此而感到可惜，因为他始终认为，研究学问的兴趣应当在公开讨论中养成。不久谭氏从燕大研究院毕业，任职于北平图书馆，并在辅仁大学任"中国地理沿革史"课，其学生中也有些成绩。1934年2月，父亲便与谭其骧商议，联合燕大、北大、辅仁三校学生，出一个刊物，大家把看见的材料，研究的问题陆续刊出，借收观摩之益，并欢迎社会投稿。谭氏亦赞同此事，于是他们决定出版《禹贡》半月刊，随即组织禹贡学会，会址设于成府父亲寓所。《禹贡》是中国地理沿革史的第一篇文字，可以最简单而清楚地表现他们工作的意义，因此就用来称呼他们的学会和刊物。所需经费大部分是

1937 年 3 月，禹贡学会全体职员合影（前排左三起：吴志顺、张维华、冯家昇、顾颉刚、陈增敏、史念海、赵贞信；后排左二起：栾植新、冯世五、童书业、韩儒林、李秀洁、顾廷龙）

由父亲和谭其骧每月分别承担，另外小部分由会员所交会费维持。因经费所限，半月刊始终不支稿费。

3 月 1 日，《禹贡》半月刊第一期出版，父亲与谭其骧合作《发刊词》，文中谈到历史与地理的密切关系："倘使不把地理沿革史痛下一番功夫"，研究历史的人"真是开口便错"；当时"一般学历史的人，往往不知《禹贡》九州、汉十三部为何物，唐十道、宋十五路又是什么。这真是我们现代中国人的极端的耻辱！在这种现象之下，我们还配讲什么文化史、宗教史；又配讲什么经济史、社会史；更配讲什么唯心史观、唯物史观！"文中又指出，这数十年中由于受帝国主义的压迫，民族意识非常高涨，但"民族与地理是

《禹贡》半月刊（右第 1 至 4 卷与谭其骧合编，左 5 至 7 卷与冯家昇合编）

不可分割的两件事，我们的地理学既不发达，民族史的研究又怎样可以取得根据呢？""试看我们的东邻蓄意侵略我们，造了'本部'一名来称呼我们的十八省，暗示我们边陲之地不是原有的；我们这群傻子居然承受了他们的麻醉，任何地理教科书上都这样地叫起来了。这不是我们的耻辱？"此文讲述学会的工作计划，分为整理地理沿革史、绘制地理沿革图、编历史地名辞典等多项；并说明他们的工作态度："只希望聚集若干肯作苦工的人，穷年累月去钻研，用平凡的力量、合作的精神，来造成伟大的事业"，"在这个团体中的个人是平等的，我们的团体和其它的团体也是平等的"。

燕大学生侯仁之在数十年后为《历史地理》创刊号撰文回忆当年的情景时说：

四十六年前当《禹贡》半月刊创刊的时候，我正在大学二年级学习，……一次在上课的时候颉刚老师告诉我们说，《禹贡》半月刊的出版给我们提供了一个练习写作的园地。他还亲自为我们每一个人拟定了写作的题目。我分到的题目是：《汉书地理志中所释之职方山川泽薮》。当时我们每个人都很兴奋，跃跃欲试。但是我自己的旧学根柢很差，……好在这一写作的要求，乃是以辑录为主，最便初学，因此我还是努力按期交卷了，至于是否能够发表，却没有什么信心。出乎意料的是这样一篇习作，很快就在《禹贡》半月刊上登载出来。尤其使我惊异的是这篇文章的绪论和结语，都经过了颉刚老师的修改、补充和润饰，竟使我难于辨认是我自己的写作了。这件事大大激励了我，我决心去钻研古籍，就是从这时开始的。(《回忆与希望》，见《学行录》)

父亲之所以能为学生花费这样大的力量，是因为他"不求个人的成名，只望团体工作的确立"。他鼓励青年不必顾虑自己幼稚或草率而不敢发表文字，指出："在学术上，本没有'十成之见'，个人也必没有及身的成功。学术的见解与成就，就全体言是一条长途，……就个人言也是一条长途，……你要进步，就得向前走，所谓'走'，是心中有问题、眼中有材料，从问题去寻材料，更从材料去增加问题，逼得你'欲罢不能'，一定要这样才有真正的研究可言。"并且要"随处留心别人的意见，同时敢把自己的意见对人发表，更容纳别人的讨论"(《禹贡》第二期《编后》)。父亲认为"那时的大学生学问根基相当好。经我一鼓励，进步快极了，本来只能写一两千字短文的渐渐张伸展到一两万字了"(《自传》)。于是半月刊的分量逐期增加，起初此刊每期只有两万字，到后来一期竟超出十万字。

父亲这样鼓励学生作文章，也是另有苦衷，正如 1935 年 3 月 18 日他在致谭其骧的信中所言：

> "一个人要研究学问，最好是不顾生计问题。但最苦的一件事，就是做了现代的中国人，无论你学问怎样好，无论你将来的学问可有多大的成就，而依然不能不顾生计问题，依然不能不受生计的压迫。要把这责任推给父兄罢，父兄自己正是救贫不暇。要把这责任推给国家罢，国家也正是救亡不暇，哪里管得着这种'远水不救近火'的文化。要把这责任推给社会罢，没有人了解我们的学问的价值，得不到有势力者的提倡。我们做得辛辛苦苦，而一般人只觉得不需要，看我们的工作是赘瘤的工作。在这种情形之下，我们对于学问是不肯放松的，对于生计又是逃避不了的，将怎么样？没有法子，只得像'卖膏药'似的，自己起来唤起人们的注意，来供给自己的生计。"

> "一般人对人作刻薄的批评，常云这人好利，那人好名，以为降低身份的举动，我就不以为然。我觉得评人优劣，应视这人的目的如何；如果这人的目的确在事业上，或在学问上，则好利好名正是达到这目的的手段，不当加以菲薄。正如卖膏药的，非自己夸奖他的药，药就卖不掉；药卖不掉，则生计将濒于绝境而作饿莩。所谓身份，原是太平时生活优裕的人的骄态，而不是今日贫穷已极的国家所可存在。"

> "我自问学问固不足，爱才则有余。我只想使各种人才都能发展他的个性，使文化事业得急速的开展。只是身非在位，手中又无钱，不能使后辈中的人才获得适如其分的发展；我只能使一

班人才有'卖膏药'的机会，有表襮自己于社会的可能，可以激起社会国家的注意，将来得有安定的生活，以作正当的发展而已。所以傅孟真先生常说我，只要学生做文章。唉，假使我生在承平之世，一班青年不以生计为问题，我真将遏止他们做文章之不暇。我哪里要他们出风头，我只是要他们挨过这一段最困苦艰难的道路而已！"

1934 年 8 月，父亲的继母病逝，他南归奔丧，至 11 月底返北平；次年初他又为其继母安葬之事南归三个月。请假期间，父亲在燕大、北大的校课及《禹贡》半月刊的编辑均由谭其骧负责。并且当时商务印书馆邀父亲撰"中国地理沿革史"一书，父亲亦请谭氏合作。那时，对于谭其骧这样一位才华横溢的青年，父亲极为赞赏，又知道他生计不宽裕，甚愿为之设法。父亲在 3 月 18 日信中对谭氏说："我和你交游五年，深知道你对于沿革地理的兴趣，资质的聪明、学问的笃实又足以副之；我知道你将来必可有成就。""季龙，我爱重你的学问，我惆怅你的生计。你的家庭并不富厚，不得不赤手空拳打出自己的地位。你的学问又这般窄隘，要改教授也十分困难。你虽在北平图书馆服务，但你每一次到我家来，总是怨这职业不适你的胃口。要摆脱这职业罢，又只辅仁两小时，去掉暑假，一年只有四百元的入款，未必够用。然则如何而可呢？为此，我想起办《禹贡》半月刊，要把这刊物作为你的卖药的'仿单'。""至于两校功课，请你代任，固为事势所逼，但倘使我不为你的生计打算，我何难改开他种功课而请他人代理之。现在你教了一年，我可以为你在北大设法，改为实任了。又'中国地理沿革史'，我所以不谢绝书局而又要你编者，也为你暑假中两个月的食用打算。讲师的薪水仅十月，北平图书馆又辞职了，你如果没有积蓄，这两个月岂不是落空了呢！"当谭氏在北大代课后，父亲曾在致北大文学院长胡适的信中极力为其揄扬道："他在燕大研究院毕业生中，应列第一。今年我所以敢办《禹贡》半月刊，就为有了他，否则我一个人是吃不住的。"（1934年9月25日）

父亲真心想帮助谭其骧，可是谭氏当时只有二十四五岁，肩头一下子挑起这么多担子，忙得"没有办法"，未必能承受得住。况且在做学问、办刊物等方面谭氏与父亲的方针亦不相同。正如父亲在致谭氏的信中所说：

> 我深知我和你性情学问有很不同之点。龚定庵诗云"但开风气不为师"，拿适之先生的话来说，开风气者是敢作大胆的假设的，而为师者是能作小心的考证的。这两种精神固然最好合于一人，但各人的才性不同，不得不有所偏畸。我是偏于开风气，你是偏于为师，这是没法强同的事情；但正因有此不同，故得彼此救蔽。这半月刊由我们二人办，以你的郑重合上我的勇往，以相反而相成，事就做得好。这正和我编《古史辨》一定要拉上钱宾四先生是一样的。《古史辨》中并列反对论调，读者每以为怪，而不知这正是求调和的苦衷；所谓"君子和而不同"，就是这个意思。（1935年3月18日）

> 说到创办刊物，你和我的胸怀太不相同了。我办这刊物，固要使你成名，但世界上埋没了的人才何限，可以造就的青年又何限，我们纵不能博施济众，但必应就力之所及，提拔几个，才无负于天之生才。例如钟凤年先生，年逾五十，以十余年之精力费于《战国策》上，然而世上有什么人知道他？因为世人不知，

而他的文字又不足以表达学问，以致困顿不堪，不能给衣食。此等人我不帮他一下，再有什么人帮他？又如孙海波君，其学力为世所希见，而其文字颇有疵类，不为他改竟不能登。难道我为了爱惜自己的时间而使他失去了发展的机会吗？又如马培棠君，有学问，有见解，又会写文章，这种人是很能脱颖而出的，但因他寡交游，没有人为他揄扬，就埋没在一个中学校里。现在我们常登他的文章，竟使注意他的人愈来愈多，我到南到北都听见提起他的姓名了，又有人托我介绍和他通信了。这样地使许多有志有为的人都得到他的适当的名誉和地位，岂不是人生一乐？所以我们若为自己成名计，自可专做文章，不办刊物；若知天地生才之不易，与国家社会之不爱重人才，而欲弥补这个缺憾，我们便不得不办刊物。我们不能单为自己打算，而要为某一项学术的全部打算。（1935年3月28日）

我说《食货》篇幅多，《禹贡》不应少，为的是有了比较。你说东西好坏在质不在量，不必计较这个。你的话固然很对，但你的经验实在不够。试问懂得质的美恶的，世上能有几个？大多数人是只懂得量的多少而已。你将说，办这专门刊物何须取悦于大多数人！学问之道何必妥洽于一班庸众！话说得自然对，但试问《禹贡》半月刊的基础建设在那里？如果定户与零售减少，我们能不能存在？……去年我奔丧时，曾请你收一部分软性的作品，例如地方风俗之类。这种事很易，只要出一题目，叫学生每人写一篇，就可挑出十余篇应用。但你似乎没有照办。单靠沿革史，固有永久价值，但必不能得群众点头。……说到分量的凑足，并非坏事，亦并非难事。要胡乱发议论，增多篇幅，固然不对。但以中国历史之长、地域之广，多的是材料。我们于议论文重其质，

而材料文重其量，这就没有缺稿之虑了。"（1935 年 3 月 18 日）

父亲治学善于大胆假设，敢于发表自己的观点，他以为谭其骧已经开了地理沿革史课，有了讲义，又写过一些专题论文，编写"地理沿革史"应该不成问题；而谭氏则善于小心求证，非有十分证据不写文章，于是"地理沿革史"编不下去了。父亲在学术上的野心很大，又极其爱才，他可以不"单为自己打算，而要为某一项学术的全部打算"，可以牺牲自己的时间和精力去帮助人家修改稿件；但谭氏刚从学校毕业不久，要忙于自己的成家立业，不可能有父亲那般胸襟和做法，并且他既不同意收软性作品，又拉不来合意的稿件，于是半月刊便因缺稿而延误出版时间了。父亲为此而批评了他，他也向父亲诉说了自己的苦恼。父亲本想以谭氏的"郑重"合上自己的"勇往"，"以相反而相成"，就能将半月刊编得好，不料其才性不宜于任编辑，父亲说："我也不怪你"，"只希望届时你能做几篇精心结撰的文章，登在《禹贡》里，以无负我们当时倡办的意思。"（致谭其骧信，1935 年 3 月 18 日）1935 年春间，《禹贡》半月刊的编辑则由顾廷龙和钱穆相助，使之按时出版；那年夏，谭其骧由燕大历史学系教授邓之诚（文如）介绍，赴广州应学海书院之聘。以后便由燕大同学冯家昇（伯平）协助父亲编辑《禹贡》半月刊。

1934 年夏，父亲与燕大同人冰心夫妇及郑振铎、陈其田、雷洁琼、容庚等旅行绥远。父亲听到当地人讲起王同春开发河套的故事，十分敬佩，以后多次在《禹贡》半月刊作文为之宣传，以使国人重视边疆的开发；父亲又与蒙古地方自治政务委员会诸人接触多次，知道他们背后有日本人撑腰，察哈尔、绥远两省旦夕有继东北而沦亡的危险。父亲为此而焦虑，欲唤起国人共同密切注视边疆问题，于是就在《禹贡》半月刊里讨论起边疆问题来，也讨论起民族演进史和文化史来。自1936年夏，一年之中半月刊接连出了西北、回教与回族、东北、南洋、康藏、察绥等专号。绥远因为交通便利，父亲组织了一个调查团前往，出版了一期"后套水利调查专号"，做翔实的报告。

父亲那时的心愿，是要"使中国的上层阶级"因《禹贡》半月刊"而认识中国"，又要"使中国下层阶级因通俗读物而知道自己是中国人"，但同情支持他工作的多为青年，"青年只能使力气而无钱，故我所办者在稿件上决不感缺乏，而经费则大为周章"（致叶圣陶信，1935年8月15日）。

当时，前教育总长张国淦（石公）是地方志专家，他搜集了一两千部地方志，又天天到北平图书馆去搜集材料，作成一部数百卷

1934年7月，燕大旅行团与傅作义在绥远平地泉车站合影（左二起：雷洁琼、郑振铎、顾颉刚、傅作义、陈其田、吴文藻、文国鼐、谢冰心）

的《中国地方志考》。他看了《禹贡》半月刊之后，引为同调，一方面允将自己书稿中的志书目录及其略论交半月刊逐期登载，同时又于1935年9月初把自己从前所办培德学校的基地捐给禹贡学会，地址在西皇城根小红罗厂。从此学会就有了正式的办公场所，但开办之际所费甚多，父亲不得不向各处求援。首先他给胡适写信，介绍了自己组织禹贡学会的动机和工作的进展以及面临的困难：

　　……禹贡学会，要集合许多同志研究中国民族演进史和地理沿革史，为民族主义打好一个基础，为中国通史立起一个骨干。起先只就北大、燕大几个同事和学生集稿，但办了一年多，居然各处响应，得到许多投稿，而且承张石公先生（国淦）捐了一所房屋，作学会办事之用，眼见此会颇有发展的可能。我们一方面出期刊，一方面画地图。现在画的是地图底本；将来底本完全印出，就继续画各时代的沿革图。我们现在研究各时代的沿革地理的都有人，所以很可能把"二十四史"等书分读而把地理材料写上底本，作绘图时的参考。从前杨惺吾先生画历代舆图，只以一二人之力为之，那时工具又不便利适用；我们现在用一个团体来做，而且有期刊作讨论的机关，工具之精复远出其上，将来的成绩必然可以超过他。

　　……禹贡学会的工作依然是"为学问而学问"，但致用之期并不很远。我们只尊重事实，但其结果自会发生民族的自信心。而且郡国利病、边疆要害，能因刊物的鼓吹而成为一般人的常识，也当然影响到政治设施。

　　这个目的，我从不轻对人言，就是在刊物上也绝少提到。所以然者，我不愿激起敌人们的注意，和汉奸们的无聊的干涉。

现在所以告给先生，为的是要请求先生助我一臂。……

禹贡学会是我和学生们组织的，当然没有固定的经费。现在每月印刷费在二百元至三百元间，绘图员薪金及印图费每月亦须百余元，张石公先生捐了房屋之后开办费至少二百元，经常费每月至少须五十元，我们这种靠薪水吃饭的人哪有这种财力支持。固然售报所入亦足贴补，但近年农村破产，寄到外埠的报，除了南京上海几家殷实书铺以外，总像石沉大海似的，寄出了就赠与了。说是不寄吧，那么远地的同志们又如何可以联络。因为这样，我们非常发愁。做事本和打仗一样，应当有进无退，但逢到了那样的时势，好像碰到石壁似的，如何寻得前进的道路。在这种情形之下，我不得不请求学术机关的帮助。我希望不大，只望每月有二百元的津贴。其他三百元我和我的朋友学生自有募集的办法。不知先生此次到南京，能和子民在君诸先生商量，在中央研究院请求补助否？如中央研究院不成，有无别种方法可想？

（1935 年 9 月 4 日）

但从以后的情况来看，胡适未能有所帮助。随后父亲请求教育部津贴，然所得仅一次性津贴三百元。那时他又向傅斯年求援，傅氏允为学会募捐，父亲在感激之中，又写信曰：

承盛情，允为本会募捐，至所感荷。……

弟所以创办禹贡学会，发行《禹贡》半月刊，即是你们编"东北史纲"的扩大，希望兴起读者们收复故土的观念，为民族主义的鼓吹打一坚实的基础。所不幸者，什么事经我手一办，范围就渐渐放大，以致缩不拢来。当《禹贡》半月刊初出时，不过二十余面而已，今则已放大至八九十面，而稿犹压置不少。办公本在我家里，今则张石公先生慨捐房屋，便须另有办公费。刊物经费本由会员凑集，我的北大薪资也全捐在里面。现在范围扩大，便不够用。加以雇工绘地图，每月需费百元，连同印费便须二百元。我一个人的力量，无论如何担负不了。本年燕大休假，本可多读些书，或写几篇长文，只为受经济的压迫，不得不把身子典给北平研究院了！

我的脾气如此，实是我的不幸。但在事业上，总算推动了。我们这学会，研究各时代的地理沿革的都有人了。将来画出地理沿革图来，决不会像日本人的乱抄杨守敬图，而可对于杨图作订正的工作了。在民族史方面，研究满蒙回藏的也都有人，固然起始不会有很好的成绩，但只要这个会能够维持下去，也必有相当的收获。这两件事情做得好，我们这辈念书人总算对于我们的国家民族有了相当的贡献，不必以"缓急无所济"自愧了。

可是，我们有了这一个赤心，如何可以贡献于国家？这就有劳兄等的扶助。换句话说，弟教书多年，已训练好许多可以从事学问的青年，我创设这个机关就是要使这班青年对于工作有兴趣，有自信心，而且大家有一共同的目标，如果这个机关可以永生，那么这班青年就可尽量发挥他们的热力，不冤枉设立大学造就人才之至意；但弟所能做到的一步，只是鼓励他们向前，如果没有后方的接济，这勇气是终于消释了的。我不敢说，政府应安插这班青年，使其安心工作，因为这个问题太大了，我知道在现在的情形之下是谈不到的。但我敢说，政府或私人应当维持这个机关，使得这班青年有点安慰，虽在痛苦之中而仍可不消释前进的勇气。劳之经验，一个大学毕业生，如果四五年中不做学问的工作，他的一生就不能再做这工作了。研究院的用处，就在大学毕业后能再与他一个读书的机会，使得他终身走向这条路。而弟之敢办这个性质专门的半月刊，也就因为有燕大研究院生作后盾；这半月刊的进展，也就是研究院生的学力的进展。燕大如此，别的大学的研究生当然也如此；只因无人提倡，逐渐就消沉而已。兄之地位，正在提倡者之列，"登高而呼，所及者远"，弟之有挈望于兄者在此。其他地位与兄相同者，弟亦有同样的责望。

禹贡学会费用清单，另纸开出附寄。兄观此，可知弟此一年中负有四千元的债务在肩上。弟自作自受，本不敢乞怜。但这种事情本来是国家应当做的，只因国家一时想不到做，遂使我辈穷书生起而自任，如再不加以援助，实足使有志之士灰心耳。……

骝先先生，孟馀先生，各有知遇，我甚希望他们能捐些钱。又铁路，轮船，汽车的广告，我很希望能分一点给我们，使得我们一部分的印刷费可以靠在广告费上。这半月刊开办时，曾经约定，所有广告必须直接间接与地理有关系的，因此得不着多少广告费。如能由交通部铁道部给予长期广告，那么我们的肩头就轻得多了。

如果华北逼得放弃，我们当然离平，但禹贡学会与通俗读物两事我决不放松。半月刊可在他处出版。北平的会所可以交给张石公先生管理，好在就在他住屋的东边。只要中华民国不亡，我们总有复来北平的机会。（1935 年 10 月 23 日）

此信末段父亲所以有此言，是因当时日本人策划冀东二十二县独立，时局甚紧张，有传言日本人欲捕父亲。傅斯年到南京后，为学会募得朱家骅五百元，辛树帜五十元；不久又承徐中舒捐赠二十元。为此父亲作《本会纪事》曰："本会除将该款充作印刷费，对于傅朱辛徐四先生表示极度之感谢外，并将捐款提出一部分，购买地理图书，贮存本会，并刊刻戳记一方，文曰'□□□先生捐（或募）款纪念，禹贡学会宝藏'，盖于各书卷首，俾读是书者永不忘此日之嘉惠。"由此可见，父亲对于援助者是多么感激。可是这些捐款对于学会工作只可应急，不能有长久的支持。

当 1935 年底，父亲又遇一捉襟见肘之事：《禹贡》半月刊自第三卷以来，收支足以相抵，且略有余存，适逢索购前两卷合订本者甚多，而其中第一卷未打纸版，业已售罄，父亲便决定将前两卷再版合订，第一卷即须重排，另外又将新编者增加篇幅，他以为"质与量同时增进，必可使销路更畅"，然"不料华北问题愈闹愈紧，使北平学人失其向学之心，不但中国人如此，即日本人亦如此，（去年在日本人方面可销二百份，今则数十份耳。）遂致资本无法周转，而印刷费之积欠乃在一千元以上。市面既萧条，印刷所之本身亦感无法维持，既有欠款，自必勒逼，弟遂又处重围之下。若在北平借钱，固未始不能得若干，但弟所识，十九皆教育界人，现在学校朝不保夕，自然彼此要以蓄积之钱作迁徙之用，或预备解散后之日用，在此时向人启口，实属不识时务"（致王伯祥信，1935 年 12 月 18 日）。

1936 年初，父亲为通俗读物事到南京找朱家骅时，遂向其提出禹贡学会经费之事。朱氏说："你们学术团体的刊物，照例只有到教育部请求补助，但这种团体太多了，教育部平均分配，所得一定不多。好在你们讲的是边疆，而中英庚款董事会正要办边疆教育，你们回去备一个正式信来请求补助，我在董事会开会的时候，替你们提出讨论。"朱家骅为该会董事长，父亲按他的话做了，居然于这年 6 月，由管理中英庚款董事会通过在一年度之内补助禹贡学会一万五千元的决定，父亲不禁"为之狂喜"（日记，1936 年 6 月 23 日）。

此前一月，禹贡学会刚刚举行成立大会，选举第一届职员，其中理事七人：父亲、钱穆、冯家昇、谭其骧、唐兰（立庵）、王庸（以中）、徐炳昶，候补理事三人：刘节（子植）、黄文弼（仲良）、张星烺，监事五人：于省吾（思泊）、容庚、洪业、张国淦、李书华（润章），候补监事二人：顾廷龙、朱士嘉。适逢得到这笔款项，学会的工作便能正式开展，请了专业研究员冯家昇、张维华（西山）、白寿彝、赵泉澄、韩儒林（鸿庵）、史念海（筱苏）等，发表的文章自然有更充实的内容。当时又由吴丰培（玉年）、顾廷龙主编《边疆丛书》，到"七七"事变时已出版《西域遗闻》《哈密志》等六七种，另有多种已排竣，因战事起而未及印出。学会还出版游记丛书五种。至于地图底本，其甲种图（二百万分之一）五十六种至 1937 年 6 月已全部绘竣，后因抗战而未及全部出版；乙种图（五百万分之一）出版六种；丙种图（一千万分之一）出版一种。当半月刊出版三周年之际，父亲所编校的"三周年纪念号"出版，内容有四十万字，他为该期所作《纪念辞》中说道："我们这个团体虽到今只有短短的历史，然而各方面的人才已渐渐合拢来了：起先只是数十个大学师生在图书馆里钻研旧籍，现在呢，好许多专家带了他们的实际调查到我们这里来了。""最使我们高兴的，在这一年之内出了若干种专号，使得材料和问题得着极好的排列和阐发。"这班"同声相应，同气相求"的人们，"不但为本刊开辟了许多新园地，并给予我国学术史上一种新生命"。

5 _ "晚成堂"主人

在通俗读物社和禹贡学会工作之外,父亲还忙于多项工作。那时他曾在燕大的宿舍里挂上一方"晚成堂"的匾额,他说这里有两个意义:

第一,许多人看学问的事太简单,总以为什么问题只要一讨论就可得着结果的,所以一见我面,总要问道:"你讨论古史几时可以终了?《古史辨》准备出几册?"我答以古史问题是讨论不完的;《古史辨》希望在我死后还继续出下去。至于我自己,离开成功还远得很,总要做到晚年才可有些确实的贡献。所以,现在只是提出问题而不是解决问题。说到这里,我就指着匾额给他们看,说道:"倘使我活七十岁,就以七十岁为成;活八十岁就以八十岁为成。若是八十岁以后还不死,还能工作,那么,七十、八十的东西又不成了。所以成与不成并无界线,只把我最后的改本算作定本就是了。"第二,当时我做了民众教育,古史研究当然放松,但我年纪刚过四十,望望后面还长得很,心想只要把日本军阀压了下去，我仍可规规矩矩做我本行的工作，只是把我的论文迟几年发表就是了，所以也把"晚成"二字作我的希望。(《自传》)

父亲在校中所任功课，除上面讲到的"《尚书》研究""中国古代地理沿革史"，又在1933年春，因燕大同事邓之诚患病，父亲代其"秦汉史"课，编成汉代史讲义一册。此讲义"以演义体行之，为将来编通俗中国通史之准备"（日记，1933年2月17日），后来先后以《汉代学术史略》及《秦汉的方士与儒生》为题多次出版。另外，自是年秋，父亲任燕大、北大"春秋战国史"课，以后又改为"春秋史"，直至"七七"事变之时。

当年燕大历史系学生王钟翰回忆1936年听父亲"春秋史""战国史"课的情景说：

> 顾先生讲课的方式很特别，当时大学课程一般没有讲义发给学生，全靠学生笔录老师的口述。顾先生的两门课都有讲义发给学生，用的是白话文，很通俗。但顾先生本人的讲述却完全是另一套。所谓讲述，其实并不多讲，几乎完全是抄黑板，……从打上课铃开始，从黑板右头写到左头，行书写得很快，约莫写过三四遍，下课铃响，课也就结束了。按理说，这种方式授课对学生是非常繁累而枯燥的，但我们大家却丝毫没有这种感觉，反而聚精会神，惟恐下课铃响。其原因何在？原来顾先生在课堂上所书写的内容，全是他自己平日读书心得的笔记，对古史的疑问和考辨。许多问题都是我们平日置信不疑，或视为当然的事，现在突然被顾先生提了出来，大家先是惊愕，继之是兴趣盎然，思之

再三，终是佩服。我感到顾先生的课，就像是将领率领士兵们去攻占一座城垒，众人初临其境，似乎平夷无险，只要经顾先生一指点，大家顿觉疑阵密布，机关重重，于是勇者进而弱者退，智者得而愚者失矣！（《忆顾颉刚先生》，见《学行录》）

他在担任《燕京学报》编辑委员会主任期间，除了主编此刊，还将学生的专著设法作为《燕京学报》专号出版。《燕京学报》如今已被学术界列为四大国学刊物之一，它对中国学术文化的研究和传播产生了重要影响。此刊当年由父亲与容庚轮流主编，二人的编辑风格不同，这在父亲致容氏信中有所反映，如1934年8月31日信中说："《学报》，这两年中给弟放大范围，几乎收不住。得兄收住，甚以为幸。"是年10月7日信中说："兄每谓弟为'好人'，不知天下事未有不爱士而能成功的，必须待人推心置腹，然后始可得人真实的报答。弟所作所为，以兄绳之，固然可议之处太多，但兄须知道，一班撰稿者对于《燕京学报》的归心，即是燕京大学地位崇高的表现，吃亏是看得见的，而良果是收不尽的。兄行有常轨，亦是一个做法，弟不敢菲薄。弟之舒卷随心，因机应变，兄亦不必过于斥责也。"此处所言容氏"行有常轨"，是指其多依据《学报》经费来安排稿件出版；而言自己"舒卷随心，因机应变"，是指其经常超出经费额度来出版佳作，造成本期费用不够而须移至下期付清。父亲爱才如命，对学生尽力扶掖，鼓励其研究不断深入，当论文篇幅超过四万字时，便将其作为专号，在《学报》之外另行出版，其中有李晋华（庸莘）的《明代纂修考》、黎光明（劲修）的《嘉靖御倭江浙主客军考》、冯家昇的《辽史源流考及辽史初校》、陈懋恒（稚常）的《明代倭寇考略》等。

据《学报简章》规定：登载之稿，或酬稿费，或取版税（即赠单行本或书券，书券可取燕大研究所出版的他种书），由撰稿者自行决定。父亲对于经济窘迫的作者尽量付给稿费，而自己的文章则不取稿费。当年北大学生杨向奎深受父亲提携，他说："顾先生是指导我走入研究历史之门的第一位老师"（见《杨向奎学述》）。当时父亲撰写《三皇考》，请杨氏将《道藏》中相关资料辑入，后作为《燕京学报》专号之八出版。杨氏晚年曾告诉我，此书出版他没有拿到稿费，但相信这笔费用一定是父亲用于学术事业了。此事从父亲1934年9月1日致容氏信里得到印证，信中说："弟与杨向奎君合作之《三皇考》，拟亦取版税，而将版税之全部都归杨君。乞兄询彼，要否取研究所出版之书作抵，因他研究文字学，说不定要读大著也。"由此可知，《三皇考》不取稿费，全部版税归杨氏，其当时正热心于古文字学，或许要读容氏的古文字著作，因此父亲建议用此等书来抵版税。该信中又说："弟亦拟请兄不取稿费，一来是我的'周急不继富'的宗旨，二来少付稿费就可多付印费，于《学报》及校印所俱有利也。"父亲不仅自己不取稿费，还劝容氏的文章也不取稿费，他们对于《学报》工作的无私奉献以及推进学术事业的苦心，实在令人敬佩不已！

由于研究《尚书》，父亲便有编辑"尚书学"的志愿，他先着手编《尚书文字合编》《尚书通检》《尚书学讨论集》数种，向哈佛燕京学社请款美金两千元。其中，《尚书文字合编》是他与起潜公合作的。起潜公是父亲的族叔，然年纪却小父亲十一岁，两家关系密切，1931年起潜公考入燕大研究院，即住在父亲处。起潜公的外叔祖王同愈（胜之）追随晚清政治家、著名金石考古学家吴大澂（愙斋）多年，传吴氏之学，起潜公亦受此熏陶，故而父亲请其撰

《吴愙斋先生年谱》在《燕京学报》发表。经数年搜罗资料，《吴愙斋先生年谱》完稿，1935 年由父亲作序并作为《燕京学报》专号之十出版，此书被今日学界称为起潜公著作中"最重要的一种"（见沈津《顾廷龙年谱》，上海古籍出版社，2004 年）。起潜公研究院毕业后在燕大图书馆任职，工作余暇进行《尚书文字合编》之辑集，其所揣摹者至"七七"事变时已交北平文楷斋刻字铺刻成了十分之八，当时未及印出。父亲和起潜公始终念念不忘此事，五十余年之后终于由起潜公主持重新整理，在中外学术界多方支持下完成了这一工作，内容较原编增多一倍以上，将现存《尚书》历代出现的今文、古文、隶古定、楷书等几种字体全部囊括无遗，1996 年由上海古籍出版社出版，起潜公极为欣慰："可向颉刚先生报命了。"另外，父亲主编的《尚书通检》，已于 1936 年出版；《尚书学讨论集》已抄数百篇，当时也印出一部分。

那时，父亲有一位很得力的助手童书业（丕绳）。童氏原在浙江省图书馆附设之校印所任校对员，他读过几年古书，虽连中学也未正式上过，但旧学根柢很好，1934 年春，他将自己所作《虞书疏证》文稿寄给父亲，父亲方得知其人，适逢夏间去杭州奔丧，两人始得相见，并多次往来讨论学问，父亲爱其才学，乃邀其到北平作自己的研究助理，编辑"尚书学"等。1935 年 6 月下旬，童书业抵北平，父亲亲自到车站迎接，请他住在自己家里，并按月从自己薪水中付其几十元工资，因为童氏没有中学毕业文凭，不便在燕大里正式安排。在抗战前短短两年中，童氏助父亲编辑《尚书通检》《禹贡半月刊》"古代地理专号"，助父亲撰写《春秋史讲义》，为父亲欲写的论文准备材料，又为父亲《三皇考》等论著作序或跋，还与父亲合写有关虞夏史论文多篇。其女儿认为这两年是童氏学术的黄金时期，其积蓄已久的学识得以喷薄而发（见童教英《从炼狱中升华——我的父亲童书业》，华东师大出版社，2001年）。

父亲又从事《古史辨》的编辑出版，1930、1931两年间连续推出了第二、三两册，其中第二册是继承第一册的研究，父亲认为"这一本编得不好，因为没有一个中心问题展开论争，……内容就显得分散而平淡"，而"第三册编得较好，有一贯的精神。这一册是专门研究《易经》和《诗经》的"（《我是怎样编写〈古史辨〉的？》）。1933年，又出版了罗根泽（雨亭）所编著的第四册，父亲为此册作序曰："数年以来，我常想把《古史辨》的编辑公开，由各方面的专家辑录天文、历法、地理、民族、社会史、考古学……诸论文为专集。就是破坏伪史方面，也不是我一个人的力量所能完成的；逐部的经书和子书，都得有人专治并注意到历来的讨论。能够这样，我便可不做'古史辨'的中心人物，而只做'古史辨'的分工中的一员。"罗氏从事诸子学的研究，一年前，他把编辑的《诸子丛考》给父亲看，因而触动了父亲的宿愿，"就请求他编列为《古史辨》的第四册"。1935年1月，父亲所编《古史辨》第五册出版，这一册讨论的是汉代经学的今古文问题以及阴阳五行问题。由于《古史辨》的出版，使朴社赖以生存。当父亲尚在广东任职时，主持社务的冯友兰已难以为继，社中致函父亲，谓如其不归，此社即将关门；待父亲于1929年抵北平时，社中仅存六十元矣。1935年，父亲致信在开明书店任职的王伯祥，信里说："弟一力苦撑，至于今日，固然营业仍不佳，与十八年弟回平时经济情形相差无几，但总算藉弟之力支持七年了。若问何以不关门，则以出《古史辨》故。岂特《古史辨》之赢利为其吃光，即弟之版税亦为填尽。社中经理不善营业，销路固不畅，然每年弟之版税总该有五六百元，而每年弟仅能取百余元，以此为人所痛惜，以为此书若交商务开明者，弟或作富家翁矣。"（1935年12月18日）《古史辨》第六册是罗根泽继续其第四册编的，这一册刚排好，便逢"七七"事变发生，朴社遂停止营业，父亲将书籍和纸版交上海开明书店（把朴社并入开明书店），由他们继续出版发行，1938年9月《古史辨》第六册问世。

《古史辨》第七册是1937年春父亲委托童书业编著的，文章刚刚集齐，"七七"事变就发生了。抗战中童氏排除万难，在上海又将报刊上关于古史讨论的文章尽量地搜集，与吕思勉（诚之）合作，终将此册编毕，1941年6月由开明书店出版。父亲晚年在《我是怎样编写〈古史辨〉的？》一文中，称赞"这一册的文章讨论得最细，内容也最充实，是十余年来对古史传说批判的一个大结集。"1940年初父亲曾为该册作序，但未能写毕，后来我在整理其遗著时发现此序稿，读了甚受感动。父亲写道："我万想不到，在这空前的战事时期，这一册《古史辨》竟以童丕绳先生（书业）奋斗的力量，在上海出版。……丕绳在锋镝之中挟稿而出，经过无数的困难，几以身殉，方才达到上海。像这样的兵荒马乱，人们的方寸尽乱，哪有心思做学问的工作。而丕绳竟在如此艰苦的环境下编印出八十万言的一部大书，这真不能不佩服他的'守死善道'的精神！"童氏这种拼死守护学术的精神，永远值得人们敬仰，他无愧为"古史辨派后期中坚"（见童教英《从炼狱中升华——我的父亲童书业》）！

父亲是燕大引得校印所的董事，他所编辑之《燕京学报》及其专号、《禹贡》半月刊、《古史辨》等均在校印所印刷，他在1934年7月2日的日记中写道：到校印所开董事会，该所"此一年中，共做一万四千元之营业，而予所经手者至七千余元，此予之所以忙也"。

《古史辨》第一至七册

　　那时，《东方杂志》邀父亲作文，"谓一般人投稿，每千字酬二元，若我则可得五元，予遂以之周济穷学生。是时李晋华，黎光明，杨向奎等皆贫，乃令作文，署我名以投稿"（日记，1979年）。

　　1935年3月底，父亲在苏州得北平研究院代理院长李书华电，知被该院史学研究会聘为历史组主任，月薪四百元。父亲随即致函李氏，询问经费情况，并曰："刚为个人研究计，燕京之环境已极好。惟为提拔人才，奖掖后进，倡导文化计，则燕京殊无发展之可能。"（1935年3月29日）"在燕大办事，……不但我等无权，即诸西籍教员亦同样无权，每印一书，必向美国请示，得其答复须越半年，幸而批准实行，又须俟下届预算之订入。又以窘于经费，致最有希望之青年，研究院毕业后无法留校任助教等职，以继续其学问工作。刚为此辈优秀青年计，不得不别觅出路。""刚所擅长者为编辑出版之事，胸中颇有几个编辑出版计划，且亦有人才与物材可用，如能容我发展，当可对于学术界作一切实之贡献。"（1935 年 4 月 7 日）不久，李氏到苏州，与父亲商定北平研究院事；照说父亲在燕大，本来不应当兼此职，然而按校中规章，教书足五年者得休息一年，任其来去，父亲已够年限，故可应聘。5 月返北平后，父亲便着手组建北平研究院历史组，7 月 1 日开始到北平研究院办公。他聘吴丰培、张江裁（次溪）、吴世昌、刘厚滋（惠荪）等任编辑，常惠、许道龄（寿堂）、刘师仪（淑度）、石兆原（慰萱）等任助理，孙海波、徐文珊（贡珍）、冯家昇、白寿彝、王守真、邝平章、杨向奎、顾廷龙、王振铎（天木）、童书业、杨效曾（中一）、王育伊等任名誉编辑，洪业、许地山、张星烺、陶希圣、闻宥（在宥）、孟森（心史）、吴燕绍（寄荃）、钱穆、吕思勉、聂崇歧（筱珊）任史学研究会会员。北平研究院历史组的主要工作分配为：派吴世昌、张江裁带队普查北平古迹，以大小庙宇为重点，编辑《北平庙宇通检》等书；派刘厚滋任金石编纂工作；派吴丰培负责边疆史地研究，并为本组选购边疆图书。9 月，父亲为便于去北平研究院办公，迁入城内枣林大院一号居住，原成府寓所请起潜公一家住入，代为照看。

父亲在北平研究院计划大量出版书刊，由他主编了《史学集刊》，编印了张江裁的《北平岁时志》及《北平史迹丛书》、许道龄的《北平庙宇通检》，而其他书籍则限于经费无法付印。父亲乃于 1936 年去上海与商务印书馆联系，与之订立合同，凡有稿件，经他审核决定，即用北平研究院史学研究会名义出版，由商务印书馆发行。回来后，父亲即要求吴丰培和吴世昌分工，承担组稿、审稿工作。当时发出的书稿，有清梁廷枏的《夷氛纪闻》、王芷章的《清升平署志略》、张任政的《金陵大报恩寺塔志》、郭伯恭的《永乐大典考》及《四库全书纂修考》、吴丰培的《清代西藏史料丛刊》第一集及《清季筹藏奏牍》等，均由商务印书馆在1937、1938年先后出版。据吴丰培《顾颉刚先生的"人生一乐"》所言："仅仅一年时间，投入不多的人力，就出版了十余种，总数有数百万字。此一措施，使北平研究院史学研究会出版物大大增加了，超过中央研究院史语所，而商务印书馆亦多出了有学术价值的书籍。更重要的是，当时中、青年的作品有了发表机会，鼓舞了他们，督促了他们，一举而三方面都有收益。"（见《学行录》）父亲与燕大学生徐文珊共同点校的《史记》（白文本）亦由北平研究院史学研究会于1936年出版。

由于父亲爱才如命，他周围的确有人才荟萃的盛况。父亲说："不少师友以为我有个人野心，想做'学阀'来和别人唱对台戏，于是对我侧目而视，我成了众矢之的。抗战前，北平流行着一句话：'北平城里有三个老板，一个是胡老板胡适，一个是傅老板傅斯年，一个是顾老板顾颉刚。'从形式上看，各拥有一班人马，好像是势均力敌的三派。其实，胡适是北大文学院长，他握有中华教育文化基金董事会（美庚款），当然有力量网罗许多人；傅斯年是中央研究院历史语言研究所所长，他一手抓住美庚款，一手抓住英庚款，可以为所欲为。我呢，只是燕大教授，北平研究院历史组主任，除了自己薪金外没有钱，我这个老板是没有一点经济基础的。"父亲办各种事业除了争取社会有关方面支援、募捐外，就是靠自己的薪金，《古史辨》的版税，甚至不惜借殷氏母亲的私房钱。如他在1935年12月18日致王伯祥信中所言："自秋间来，燕大半薪百六十元，北平研究院全薪四百元，北大讲师薪五十元，数逾六百，去年之债务已不成问题。"此六百元之分配，以北大薪捐《禹贡》，以燕大薪供绘图印图，以北平研究院薪供日用及还债"。本来他在北大兼课，开始也是不支薪的，后来《禹贡》半月刊印费拮据，他才收了北大薪，全部捐与此刊。当 1936 年 8 月，禹贡学会在《自二十三年三月至二十五年八月本会会员及外宾历次捐款总额》中公布：禹贡学会自成立至此，共收捐款四千三百二十四元，其中父亲所捐为八百八十元（《禹贡》第六卷三、四合期）。至"七七"事变半月刊停刊时，父亲共捐款一千五百元。那时北平的著名学者为数不多，各大学争相聘请，因此一个人常兼职数校，而且各支全薪，月薪有一千五百元左右。他们生活盈余，多用于买房，不但自用，而且出租。父亲亦在盛名之下，凡设文学院的大学无一不来聘请，但他均谢绝，为的是自己有这样多的事情要做，已不可能再分身。这样，父亲毫无积蓄，有时竟至遇到渴望已久的书籍也无钱购买。他在日记中写道："我倘使不爱青年，我哪会这样忙、这样穷、这样受气！"

1936 年 5 月，父亲与胡适、钱玄同等发起风谣学会，一方面做歌谣研究会的援军，一方面又可独立开展工作。以后该会在南京《中央日报》副刊上发刊《民风周刊》，次年又在北平《晨报》副刊上发刊《谣俗周刊》。

1936 年 6 月，《崔东壁遗书》由上海亚东图书馆出版，父亲说："我辛苦了十五年的工作不会失掉了，这真是一可喜事。"胡适为此书所作序曰："这部大书出版期所以延搁到今日，……最重要的原因当然是顾先生不肯苟且的治学精神。他要搜罗的最完备，不料材料越搜越多，十几年的耽搁竟使这部书的内容比任何《东壁遗书》

加添了四分之一。……这真是近世学术史上最可喜的一段佳话！"

是年夏，父亲被燕大聘为历史学系主任，他与司徒雷登商议：增聘讲师，增设地理课、古物古迹调查实习课，并请史学界名人讲演。父亲作本年度预算，所需经费比上年度多五千余元，得司徒雷登同意，遂按照计划进行，增聘韩儒林、冯家昇、齐思和（致中）、谭其骧、张国淦等为兼任讲师，又聘研究生侯仁之为助理。新开设之"古迹古物调查实习"课，与容庚、李容芳共同担任，目的在养成学生自动搜集材料之兴趣，俾所学不受书本限制。不久清华大学历史系师生亦加入，利用周六下午参观北平各处古迹，并乘周日之便，到涿州、张家口、宣化参观。"古迹古物调查实习"这门课程可谓别开生面，每次确定调查目标后，侯仁之作为父亲的助教，便根据父亲提供的必要的参考资料，加上自己搜集所得，写成一篇简要说明印发给学生。可是至现场对比实物，常会发现所据资料不尽可靠，或者是调查对象本身已有变化，这使侯氏体会到现场考察的重要，他说："受益于顾师最为重要的一件事，就是他给了我以实地考察的机会。"一次父亲带领大家到张家口调查实习，侯氏依据此次所得写成一篇论文，这是他第一次把一处古代遗址的研究扩大到一个地区，并由此认识到历史遗迹应该受到充分重视的意义。以后侯氏成为北京历史地理学的专家，而当年这段经历令他"迄今最怀念难忘"，他说："半个世纪以前顾师要我们重视古物的用心，到今天还在鼓励着我为首都的文物古迹的保护工作，尽一点自己的力量。"（侯仁之《师承小记》，见《学行录》）

开学以后，父亲以每日往来于北平研究院与燕大之间，两地相距三十里，故买一旧汽车，月费汽油百元，工友费二十元，以北平研究院津贴付之。此时，子虬公来北平居住，其因年老体衰已于春间辞去运署职务；于是父亲多年迎养之志始得实现，他迁家至西皇城根五号。

9月，父亲与冯家昇出席燕大学生自治会举行的绥东问题座谈会，因绥东事态日趋严重，故讲述绥东之地理形势及历来在军事上之重要性；当场又与冯氏发起边疆问题研究会，后二人均被选为该会理事。父亲陆续请人到会演讲边疆问题，先后有：段承泽（绳武）讲绥东问题及移民屯垦，唐柯三讲西藏问题近二三十年情况，薛文波讲回汉问题及其应有之觉悟，敖景文讲一年来百灵庙之见闻，暴步云讲汉蒙合作，徐炳昶讲研究边疆问题应有之态度，王守真讲新疆民族问题，赵振武讲哈萨克人的生活，白宝瑾讲西北四省现况，郑允明讲青海到西藏途中情形，段克兴讲西藏情况，白亮诚讲云南思普之民族风俗，孙绳武讲西北问题，拉丁摩讲新疆旅行情形，王静斋讲新疆之伊斯兰教状况。当时由于白寿彝的介绍，父亲与伊斯兰教人士常相往来，讨论西北问题及沟通回汉的计划。父亲与段承泽相识后，亦多往来，商议西北移垦及民众教育事。段氏在绥远主持屯垦工作，他力赞通俗读物编刊社的工作，希望双方能合作编刊适于西北大众之读物。父亲遂组织西北考察团前往，成员有通俗读物社的王守真、郑侃嬺、杨缤及燕大学生三人，他们此行目的除上述者外，还代表"顾先生在野学者"，"拜见傅作义主席，鼓励及慰劳其为国努力，誓守绥远"（王守真《绥远旅行记》，见《禹贡》第六卷第五期）。1937年春，父亲与段氏等又组织西北移垦促进会，父亲被推为主席理事，段氏被推为总干事。他们与河北移垦促进会、燕京大学联合组织暑期西北考察团，由父亲和段氏分任正副团长，分赴宁夏、归绥（呼和浩特）、包头、五原、临河，考察种族、社会与教育、农垦、水利、医药卫生、畜牧、森林、土壤、矿产、地理、历史各方面的情况。考察团于 7 月 1 日出发，父亲因生病发烧而未能同行，以后由于"七七"事变，该团遂自动解散。在战事爆发前的半年多时间里，父亲为当时的边疆和民族问题撰写了多篇文字。

同时，父亲又当选为燕大中国教职员会理事长。1936 年 10 月初，该会首倡《对时局的宣言》，主张中日交涉应在不辱主权之原则下进行，并绝对公开。宣言由张荫麟起草，父亲修改；起初发起人有五十多位，由徐炳昶和父亲领衔。因日人干涉，北平各报均未登载宣言。于是他们致函学生会要求赞助，学生会便派人至各校推广签名工作，仅一日便有万人赞助。以后因行政院、教育部严电制止此事，他们便将宣言寄往行政院，这时发起人已达百余位。随后燕大师生将宣言寄往全国各地，燕大教职员会又致函诸位发起人，望努力促成"平津国民外交促进会"，以保证宣言收效。中国学生救国联合会亦起而响应，令各会员学校担任推行平民签名运动，市民一日签名者达数千人。由于声势的扩大，外交部复电对宣言所请求者表示全部接受，上海教育、实业两界二百余人亦联名发出对时局宣言。至 11 月初，燕大教职员会将宣言译为英文，分送世界各地。

11 月，父亲与李书华、徐炳昶赴陕西出席陕西考古会（北平研究院与陕西省合办）年会和中国西北植物调查所（北平研究院与西北农林专科学校合办）成立会；并欲晤张学良，劝其抗日，中共地下党派王振乾随行，从中相助此事。王氏只是学生代表，没有参加他们与张学良的会面，他回忆道："在和顾先生的接触中，我听到一些他们的论点。他们听说张学良那时正在学《宋史》，就以讲《宋史》为名，向张灌输'促蒋抗日'的思想。他们劝说张要学民族英雄岳飞，要吸取岳飞抗金失败的教训，争取全面的团结抗战，不要孤军作战和孤注一掷；力量要集中，不要抵消，准备要充分，不要轻举妄动；争取当成功的民族英雄，不要甘做失败的民族英雄。""顾先生等所宣传的论点，很符合张学良将军当时所愿意接受的政治主张。"（《顾颉刚先生的西安之行》，见《学行录》）

父亲的情感太强，非理智所能驾驭，以前他沉浸于学术研究中，还可用冷静的工作来抑制自己炽热的情感；但至此国难当头之时，他受爱国心的驱使而走上书生救国之路，任凭情感的发泄，竭尽全力去呐喊，去行动。不过当时不少师友对他的做法不以为然，批评他终日为他人他事忙，弄得自己不但学问毫无进步，还赔了钱，太不值得。

第 六 章

战 乱 羁 旅

1 _ 西北考察

　　1937年7月7日，卢沟桥战事起。父亲与燕大同事等分别致电中央及宋哲元，勉励其抵抗日寇。18日，父亲得宋氏通知，日人欲逮捕者名单的头两名为张申府（崧年）和自己，便欲离北平。适逢李一非自绥远归，告傅作义邀通俗读物编刊社去绥远工作，父亲即与社中同人商定迁绥计划。然后，父亲分别到燕京大学、北平研究院、禹贡学会结束事务。21日他在日记中写道："予在平所管事，燕大史系主任交熅莲或贝庐思女士，禹贡学会交宾四与张维华、赵肖甫（贞信），歌谣学会交与方纪生等，通俗读物社则移绥办理，只剩一北平研究院，仍可遥领也。至于家属，暂留北平，如予必不能回平，再全家南迁，书籍什物则分存成府、禹贡学会两处。"当日晚，父亲与家人道别后匆匆上路，他不曾料到，这一去竟是八年多不得返北平。次日抵归绥，父亲将通俗读物社事安排后，便于27日南下，返苏州。途经山西时，父亲得知平津皆已沦陷，不禁为之抑郁不已；他又看见牺牲救国同盟所印的鼓词，即通俗读物社所编印者，并听说已在太原的大鼓书场演唱，遂为此而感到欣慰。

是年4月，管理中英庚款董事会总干事杭立武到北平，召集一班对于西北问题有研究的人商谈西北教育的补助事宜，父亲亦在内。当父亲抵苏州不久，就接到杭氏来电，嘱其前往甘肃、青海、宁夏三省考察教育。他前往南京，应该董事会聘，任补助西北教育设计委员，另有陶孟和、戴乐仁（英国人）以及刚从德国留学归来的王文俊三位同时应聘。9月，他们先后到了兰州，陆续考察了当地和西宁的教育；那时由于绥远沦陷，宁夏临近前线，故未去。前面说过，父亲在北平时因注意边疆问题而常与伊斯兰教人士往来，在《禹贡》半月刊出过两期"回教专号"；故而当时凡由边地到北平的伊斯兰教领袖，他几乎全都认识，禹贡学会的名望竟在西北伊斯兰教徒中建立起来。父亲说："我到西北之后，清真寺和伊斯兰学会、新疆同乡会都招待起来，而同去的几位先生，因为向来没有做这个工作，所以他们也就没有延接，这未免使人有相形见绌的感觉。"（《自传》）另外，父亲是做民众教育的，他欲深入农村进行调查，但同行人中除了戴乐仁因为办合作事业而有此兴趣，与父亲同去临洮参观学校之外，其他人都不赞成。父亲说："这也难怪，住惯现代化都市的人，要他睡土炕，坐骡车，吃削面，进最不洁净的茅厕，当然是处处不合的。所以在一两月之内，到了兰州和西宁两个省城，写了一篇设计报告之后，他们就觉得任务已经完成，乘了飞机走了。"（同上）父亲以为要了解西北，必须到外县、到边地去走一趟，加之当时北平既不能回，苏州又于11月23日沦陷，所以他留下来，住在该会的办公地点——兰州贤侯街四十五号。好在英庚款会所给的旅费尚未用毕，生活是不成问题的。

那时父亲听友人来信相告："谓日人在平扬言，如顾某在外再作抗日宣传，即将逮捕其家属"（《西北考察日记》），知道自己仍为敌人所注目，甚感有隐姓埋名之必要，故当时他致沦陷区友人信中署名为铭坚。对于父亲的久留不归，家人均不满意，不必说子虬公年老思子心切，不欲其远离，就连我姐姐当年的信里也怨父亲丢下家人不顾，只管自己在外旅行。其实父亲并非草木，对家庭怎能无情？那时他日记里有这样一段记载："得司徒先生来电及履安来电，嘱我回北平。此时何时，此事何事，乃可贸然耶？因与履安书曰，'我自信小事甚随便，而大事不糊涂。我不幸为世知名，非受人拉即受人打，无闭门读书之可能。今兹若来平，受拉则见污，受打即见杀。见杀必非你们所愿，见污亦决非我所愿。近日有梦必家，可见思家之甚，然家虽可爱，而与己之人格较则犹在其次。甚望彼此珍重，使他日会面之际犹留得清白之身也！'"（1937年12月19日）他亦多次致子虬公信，婉转说明不能回北平之故。当次年初子虬公来信希望全家人一同返苏州时，父亲又作质直之劝谏，表明自己不能回苏州的态度："男以时势所迫，不得不作范滂、张俭一流人，诚恐钩索瓜蔓，竟累堂上。若彼质其父以诱其子，则男将为尚乎，抑将为员乎？"（日记，1938年2月9日）其中所言范滂、张俭系东汉末年"党人"，他们在与宦官斗争中受祸，范滂遇难，张俭长期流亡隐居；所言尚、员，系伍尚、伍员（即伍子胥），楚平王欲加害其父伍奢，而两人在外，便使人召两人回朝，结果伍尚回去被杀，伍员奔吴，后借吴兵伐楚，报仇雪耻。父亲乃是借古喻今。那时他只有将思乡愁绪寄托于诗中："羡煞衡阳雁，春来又北飞。烟花还旧景，人事已全非。冥想歧千境，招魂望四围。死生谁识得，莫问我何归！"

当时甘肃学院院长聘父亲任特约讲座教授，父亲便点读《五经通论》等，以备讲学之用。一些曾在外省求学的西北青年久闻通俗

1938年8月，老百姓旬刊社同人合影（前排左起：刘景曦、顾颉刚、程景皓；后排左起：郭普、谷苞、李瑞徵）

读物编刊社之名，此时知父亲在兰州，便邀同办《老百姓》旬刊，以西北流行之民歌方式作抗敌宣传。父亲用鼓词体裁为此刊作发刊词《开场小唱》，他被推为旬刊社社长，实际工作由谷苞主持。自绥远沦陷后，通俗读物编刊社迁至西安，不久李一非从西安来兰州，欲在此开展工作。是时，八路军驻兰州办事处谢觉哉等人为通俗读物事来访父亲，父亲在当天日记中说："八路军方面人来，使予一诧。……然民众教育惟彼方能识之，亦惟彼方敢为之也。"（1937年12月15日）他抛开了政党的成见，与李氏同去回访，商谈通俗读物之事。

随后父亲开始筹办临洮小学教员寒假讲习会，临洮的教育在甘肃省最发达，有私人兴学的风气，学校数目极多，男孩子都能读到高小毕业，可说是西北唯一的普及教育的地方。可是学校虽多而经费不足，设备不全，学生进学校只是读教科书，教师也没有参考材料，与从前的私塾差不多，所以父亲觉得应当在那里办一个讲习会，使小学教师得到教科书以外的知识。适燕大学生洪谨载以及王树民、杨向奎等人先后至兰州，父亲便陆续邀他们加入工作。1938年1月，父亲约了兰州的一些专家到临洮，趁寒假之机讲习三个星期，除了自然科学、社会科学的常识之外，还讲些农田水利、农村卫生、合作事业及抗战时需要的国防教育，扩大他们的知识面，并激发他们对于时代的认识。父亲在讲习会任"边疆问题"课，并编讲义"帝国主义与我国边疆"，又作精神讲话三次。讲习会上，"讲师与学员皆精神贯注，虽极劳顿而无倦容，其不宿会中者，恒未明而至，深夜始归。予本早起，然在枕上已闻跑步之声，此心惭且慰。五时半升旗，六时上精神讲话课，犹须秉烛"（《西北考察日记》）。在闭会礼上，父亲向各学员授毕业证书。邻县渭源教育局得知讲习会情形后，也来要求去渭源讲习，父亲等人便到渭源讲了一星期。此县在万山丛中，交通不便，生产落后，不但本县没有适当的师资，连到外县去请教员也请不到，父亲便在那里办了一个"乡村师资训练班"，由杨向奎主持此事，以半年的工夫造就一班小学教员。

1938年初，甘肃省新任教育厅厅长葛武棨创办西北训练团，训练各级公教人员，他以蒋介石为团长，自任教育长，而聘父亲为教务主任；父亲因自己工作甚忙，无暇顾及，辞却此事。葛氏见父亲不来为自己捧场，却四处视察学校，以为是侵犯自己权限，很是嫉妒。恰逢李一非在父亲寓所办起通俗读物编刊社兰州分社，第一种出版物是《大战平型关》鼓词，刊于《甘肃民国日报》副刊，葛氏即以此作为异党铁证，把父亲告到中央党部及军事委员会，又致函英庚款董事会，要求将父亲撤离甘肃；并强迫《老百姓》停刊。父亲得知后笑道："抗战之中，国共合作，八路军固由共产党统率，其军队难道不是属于我们国家！平型关之胜利虽是八路军之胜利，但难道不是我们国家之胜利！既是国共合作之时，葛氏指我为共产党，也不足以证明我犯罪，如要杀我，为何不说我是汉奸！"加之此时甘肃学院又闹风潮欲更换院长，父亲恐怕被牵涉，更不愿回兰州，于是就在洮水沿岸徘徊。

父亲应康乐县之邀前去参观，此县位于临洮之西，民族矛盾较多，小学师资不足。在了解了这几个县的情形之后，父亲在致杭立武信中说："最重要者即在各县办师范讲习班"，并须提倡职业教育，"因地制宜，使各县得藉教育以增加生产，又藉生产以推广其教育"，"此最根本之计也"（1938 年 3 月 14 日）。随即父亲在临洮作《补助西北教育设计报告书》，由洪谨载助之，以一月之力作成，近五万字，寄英庚款董事会。但这时杭氏对于父亲已不甚信任，不仅缘于葛武棨的告状，更有李一非的失误，其为通俗读物编刊社申请经费，所写地址为父亲办公及住宿处——贤侯街会址，故使杭氏生疑，李氏不得不于 4 月初离开兰州，将该社迁往武汉。此事甚使父亲忧闷，短短十数日之内面容似乎老了五年。父亲料到："补助西北教育之事遂非我所得主张。"

这时临潭县长又来邀父亲前往，该县民族问题较为严重，"县长邀我来此，匪特为补助教费计，亦欲予为之谋沟通调和之术也"（《西北考察日记》）。为了解情况，解决问题，父亲遂偕同王树民、洪谨载等绕道陇西、漳县、岷县而至临潭，以后又至卓尼、夏河（拉卜楞）、临夏、宁定等地。那时在西北地区，蒙、藏、回、汉诸族杂居，有的地方民族感情好，人民之间不闹麻烦，有的地方就不然，隔段时间就闹一回。经过考察，父亲明白了这个问题的症结，是"在于交通的不便，人民不明外间的情形，心胸无从开广，以致只记得近邻的恩怨，而又为野心家所利用，加以煽惑，因此弄得草木皆兵，尽日怀着疑惧的心理，碰到一件不幸的事情发生，就猜想是对方的攻击，于是寻仇生衅，星火化为燎原"（《自传》）。他以为"要改变他们这种心理，当然以发展交通为最要，和他配合的应是社会教育，因为蒙、回、藏民认识汉文的很少，而又固执于宗教的成见，以为要他们的子弟进学校读书，就是强迫他们信仰'汉教'，而消灭他们的回教和喇嘛教。为潜移默化计，办学校不如办社会教育，因为戏剧、电影、广播总是他们所喜欢接受的，医药也是他们十分需要的，我们应当采取外国传教士的方式，用这种东西去接近他们，使他们从我们这里得一点好处和快感，因而引导他们和各种的现代文化相接触，让他们自动地感到受教育的需要，而后我们再替他们办学校，这样，效果固然迟缓一点，然而水到渠成，就可以立于不败之地了"（同上）。父亲在临洮时，曾由省城里借来一架电影机放映过一回，受到了人民极大的欢迎，因为临洮没有电影院，当地人还是第一次见到电影。临洮尚如此，何况边区，所以他对于这个效果是有把握的。他说："待到生活改观，汉、蒙、回、藏的人民齐向现代文化走去，再有什么此疆彼界，也何必再争什么你死我活。"因而在各地讲演时，父亲屡次述及民族团结以及现代文化的重要，并在 6 月 29 日致杭立武信中，指出各县所需不同，除办职业、师范、女子诸教育外，又需办社会教育，以消除强烈之种族宗教成见，避免祸乱。

但父亲的诚意只换来杭立武的敷衍，对于父亲的设计，杭氏仅说"计划周详，条理绵密"，却一条也未采用。杭氏采用了其他设计委员的方案，在兰州办了一个科学教育馆，在西宁办了一所湟川中学。

8月1日，父亲抵兰州。他此次跋涉于河、湟、洮、渭之间，一方面为"避网罗，远陷阱"，而"当地父老不知其情，望于予者殷且切，每至一地，必缕陈请求补助条款，促其成言，予允既不可，拒又不忍，口不能言而心滋惭怍"，"斯时国忧家难既攒集心头，而身受之惨酷更扼塞无所控诉，侘傺寡欢，了无人趣"。另一方面"为欲认识西北社会之基本问题，故舍康庄之陇东南及河西不游，而惟游于公路尚未通达之陇西，盖种族宗教诸问题惟此一区为纠纷而难理也。所经县市凡十有九，半赖军队之护送。所至之处辄与当地政军商学诸界作周旋，饮食会谈，耗时过久；群友欲予留纪念，又常竟日在挥翰中，考察工作为之牵沮。同行王树民君善集史材，属其代记，积日得若干簿，至纤且悉"（《西北考察日记序》）。以后父亲和王氏分别作成《西北考察日记》和《陇游日记》。

事后当别人问起父亲此行去过敦煌没有，他总是说："敦煌很容易去，而且它表现的是古代文化。我这回到的地方，有些是必须请了官厅保护才能去的，使我认识了现实的问题，我以为在实用上比敦煌有价值多咧！"（《对于甘肃教育之我见》）父亲认为在抗战的严峻形势下，仅仅抒发思古之幽情是不合时宜的。

通过此次考察，父亲对于帝国主义的狰狞面目认识得更清楚了。基督教在西北传教本来是极困难的，因为蒙藏民信喇嘛教，回民信伊斯兰教，基督教所能拉拢的教友只限于汉人。但是西北处处有外国传教士，没有汉人之处也有他们的工作站，他们有的人已到西北数十年，语言、装束完全与当地人一样，他们不求传教，只在联络感情，给当地人挨家送食物衣料，他们选高鼻深目的当地人照相，将其照片给众人看，说："你们瞧，你们不是和我们同种吗？你们本来也是西方人，流落到中国来的，咱们是一家人！现在中国政府欺负你们，我们来帮你们抵抗！"于是，许多枪械从印度输入西藏，再送到西康和青海，以及滇、蜀、甘、新的边沿，所以边民家家有枪弹，常用来供部落间的打仗。父亲曾在一位到边区做县长者家中看到一张地图，是此人从一个传教士旅行时遗忘之物中捡出来的，名为"The map of Great Tibet"，即"大西藏地图"，将喇嘛教所达到的区域除了满洲、蒙古之外都算作西藏。父亲看后心想："日本人造伪满洲国，称为'民族自决'，这种事大家知道是假的，满州国有几个满洲人？但是这个'大西藏国'如果真的建立起来，称为'民族自决'是毫无疑义的，因为他们有自己的血统、语言、宗教、文化和一大块整齐的疆土，再加上帝国主义做后盾，行见唐代的吐蕃国复见于今日，我国的西部更没有安宁的日子了。"（《自传》）9月上旬，父亲乘飞机离兰州抵成都，下旬到重庆，向英庚款董事会汇报工作，又把旅行边疆的见闻告知大家，建议对于传教士应采取措施，并说道："这次的国难是东北问题造成的，诸位不要以为这次国难终止之后就没有事了，须知西北和西南的问题更严重的阶段在后面呢！"

　　旅行途中父亲亦不忘记古史中问题，他曾在渭源"游鸟鼠山，询鸟鼠故实，知鸟系土百灵，鼠则黄鼠，鸟鼠营共同之生活，惟所见殊少。后至番地，乃知此种现象，番地中多有之，而鸟鼠山之鸟鼠则因居民日密相率西徙矣"。"又桓水为今白龙江，而彼处番人自称其族正曰桓，亦见此水命名之义。"（致童书业信，1939 年 1 月

7日）他与王树民同至上卓尼，访探朱圉山之谜；还在临夏游积石山，思考大小积石山的关系。这些山水均是《尚书·禹贡》篇中所言，父亲已向往多年，能借考察西北之时而得此实地调查之机会，可谓幸事。以后当他乘飞机"由甘至川，由川至滇，直贯《禹贡》雍、梁二州，目睹山岭之重叠连绵"时，"始恍然于梁州命名之义，此'梁'乃是'山梁'，谓此州乃'山州'也"。（同上）

在重庆期间，父亲见到不久前迁来的通俗读物编刊社同人。自抗战以来的一年多时间里，该社虽几次迁移，但工作并未中断，又编写出百余种通俗读物。以后在重庆的两年中，该社的经费来源除教育部每月补助二百元，再有父亲任中央政治部设计委员的月薪二百元，另又与生活书店签约，将通俗读物编好交此书店印行，书店每月付稿费八百元。1940年10月，通俗读物编刊社迁至成都崇义桥附近，当时父亲在那里主持齐鲁大学国学研究所；至年底，因生活书店被封，通货膨胀，该社工作实在难以维持，其成员只得各奔前程。然该社名义上仍存在，由王冰洋负责，以后曾在《新中国日报》上发刊《新文》周刊。自1933年成立以来，该社共出版大鼓书等读物六百多种，行销五千多万册（他处翻印者未计在内），另外还有抗日内容的年画等若干。

2 __ 昆明与成都

当父亲在西北时，云南大学校长熊庆来即聘他为教授，当时迁至昆明的机关甚少，父亲喜爱那里清静可以治学，在致熊氏信中表示："甚望以监禁方式施之于研究室，以充军方式施之于旅行考察，使我胸中久蓄之问题得告解决而系统之著作亦可完成，此生便无憾矣"（《西北考察日记》）。不过由于家人安置未妥，父亲一时尚未决定何时可去；至1938年7月，父亲得家电，知全家离北平南行，子虬公返苏州，履安到云南，于是他决定应云大聘。10月下旬，父亲乘飞机自重庆抵昆明，就云南大学之职，任"经学史""中国上古史"两课，编讲义。不久，父亲为避敌机轰炸而迁居昆明北郊浪口村。"其地距城二十里，盘龙江三面环之，危桥耸立，行者悚惶。雨后出门，泥潦尺许。村中才十余家，几不闻人声。荒僻既甚，宾客鲜过。每周赴校，一宿即归；室中惟先妻履安为伴。此生从未度此清静生涯，在久厌喧嚣之后得之，更有乐乎斯，遂尽力读书写作。"（《浪口村随笔序》）在云大期间，父亲记笔记《浪口村随笔》三册，并编写《上古史讲义》十多万字，"甚欲以现阶段之古史研究施以系统化，俾初学得承受较正确之古史常识，民族、疆域、政治、社会、宗教、学术各方面无不当注意者"（同上），他希望通过此讲义的编写，能总结自己多年来研究所得，并吸收现阶段的最新成果，对古史系统进行全面建设。这份讲义不仅在内容上大大扩展了范围，而且采用了一种独特的体例：正文是通俗体裁，注释是考证体裁。这是继《汉代学术史略》之后，父亲在专门文字通俗化方面的又一次努力。当时有人笑他写的是小说，他答道："我正要写成一部小说，本不稀罕登大雅之堂。"他这样做的目的就是"让一般没福享受高等教育的国民能看我们的正史，激起他们爱护民族文化的热忱"，而让大学生"也可看了我们的注释，自己去寻求史料，作深入的研究"（《〈商王国的始末〉引言》）。以后他将此讲义陆续刊于《文史杂志》，希望能影响更多的人以这种体裁写作。

在父亲重享读书写作之乐时，1939年1月8日，子虹公不幸病逝于苏州。公旧有喘疾，由于外伤国事，内悲别离，身体日衰，返苏不及半年便一病不起。在逝前半月之中，他痰喘颇剧，自感来日无多，思子之情日切，故连续来信要父亲回苏处置家务，父亲日记多有记载："晚得父大人信，自谓如风中之烛，甚望予归。忆前年父大人在杭生病，予自北平往省，转增恼怒，今言若此，恐不永矣，奈何，奈何！"（1938年12月30日）"得父大人来书，悉服药后气喘稍平而仍泄泻，函中欲我回家，声色俱厉。此日何日，乃能以常理相绳耶！"（1939年1月5日）自离北平后，父亲为尽侍奉之责，曾请子虹公到云南，其以路途遥远不许；又请子虹公住港澳，其又以费用太贵不许；而必欲还苏州，这真让父亲无可奈何。此时父亲虽然从大局考虑难以返苏为老人送终，但心中之痛苦是可想而知的。1月10日噩耗传来，父亲在日记中写道："得鲁弟电，父大人于八号上午六时逝世。上次进城，尚得其十二月二十号信，乃变故之来如此其速，痛哉！我既不能侍疾，又不能奔丧，父大人既抱憾九原，我亦负疚没世矣。因与鲁弟一电，文云，'痛不能归，在此成服，诸烦主持'。"1939 年夏，由殷氏母亲独自从昆明返苏州料理子虬公丧葬之事，一路与钱穆等同行，得有照应。

出于排解不开的边疆情结，父亲到昆明不久，便在《益世报》上创办《边疆》周刊，集合许多朋友来讨论。当时傅斯年亦迁中央研究院史语所至昆明，他写信给父亲，劝其对"边疆""民族"两词，"在此地用之，宜必谨慎"（傅乐成《傅孟真先生年谱·傅孟真先生的民族思想》）。父亲接信后，即作《中华民族是一个》，刊于该周刊，他在日记中写道："昨得孟真来函，责备我在益世报办边疆周刊，登载文字多分析中华民族为若干民族，足以启分裂之祸，因写此文以告国人。此为久蓄于我心之问题，故写起来并不难也。"（1939 年 2 月 7 日）在这篇文字里，父亲主张："中国没有许多民族，只有三种文化集团——汉文化集团、回文化集团、藏文化集团。中国各民族经过了数千年的演进，早已没有纯粹血统的民族。尤其是'汉族'这名词，就很不通，因为这是四方的异族混合组成的，根本没有这一族。如满族，在没有入关的时候是自成一族的，入关后就接受了汉文化而成为汉文化集团的一员了。如蒙古族，现在固然还自成一族，但因信仰喇嘛教的缘故，一切接受了西藏文化，也成为藏文化集团的一员了。回族一部分是由阿拉伯、土耳其等处来的，但大部分则是西北各省的汉人信仰回教的（也有些是蒙古人信仰回教的），所以也该称为回文化集团。这三种文化，汉文化是自创的，藏文化是取于印度的，回文化是取于阿拉伯的，一个中国人可以随着他的信仰而加入一个文化集团，不受限制。"（《自传》)至于提出这种主张的原因，父亲说："因为我到西北去时，在民国十七年回民大暴动之后十年，在这暴动区域里，处处看见'白骨塔''万人冢'，太伤心惨目了，经过十年的休息，还不曾恢复元气，许多的乡镇满峙着秃垣残壁，人口也一落千丈。到西宁时，一路上看见'民族自决'的标语，这表示着马步芳的雄心，要做回族的帝王。我觉得如果不把这种心理改变，边疆割据的局面是不会打破的，假借了'民族自决'的美名，延迟了边民走上现代文化的日期，岂不是反而成了民族罪人。所以发表这篇文字，希望边民和内地人民各个放开心胸，相亲相爱，同为建立新中国而努力，扬弃这种抱残守缺的心理。"（同上）《中华民族是一个》发表后，"听人说各地报纸转载的极多，又听说云南省主席龙云看了大以为然，因为他是夷族人，心理上总有'非汉族'的感觉，现在我说汉人本无此族，汉人里不少夷族的成分，解去了这一个症结，就觉得舒畅多了"（同上）。对于父亲此文，费孝通出于社会学者的立场有不同意见，来信与父亲讨论，父亲将此信刊于《边疆》周刊，并撰文答复。后来费氏明白了父亲此文是针对帝国主义假借民族问题分裂中国的阴谋，他"完全拥护"父亲的政治立场，而保留了在学术上的不同意见，因为"这种牵涉到政治的辩论对当时的形势并不有利"，所以没有再写文章辩论下去。（费孝通《顾颉刚先生百年祭》，见《学行录》）

　　萦绕于父亲胸中的一项大事业，是编成一部中国通史。目睹了西北民族问题的实情之后，父亲益加坚信这部中国通史不能专以汉族为本位，而应以中华民族全体的活动为中心，从历史上证明中华民族是不可分离的，从文化上证明中华民族为一个相互融合的大集团，将文化与历史永远打成一片。他深知实现这一宏愿，需要培养训练一批有志青年搜集和研究边疆的材料，因而十分重视学术组织的建设。

当时北平研究院亦迁至昆明，父亲任史学研究所历史组主任，但经费甚少，他在日记中写道："连日商谈结果，平研院史研所经费定为每月八百元，考古历史两组经费不分列。新聘韩儒林一人，旧职员留何士骥（乐夫）、吴世昌、许道龄、苏秉琦四人。至在滇参加工作者，为张维华、白寿彝、宓贤璋等，真是竭蹶万状矣。"（1939年1月20日）以后父亲曾为该所向中英庚款董事会申请经费，亦无所获。

1939年春，齐鲁大学校长刘世传（书铭）来邀父亲任该校国学研究所主任。父亲和齐大向无渊源，此次之邀乃由张维华所介绍。张氏毕业齐大，入燕大研究院肄业，听过父亲两年课，后来回到齐大教书。抗战后齐大内迁，他是齐大校友，主张恢复因战事而中断的国学研究所，请父亲主持。张氏治中西交通，父亲对其"深致器重，故办禹贡学会，交以全权"，"从来未掣其肘"（致童书业信，1952年11月11日），这时父亲以相信张氏而相信齐大；加以当时迁昆明者日多，"北平文化机关几乎尽来，一一交际既无时间，不与敷衍又招人白眼，遂致此间有北平之坏处（熟人多）而无其好处（材料多）"（致张维华信，1939年6月9日），故而父亲对齐大之邀慨然应允。他希望到齐大后能做集体的研究和边区的调查，而这些是北平研究院困于经费所不能做的，他在致张维华信中说："集体研究，分工合作，成一二件大工作，固然研究所的责任，但现在的研究所真正做到这个境界者绝少，……刚无他技能，而组织一机关，使各个人能互相发生研究上之关系，自谓有些把握"。又"刚前年到西北，去年到西南，目见许多材料未尝登于载籍，而一旦交通便利，教育普及之后，便将灰飞烟灭，此等材料研究机关实负保存之责。……我国西陲交通不便，向少调查，注意之者惟外国人，然外国人之认识中国，必不如中国人之自己认识为亲切。如能趁齐大西迁之际，任此工作，实可激起世界之注意，使本所之地位增高。"（1939年6月9日）那时钱穆亦随北大迁昆明，生活不安定，父亲便邀其同往齐大国学研究所，得其同意，允秋后前往。父亲又得知齐鲁大学存有加拿大传教士明义士留下的一批甲骨，便邀中央研究院史语所的胡厚宣（福林）前往齐大研究所进行甲骨研究，傅斯年为此事甚恼怒，但终未能挽留住胡氏。

此年9月，父亲到成都，任齐鲁大学国学研究所主任。该校与华西、金陵等大学均为教会大学，亦可由哈佛燕京学社基金中拨款；于是父亲向哈佛燕京学社协商，一年得经费约五万元，遂拟定各种章程及经费预算，延聘人员，包括研究员、名誉研究员、编辑员、图书员等。父亲延聘的名誉研究员中，有一些当时留在上海租界里的学者，如在光华大学任教的吕思勉、童书业，及合众图书馆总干事顾廷龙等，他们的研究课题都列入研究所计划。

1940年1月，于成都青城山题诗

父亲在所里主持之中心工作是标点二十四史，并编索引，他在当时致叶圣陶信中说道："此间国学研究所工作，拟集中精力于整理廿四史，使散乱材料串上系统而成各种专史之材料集，为将来正式作通史之基础"（1939年10月26日），其中首先着手编辑的是中国民族史材料集。父亲在齐大第一年任"中国古代史""古代史实习"课，所讲偏重于古史中制度记载之演化，以及古史材料之种类及异同。他在所中先后录取研究生十多人，为引导和鼓励学生，他创办《责善》半月刊，作《发刊词》曰：

> 从学者初至，恒谓志学未逮，只缘不知所以如门，……惮于个别指点之烦，鉴于借题示范之急，故为此刊以诱导之，使知涉想所存皆可载诸简牍，而良材播散有如美玉精金之狼藉满地，虽资禀有钝敏之殊，而凡刻意自振者无不可有小大之拾获，其劳也即其成也。

> 孟子曰，"责善，朋友之道。"……故取是为名，愿我同学成铭之于心焉。

父亲将笔记《浪口村随笔》抄出数十条，修改后逐期刊于《责善》；并主编《齐大国学季刊》。

这时钱氏因在苏州侍养老母而请假一年，父亲允其薪水可照发，请其主编《齐鲁学报》，在上海出版。次年钱氏抵成都，父亲又请吕思勉主编此刊。当时成都印刷业质量不佳，父亲把出版事宜托付上海开明书店，并贴付其印刷费。

父亲还推出"研究所专著汇编"，据当年齐大学生方诗铭回忆，"专著汇编"的第一种，是赵泉澄的《清代地理沿革表》（《记顾颉刚先生在齐鲁大学国学研究所》，见《学行录》）。赵氏亦是该所名誉研究员，时任之江大学副教授，1954年父亲为重印该书所作序曰：此书曾连载于《禹贡》半月刊，1941年又经作者详加修改，由开明书店出版。"不幸刚刚出书，适逢太平洋战争爆发"，日寇侵入上海租界，由于"本书把历来帝国主义者在中国各省地方的领土主权的侵略罪行用箭头在表上一一标志出来"，例如东北三省的表，揭发了日本帝国主义的侵略，自然令其惧怕，就被其"运走切毁，因之流传极少，简直等于没有出版"；直至1955年，才由中华书局重新出版。"专著汇编"陆续出版的还有吕思勉的《先秦史》，童书业的《春秋史》，顾廷龙、潘承弼的《明代版本图录初编》等，父亲对沪上友人抱有极大希望，他说："海疆封锁，恐此间之稿无由得寄上海，然既取哈佛之钱，不能不有报销，故望沪上同人竭力撑此场面，使开明每年能为齐大出书十种以上，而皆为有用者"（致顾廷龙信，1940年7月2日）。鉴于当时处境，开明书店每年"为齐大出书十种以上"难以实现，然而所出书刊确实不愧是"皆为有用者"。今日学界称：《齐鲁学报》是"当时'孤岛'上唯一有质量的文史研究刊物"；《先秦史》从政治斗争和社会经济两方面叙述，"这样追溯各种制度的起源和演变，既有论据，更符合社会发展的规律"（均见张耕华《人类的祥瑞——吕思勉传》，华东师大出版社，1998年）；《春秋史》在数十年的春秋史研究中，"就专著而言，迄今还没有代替建国前出版的童书业这一部书"（见李学勤《中国历史学四十年·先秦史》，中国书目出版社，1989年）；《明代版本图录初编》"反映了明代有代表性的版本的全貌，以之作参照物来鉴定明代刊本，有指南针的作用"（见周振鹤《读〈清代版本图录〉》，刊《文汇读书周报》第698号，1998年7月11日）。在战乱之中能有如此成果，学术界和出版社同人的努力怎能不令人感动！

1941年秋，由于经费紧张，哈佛燕京学社欲取消华西、金陵、齐鲁三大学研究所之自办刊物，故《齐鲁学报》《齐大国学季刊》各出两期后便停刊，《责善》半月刊经父亲力争而得以保留。当时，这三所大学遵从哈佛燕京学社之意，联合出版《三大学研究所中国文化研究汇刊》，父亲与刘世传、钱穆、张凌高、闻宥、陈裕光、吕叔湘、李小缘、商承祚等任出版委员会委员。

齐大那时在成都南郊华西坝，是借用华西大学校舍。由于来往客人颇多，休息无时，父亲于1940年春间常患病，尤以失眠症为剧。他为摆脱各种牵缠，决意舍去都市生活而移家乡村，在成都北郊崇义桥租下赖家院，将国学研究所迁去，此处距城二十里，四围均是农田，院中屋宇宽敞，花木满园，且有一亭，池水环绕。不久，父亲又向华西大学借得藏书家粤东罗氏书三万册，移至赖家院供研究所使用，于是参考资料遂不感缺乏。自此年9月，父亲在所里任"目录学""春秋学""经学""古物古迹调查实习""编辑方法实习"等课，又陆续请叶圣陶、张维思（心田）、陈钟凡（斠玄）、吕叔湘、闻宥、韩儒林、孙次舟等到所作学术讲演。为了研究所的管理，父亲亲自起草从学则到宿舍规则及值日等各项章程，并在会客室担任第一届值日员。父亲在此时的日记中写道："予主研究所一年矣，至今日方得渐上轨道，甚哉作成一事之难！"（1940年9月21日）"当家真不容易，我虽从事教育廿年，但从未独当一面。今则上须对付校中当局及有力同事，中须管理研究所职员，次须管理研究生，下须管理仆人，外须对付当地士绅，实觉不易措置。"（1940年9月26日）10月，胡厚宣、钱穆相继到所就职，济济一堂。父亲那时作《赖园杂咏》十六首，"首述居此因由，中道同人生活状态，末则箴勖从游诸君"，其中言："蓉渚风流久阒寥，养疴我爱竹潇潇。归夸新屋诸般美，相约移来崇义桥。""赖家广厦罗家书，赚得门前问字车。尘俗寇兵都不到，被人错认作仙居。""长林抱得半圜田，借立黉宫非偶然。观稼欲分农舍乐，目耕祝我亦丰年。""呼俦访古作长征，虢虢泉声竹里鸣。红叶白萍渲远岫，秋郊人向画中行。""时临远客说边疆，听者眉飞气亦扬。何日挥鞭同出塞，争调炒面嚼全羊。""果立人间不朽言，后生饮水自思源。钱师赠语可长记，'要使孙曾谒赖园'。"那时父亲除主持研究所事务及指导研究生工作外，个人的研究工作为：编春秋史材料集，并由书记助编"春秋经通检"，以及研究古蜀史，作《古代巴蜀与中原之关系说及其批判》《秦汉时代的四川》等文。

至于父亲所预想的边区调查，困于经费而难以实现。当时他为江应樑考察凉山之事筹措经费，校中无着落，"幸（冯）汉骥主川博物馆，正需要边区调查人才，慨允二千元，乃得成大凉山之行"（日记，1941年1月30日）。

1940年，父亲与蒙文通、萧一山、吕思勉、黄文弼、金毓黻（静庵）等七十四名史学界同人发起创办《史学季刊》，倡议成立中国史学会。父亲为此刊作《发刊词》，论述史料与史观之关系，认为二者在史学研究中乃相辅相成："无史观之考据，极其弊不过虚耗个人精力，而无考据之史观则直陷于痴人说梦，其效惟有哗惑众愚，以造成不幸之局而已。"又曰："史学领域既随新观念而扩大，其方术又随新方法而精密，……迄今尚不见有中国史学会之产生，岂惟深憾，实为大耻。抗战以来，大学多迁西南诸境，加以旧有，其设置史学系者且十数。同人等夙具此怀，爰创斯刊以为中国史学会之先声。"

父亲到成都后，对边疆问题依旧关注，集合同志创办中国边疆学会，由齐鲁、华西、金陵、金陵女子四所大学共同发起，父亲当选为理事长。适值马鹤天、赵守钰各自在陕西、重庆分别成立了中国边疆学会，社会部通知三方面合并，并谓总部应设在重庆。于是他们以重庆的会为总会，以其余两会为陕西、四川分会。会员共有六百多人，凡边疆的知名人士和内地对于边疆有研究者都网罗在内。其后云南、西康、甘肃诸省也均设有分会。分会有《边疆》周刊，总会有《中国边疆》月刊，并出版《边疆丛书》。但后来"只是币值日跌，捐来的款无济于事，各会员又为生活压得喘不出气，无心研究，加以轰炸严重，图书疏散，搜集参考材料极端困难，要组织旅行团更谈不到，所以一天天的消沉下来"(《自传》)。

自 1941 年初，朱家骅连来许多函电，召父亲到重庆去办《文史杂志》。父亲很奇怪，为什么在这抗战紧张的时候要办这种太平时候的刊物，他辞谢不去，但朱氏仍不断来催。后来父亲因为在齐大研究所与张维华关系不甚和谐，终于忍耐不住，就于 6 月 5 日即大隧道惨案发生之日飞至重庆。与朱家骅见面之后，父亲问他办这刊物的原因，他说："抗战以来，物价日高，一班大学教授生活困难。政府正替他们想办法，办这个杂志就是办法的一种，要使能写文章的文学院教授们得到些稿费作生活的补助。"父亲又问他："为什么一定要我来呢？"他说："这个刊物虽是党部里办的，却是纯学术性。以前卢逮曾（季忱）主编，但他没有学术地位与号召力，决不能编好，所以非请你来不可。"父亲因感念过去朱氏在中山大学与自己的交谊，以及对自己通俗读物和边疆研究两项工作的支持；且十年来已不专治学，为时代需要而牺牲自己亦无不可，便同意了。那时朱氏是中央组织部部长，吴铁城是中央执行委员会秘书长，这个杂志是属于秘书处的。社长是叶楚伧，父亲就任副社长。我幼时听父亲说过，那次他去重庆一下飞机便逢空袭警报，不远处有两个防空洞，他未加选择便进了其中一个，而在警报解除之后，另一个防空洞的管理人员却不知去向，洞里遂由于人员过多、空气不足而发生"大隧道惨案"。父亲说那次自己若进了另一个洞，就必死无疑了。

7月中旬，父亲回成都处理所务，9月中旬乘船赴重庆就职，将研究所职事交钱穆代理，以后在致钱穆信中，父亲说："研究所者，弟费了两年心力所建设者也，自身虽去，终不忍其倒塌。去年走时，所以仍担任主任名义者，即恐因弟一走而致人心涣散，故欲以请假延长时间，使兄之力量可渐深入，则至弟正式辞职时可无解体之忧也。"（1942年3月4日）次年1月，父亲又回成都，处理研究所事务；返重庆不久，便辞去研究所主任职，该职由钱穆接任。

3 __ 在重庆

　　1941 年 8 月，文史杂志社改组，卢逮曾主编至一卷八期，自一卷九期始由父亲主编，社址迁至小龙坎。10 月，父亲正式至社中办公，那时社长叶楚伧多病，长住山洞林森官邸内养病，父亲仅见过他一次；社事由父亲主持。以父亲的经验，办一个杂志本不需要多少职员，而该社既系中央党部直属机关，便须具备机关的规模，编辑之外，有会计、出纳、庶务、文牍、缮写、图书员等多人。当时社中每月经常费八千多元，印刷由商务印书馆担任，已颇足用。其后物价日增，父亲向吴铁城请求增加经费，但他两人素无渊源，吴氏又是个标准的官僚，气味不相投，去则见厌，不去则嫌疏，父亲在日记中发牢骚道："到秘书处晤吴铁城。为访彼，去了三次始得见，而态度甚冷，对于增加经费事恐不易相助。予为骝先拉来，而系统则属于秘书处，所谓'妾身不分明'，办事安能如意乎！"（1941 年 11 月 21 日）两人关系这样冷淡，经费增加自然有限。1942 年 1 月，由于所租房屋被房东售卖，又租不到距城近之房屋，文史杂志社遂迁至江北县（今重庆渝北区）柏溪，由小龙坎

《文史杂志》

沿江而上三十里；4月，殷氏母亲自成都来，父亲遂把家亦安置于该社寓所。

　　《文史杂志》在父亲主持下，发挥了它的作用。蒙元史专家杨志玖晚年在《自述》中说：1941年他在昆明北大文科研究所做研究生时，在导师向达的鼓励下，写成《关于马可波罗离华的一段汉文记载》论文，"寄给顾颉刚先生在重庆主编的《文史杂志》（当时学术刊物很少，顾先生这一份是大后方惟一盛行的文史刊物），发表在该刊1941年一卷十二期中"。此文证明马可波罗确实到过中国，并断定了其离开中国的时间，"这两点在当时都是新发现和新研究成果，对马可波罗学的研究增加了新内容。因而得到了顾颉刚先生的较高评价，在他的《编辑后记》中予以推荐。汤用彤先生知道后也很高兴，还特别给顾先生写信赞扬，并建议顾先生不要因为是年轻人的文章而不给较高稿酬。文章发表后，傅斯年看后也很重视，并推荐给中央研究院学术评议会，使此文获得名誉奖。他还请何永佶（中央大学教授）先生把它译为英文，寄往美国哈佛大学《亚洲研究杂志》"，（见《世纪学人自述》，北京十月文艺出版社，2000年）得摘录发表。1991年，我与杨氏初次见面，他即谈及此事，对父亲的感念之情溢于言表。

当时《文史杂志》因为商务印书馆印刷困难，出版时间经常拖延。两年后文史杂志社又迁至北碚，这时此刊已改由中华书局出版，遂较能按时；但直至此时该社每月经费仅增至一万三千余元。关于当时经费窘迫之状，父亲在曾日记中详细记载：

> 依今日物价，一个机关，茶水灯油两项已需万元以上。本刊稿费素薄，近日犹仅千字百元，较之其他杂志，已低三倍。中华印刷费津贴，每期六千元。此两项每期须万六千元。尚有办公费，旅费，薪金，工资，总须万余元。是则四万元之开支绝不能省，较之规定之办公费月亏二万七千元。是为正规之亏空，尚有诸种临时费，若修缮，若添置家具，俱不在内。予当此苦家，无可奈何，惟有将缺员不补，庶将其人之薪津米贴置于办公费内。……至于旅费一项，规定社长每天为百八十元，其他职员为百二十元，食宿交通俱在其中，如此价格，曾不足以供一饱，故不能派职员到城公干，否则必赔三四千元，非其人所可任。予乃一切自为，到党部领经费，到银行领津贴，到民食供应处领食米，归后虽开一单报账，而实不取分文。又本刊稿费过少，投稿实为半义务性，故见面时不能无酬应，而一上馆子，动须千元，故予去年月取四千余元皆挥霍之于食肆者也。如此苦干，何人肯做，徒以我富事业心，心气高强，不肯自认失败，故悉索数赋以延旦夕之命。（1945年4月6日）

由于此刊的稿费降至水平线以下，所谓补助文学院教授这句话竟成了空话，故很难得到高质量的稿件。当时傅斯年转告说，党政考核会认为《文史杂志》无益于主义之宣传，拟将该社经费停发，父亲听到后以为"此本鸡肋，听之可耳"（日记，1944年4月15日）。到1945年初，父亲在文化界发表的要求召开临时紧急会议，组织战时全国一致政府的宣言上签了名，经费才真的

1942年11月，在柏溪文史杂志社门前

停了。但父亲还靠了中国出版公司的资助，这杂志并没有停。到抗战胜利后这公司关了门，父亲还将杂志交文通书局出版。直至金圆券发行，市场大乱，书无法再出，然后"咽了气"。

朱家骅要父亲到重庆，并不专为编《文史杂志》，还要父亲帮他做边疆工作。朱家骅在组织部里办了一个边疆语文编译委员会，他自兼主任委员，请父亲做副主任委员。父亲对朱氏说："我虽极热心于边疆工作，但我是半路出家，不懂得边疆语文的，我负不了这个责任。既然部里要办这个机关，我介绍韩儒林君何如？他是懂得蒙藏文的，又是蒙古史专家。"朱氏听了父亲的话，趁着到成都的方便，亲自到韩家去访问，回来对父亲说："我很感谢你，这位先生真是一位专家。但他正患肺病，应当静养，你代他一个时候何如？"父亲没法拒绝，只得应承。他说："这个会在我计划之

下，请了许多蒙、藏、阿拉伯、暹罗、安南诸种语文的专家，先译三民主义，次则准备译《论语》《孟子》等书，希望边疆各族及和我国接境的各族能了解中国文化及其前进的道路。本来这项工作可以干好，但因我那时已在中央大学任教，我不能常到会里去，一星期只到一两天，实际主持会中事务的是边疆党务处处长李永新，他是 CC 系的分子，不愿朱氏搞好这个机关，所以就用消极方法来破坏，工作就很难推动。朱氏对此事固极热心，但他太忙了……向他当面讲好的事也往往忘记办。"（《自传》）1943 年 1 月，韩儒林到重庆就边语会职，父亲即辞去该会职务。当时父亲荐韩氏任此职固是出于好意，既为人择适当之业，亦为业择适当之人，但父亲哪里料到，二十多年后韩氏却因在国民党组织部的这一段经历而在"文革"里受尽摧残，父亲为此深感内疚。

父亲到重庆不久，顾孟馀受蒋介石命任中央大学校长，他邀父亲做史学系主任。父亲顾虑自己北大毕业，而北大与中大一向合不来，若做史学系主任定会有麻烦，故只任出版部主任，筹划出文史哲、自然科学、社会科学三种季刊以及分院的丛书。另外，父亲所任课有文学院史学系"中国古代史研究""春秋战国史"以及师范学院国文系"古代文学"《史记》研究"。父亲说："抗日战争中，一切设备不足，当时仅凭数部书开讲，学校印刷讲义亦复不便，只得信口发挥。"因此他要求学生记听课笔记，其中"春秋战国史"课以史学系学生刘起釪所录笔记为佳，父亲遂向其借取笔记，嘱妻女抄毕，题《春秋三传及国语之综合研究》。四十多年后，此讲稿由刘起釪略事加工，得以出版。

父亲在课外也诱导学生治学，据刘起釪回忆：

在大学一年级时，因写了几篇古体诗文，得到不虞之誉，便为顾先生所识。有一次他拿了一部伪孔本《古文尚书》叫我标点，我以一学期的课余时间标点好了交去。他看了认为标点不错，但问我有问题没有？我答以完全按《孔传》释义标点通了，所以没什么问题。顾先生笑了，说以后有时间的话，可以把伪孔本和蔡沈《书集传》对照读读，还拿阎若璩、惠栋的书参校看看其中的问题。这才知道这是顾先生在诱导我治学，因为他并不需要一部《尚书》的标点本（他自己早已标点过），完全只是像当年胡适先生叫顾先生标点《古今伪书考》一样，诱导顾先生走上自己一生治学道路。我却就标点搞标点，……在一部本来问题很多的伪《古文尚书》里不知发现问题，未能在他的诱导下开始尝试治学，真太辜负老师了。（刘起釪《永不能忘的春风化雨》，见《学行录》）

多年后，刘起釪跟随父亲整理《尚书》，成为《尚书》研究专家。

当时教育部长陈立夫总想以 CC 系统一全国大学，而顾孟馀不是此派系中人，行辈资格又在陈氏之上，陈氏无法使其屈服，便以"经济封锁"的手段来对付之。父亲在《自传》中说："本来学校的经费以经常费为主临时费为副，但到这几年，币值惨跌，变成了以临时费为主，经常费已不足轻重。那时适值沙坪坝大轰炸，中大校舍毁坏甚多，要重新修建，到教育部请款。教育部批道：'修建费暂由该校自筹垫付，俟完成后再由本部拨给。'待到完成，这笔钱左催右催再也不来。第二年，教育部下了一道命令道：'近来沦陷区青年来后方的甚多，该校应大量增加新生名额，俾不致耽误其学业。'顾氏遵了他的命令，增加名额四百。到快开学的时候，教育部又派了四百名来。既增出八百名之多，课堂、宿舍、饭厅等不够用，又该盖房子了；学生既多，教员也必增请，教员宿舍又须添盖了。再去请款，教育部仍批令先行筹垫；到造好时依然不付。这两次建筑费使得顾氏负了八百万元的债，他相识的银行已经不能再帮他的忙了。那时是1942年的冬天，八百万元实在是一个极重的负担。他无可奈何，去见蒋氏（介石），请求辞职。蒋氏问他原因，他说明前情，蒋说：'这有什么困难呢，只要你来一个呈文，由我批交国库发出就是了！'顾氏满心以为问题解决，就去了一个呈文。哪知道陈果夫是侍从室第三处主任，这呈文落在他的手里，压了起来，再无回音。蒋氏事忙，早已忘记，顾氏是一个有骨气的人，他决绝辞了职。自1941年秋，到1943年春，他做了不到两年的校长，天天做无米之炊。穷得校中生不起炉子，全校师生没有热水喝。教员上了两堂，口渴了，跑到中渡口茶坊中喝水去。学生亦然，和教员做了茶侣。……我主持了出版部，只买了一架石印机，印些有插图的讲义，又勉强出了三册季刊。校中已付给我十万元设备费，但过不了几天，因为穷得无奈，又索还了。我在这等情况中毫无摆布，就和顾氏同了进退。"

自1941年秋至1943年春，父亲同时任文史杂志社、边疆语文编译委员会、中央大学三方面工作，且边语会地点分城乡两部分，乡间地点则在离城六十里之悦来场，此处为组织部疏散之地，部中人员多住于此，因而朱家骅给父亲滑竿一乘，藉便交通。父亲每星期一自柏溪至中大，星期三由中大至组织部，星期六还柏溪，劳累甚矣，琐事既多，宾客又繁，终年无小闲可得。他为辞中大职事而致沈刚伯之信中言及当时自己的苦恼："……一星期须到三处，多或四处，涉水跋山，蒙霜犯露，夏则赴汤蹈火，雨则濡履沾裳，孟子所谓'率天下人而路'，弟庶几似之。如此其劳，如此其苦，而所任之事无一办好，于人于己两无裨益，扪心自问，汗如涌泉。弟治学心甚切，事业心亦强，能兼为之固善，但为其一亦可无憾。今之生涯既非治学，亦非治事，只是赶到一处便敷衍一处，一处既了又换一处去敷衍，此则倡优之所为，非弟之所甘心也。"（1943年2月23日）他那时曾作诗自我嘲解道："跌宕艺文记昔年，无端世纲忽相牵。崎岖江岸高还下，重叠山头去又旋。一日分乎三店食，七宵投向四床眠。诗书于我神山远，惭说沙坪执教鞭。"不过，在车、船、滑竿的颠簸中，父亲也能忙中抽闲，将沿途景色吟诵成诗，如："轻摇双桨下行船，江水随山百度旋。最爱丝丝细雨里，峰头经洗更嫣然。""拂晓登程破野寒，渐从脚下起峰峦。藤舆仰卧无他想，只把云天当海看。"

父亲自1942年当选为国民参政会第三届参政员，三年后蝉联第四届参政员，直至1947年。父亲说："我刚去时很热心，着力做了几个提案，也曾被通过，但政府对于通过的案件向来是不执行的，所以提案是白纸黑字，通过的议案还是白纸黑字。我认识了这种情形，以后也懒得做此傻事。只有质问，有时使得几个部长下不了台；但他们仍有一个躲避的办法，就是'书面答复'，一经书面答复，自有秘书们替这位长官做文章，滑过去了。"（《自传》）1942年，父亲在会上曾对陈立夫进行过严厉的质问，《自传》中说：陈氏"自从做了教育部长之后，大量添设学校，安置他的私人；又办了许多独立或附设的师范学院，规定凡做中学校长的一定要师范学院出身，为将来控制选举、扩充CC势力做准备。大学和学院开了许多而教授人选不够，只有滥竽升格，因此有刚在大学毕业的人而做教授的，上年已给会中质问，他无可答复，保证此后不再添设。哪知他第二年就创办了贵州大学，以他的私人张廷休做校长，经费十分充足，校中刚有一年级学生，而已请了三四年级的教员，教员没有功课开，就尽管拿钱不做事；拿中央大学没有水喝的苦境来比，简直有天堂地狱的判别。我质问他，为什么去年保证不添设而今年又添设？为什么新设的贵大会有这等的浪费？这质问他当然诿之书面答复。嗣后我和他同在一处吃饭，席散后，他避人责我：'顾先生，要是你不是国民党，你不妨这般质问我。但你是国民党，就不该这样！'我说：'贵州大学不是国民党的经费办的呀，我们只该就政论政，有什么党不党呢！'"《自传》中又说："有一次，蒋氏招待茶点，请大家表示意见。有一位老先生站起来不客气地说：'现在文官武官都是贪污，贪污的程度比了前清的亲贵还要厉害，比了民初的军阀还要厉害！'蒋氏即勃然大怒，说：'你老先生恐怕中了共产党的宣传吧？国民党就有不好之处亦何至像亲贵和军阀，你以后说话要小心才是！'我听了蒋和陈的两次谈话，才真实知道国民党的腐败已到了不可救药的地步，高级的人不愿接受批评，下级的人自然可以一无顾忌地横行，不怕人家的告发。好像一座木材筑成的房屋，满生了白蚂蚁，已蛀得空空的，哪有不塌下来的道理。"父亲对国民党感到十分失望。

1943 年 3 月，父亲出席中国史学会筹备会及成立大会，任大会主席，当选为常务理事。另有傅斯年、黎东方、朱希祖（逷先）、陈训慈（叔谅）、卫聚贤（怀彬）、缪凤林（赞虞）、金毓黻、沈刚伯亦当选为常务理事，又有吴敬恒（稚晖）、方觉慧、蒋复璁（慰堂）当选为常务监事。黎东方兼任秘书。父亲在当时的日记中写道："此次中国史学会之召集出于教育部，电滇、黔、粤各校教授前来，花费殆十余万。说教育部提倡学术，殆无此事。有谓延安正鼓吹史学，故办此以作抵制，不知可信否。予与今教长恶感已深，本不想参加，又恐其作强烈之打击而勉强出席。然开会结果，予得票最多，频作主席，揭诸报纸，外人不详其实，遂以为我所倡办矣。"

4 ＿ 自柏溪迁北碚

　　父亲辞去中央大学职务后，即离沙坪坝返柏溪，除主持文史杂志社等事外，更在家中重享读书生活。但好景不长，5 月底，殷氏母亲突然病逝。她素来体弱，四年前，将子虬公丧葬事料理完毕由苏州抵成都时，身体大大受损，父亲说："渠夙有胃疾，兹于短期中两涉长途，舟车风浪摧伤其脏腑，憔悴至无人形，下站时几不相识"（《西北考察日记》）。以后她的身体虽有所恢复，但元气已大伤。这次患恶性疟疾，别人犯此病尚不致伤命，而母亲身体久亏，便难以承受，她于 28 日患病，高烧与吐泻并作，当时父亲正因事在外，29 日晚得知母亲病势甚重，次日一早急忙赶回，此时母亲已处于昏迷状态，经医生打强心针后清醒一小时，不久即去世。当地连棺材都买不到，还是父亲托人由磁器口买来才成殓，随后便埋在文史社所在地之对面山上。"此次丧事，计用二万三千元，尚系极不成样子者，所谓草草殡葬也。"（日记，1943 年 6 月 6 日）

　　由于母亲之逝极其突然，事先并未有一些预兆，因而使父亲措手不及。此前半个多月大姐自明刚刚远嫁贵阳，二姐自珍陪同前往，待其完婚后方返柏溪便遭此丧事，不久亦因伤寒而住进医院，真可谓祸不单行。转瞬之间一家人生离死别，父亲与自珍在医院里只有相对垂泪，那时父亲在日记中写道："与自珍言，予此次丧妻，较第一次还难受。其故则以徵兰死后家还在，家事一切由祖母主持，予尚不感空虚。今日则履安死后，柏溪已无家可言，而我与自珍又飘泊医舍，处处是浮飘飘的，精神物质两俱不得安定也。"（1943 年 7 月 23 日）当时父亲的月薪只有三千元，为妻丧女病而花费数万元，况且不久前嫁女至贵阳亦是很大的开销："自明之嫁，几于不能成礼，而所耗已在万元上，生于今日，如何可以动弹！"（1943 年 5 月 9 日）这一笔数额压在父亲肩头，真让他有不胜任之感，他既受悼亡之悲痛，加上经济的压迫，以致"看着汹涌的嘉陵江水，真想一跳下去完事"（致胡适信，1947 年 11 月 27 日）。当时他在日记中写道："心绪既坏，身体又劣，生不如死！自珍谓从未见予如此颓废。忆祖母死后虽有家庭之变，而有履安相辅，精神上尚不大难堪。今履安死，则'臣无以为质矣'。有生以来，从未有如此之伤心者也。"（1943 年 8 月 1 日）"徵兰之没，予仅哭两次，一气绝，一入殓耳。独至履安，则一思念辄泪下，今日又哭出。她对我实在太忠心了，叫我如何不想她！"（1943 年 7 月 27 日）

母亲对于父亲的忠心是人所共知的，自从结婚之后，母亲始终用了全副精神和力气在父亲身上，并因爱父亲而旁及到家中所有人，唯独忘了她自己。父亲收入有限而用途过多，幸有母亲勤俭持家，使父亲不必为家庭开支担心。父亲作文总是反复修改，幸有母亲替他一次次抄写，傅斯年等人均羡慕父亲有这样一位书记；当我今日整理父亲遗稿时，看到其中多为她所抄，直抄至其病逝之前两日，不禁使我肃然起敬。再者，如父亲 1932 年 3 月 29 日致母亲信中所说："我最感激你的，是你没有虚荣心，不教我入政界。前数年，国民革命初成时，我的师友们何等得意，那时我要得一官容易得很。假使你存些势利之见，要你的夫婿登上政治舞台以为自己的光宠，朝晚在闺房中强聒，我也未必不会心头一软，滑到了那边去。可是你始终无一言及此，使得我还能独善其身，专心学问。这件事看似平常，其实正不容易。我们二人，至少在这'淡泊'上面是有共鸣的心弦了！因此，使我感到，我将来的学问事业如能成功，由于我的努力者一半，而由于你的辅助者亦一半。"母亲因患盆腔结核，婚后不曾生育，而将前房所生两女视如己出，家中处处洋溢着真挚、平等、和谐的气氛。母亲不仅善待父亲和家人，而且善待父亲的同事和朋友。钱穆在《师友杂忆》中说道，他初到燕大时即访父亲，"其家如市，来谒者不绝。余初见其夫人及其二女，……其夫人乃续娶，未育，有贤德"。又说父亲"待人情厚，宾至如归。常留客与家人同餐。其夫人奉茶烟，奉酒肴，若有其人，若可无其人。然苟无其人，则绝不可有此场面。盖在大场面中，其德谦和乃至若无其人也。余见之前后十余年，率如此"。以后在齐大国学研究所，钱穆又与父亲为邻，《师友杂忆》中说："其时生活日清苦，颉刚气体不壮，……其一妻两女，同居园中。夫人贤德，尤所少见。颉刚患失眠症，每夜必为颉刚捶背摩腿，良久乃能入睡。其两女乃前妻所出，而母女相处，慈孝之情，亦逾寻常。……园中师生对颉刚一家人之亲切，亦难以言辞形容。"在文史杂志社里，母亲仍视同事如家人，默默地关照着大家。由于母亲的贤德深入人心，故当她去世后，不仅社中同人为之痛哭，就连成都崇义桥国学所同人闻知噩耗也唏嘘不止。

在殷氏母亲逝后的半年之中，父亲的忧患悲伤可谓到了极点，简直无心工作，他对友人说："刚心思摇乱，不能从事，为之怅然。始知刚以前之所以能努力工作者，皆由于内子之稳定后方也。"（日记，1943 年 8 月 25 日）又在致胡适的信中说："此数年中，治学则材料无存，办事则经费竭蹶，当家则生离死别，触目伤心，弄得一个人若丧魂魄，更无生人之趣。"（1943 年 10 月 12 日）只是有事业心的支持，父亲始终未倒下。他以为：自己"宿有大志，曾无际遇。然穷则独善其身，达则兼善天下，耿耿此心，未尝稍渝"（致黄和绳信，1943 年 9 月 12 日）。他"任事虽众，终始未得势，无多金，在极困难之场面下苦撑。加以时局之动乱，个人事业易受摧残，更不能有所展布。但谓为被制止则可，谓为已失败则不可。即如标点正经正史，今仍进行，再越二年，初稿可脱。禹贡学会虽停顿，而中国史地图表社又建立于北碚，地图底本正在复制"（致赵贞信信，1943 年 9 月 10 日）。此处所言标点正经正史，即指在齐大研究所标点二十四史及编制索引之工作，自父亲离成都后并未停止，他一直安排人员做此工作并自付其工资，至抗战胜利之时已标点三分之二，《史记》索引亦粗有成稿；又言中国史地图表社建立之事，则缘于 1943 年春天父亲与中国史学会同人的一次游览。

此次游览至北碚，父亲认识了亚光舆地学社金擎宇。金氏及其兄振宇、纬宇等在抗战开始后创办此社，制印地图，由于当时逃难的民众和开拔的军队都需要地图作旅行中的参考，此社所出袖珍本"中国分省图"竟于数年内销了三十五版，每版一万册，因而奠定了他们的经济基础。那时金擎宇之兄在江西、湖南、广西一带推销，他则为邀请制图人员而至重庆，在重庆得知科学工作人员集中于北碚，制图以该处为宜，就在那里盖了几间屋，设立制图社。当时金氏遇见父亲，知道他有意在出版方面发展，便请其加入。他们在亚光舆地学社之外成立中国史地图表编纂社，推父亲为社长，父亲说："予被推为社长，辞之不获，从此又多一事。然予自省，在学界中二十余年，在政界二年，学界争名，政界争权，大有靡之靡所骋之概。今与商人合作，彼不与我争名，我亦不与彼争利，或可作正常之发展乎？"（日记，1943年4月27日）只是北碚距柏溪六十里路，父亲不便前去任职。然而后来殷氏母亲的逝世使父亲不愿在柏溪再住下去，一来怕见母亲逝世的房屋，二来此地连医院也没有，母亲的病即以医药延迟而耽误，父亲怨恨这穷乡僻壤，于是在11月初将家和文史杂志社迁至北碚，并正式担任了中国史地图表编纂社的工作。是时金氏昆仲来北碚，协议扩大经营，招收外股，成立大中国图书公司；父亲为丧事已负债累累，如何能有钱入股，承他们的好意，替父亲加入了二十万元，于是父亲也成了公司的股东。原有之史地图表社名义不变，改作为公司之编辑所，父亲任所长。

此时，萧一山、罗根泽等友人热心为父亲的婚姻帮忙，为其介绍张静秋女士，她是江苏铜山人，1933年自北平师范大学外语系毕业后，即与三位志同道合的同乡女友回徐州创办立达女中。"七七"事变后学校停办，她随家人逃难至广西桂林，任桂林女中教员，1940年转至重庆等地教书，是时任职于中大柏溪分校；她笃信教育救国，一心在工作上，年届三十五岁尚未考虑婚姻。父亲听到诸位友人称赞张女士贤淑孝悌，便在年底与其见面，其实以前他们两人曾在中大同事家里邂逅，但那时并未料到日后会有婚嫁之论。

1944年4月4日，父亲与张静秋订婚，请几位来宾签名作证，并在重庆《大公报》上刊出订婚启事。父亲的熟人太多，并且当时公教人员的生活太苦，他甚不愿人家破费，亦不愿自己多花钱。因此他决定此次结婚，不行婚礼，不发请帖，亦不印谢柬。7月1日，两人于北碚结婚，在蓉香饭店宴客，招待一些极熟的朋友，父亲日记中说："今日结婚，临时发表，亲朋猝不及防。……然到客犹及百人，蓉香中椅凳碗碟均感不足。"为宴客以及婚前略备一些衣料被褥家具，共费去十八万元，父亲说："以万元合战前廿五元计，仅用四百五十元，可谓甚俭。然此数已非我所能担负矣。"（日记，1944年7月3日）他又在《大公报》上刊出《顾颉刚、张静秋启事》曰："兹已于七月一日在北碚结婚，值此国难严重之际不敢备礼，各亲朋处均未柬邀，务乞鉴谅，并乞勿致馈贻是幸。"

这时父亲的心境要好得多了，他在结婚前作《赠静秋诗》曰："北碚激波澜，涌荡嘉陵浔。迤逦登岗阜，黄桷何森森。我来居其间，忽然觏知音。温泉梅花下，婉娈结同心。鸡鸣好相励，风雨讵能侵。千秋与万里，悠悠我此忱。欲以将沸血，化为苍生霖。君许并致力，其利自断金。他日须弥上，携手豁双襟。磊落吐斯怀，对答如鼓琴。隔山传虎啸，仿佛栖深林。会当游大泽，与子作龙吟。"

当1942年，迁于北碚的复旦大学曾来邀父亲任文学院长兼史地系主任，而当时种种牵制甚多，故父亲辞而未受。这时既迁至北碚，则复旦之邀不能不应，遂于1944年3月始任该校史地系教授，陆续授"《史记》研究""春秋战国史""历史地理""方志实习"等课。

同时，应史学书局之邀，父亲自编《顾颉刚文集》两册。他以为学术之事"并世之人杂有恩仇与争名之观念，最不能平心评论，百年之后，无所用其争，然后是非乃定。许多人看刚为标新立异，而刚则自信为中正平实，此不必以口舌争也"。文集印出后，"当可使人见刚之整个面目"（致李文实信，1944 年 8 月 5 日）。史学书局是父亲的学生郑逢原所办，由于资金问题，次年便停业，不久郑氏亦病逝，父亲为之痛心不已，文集的出版自然成了泡影。

那两年，父亲又发起史地通俗丛书编辑社，以编辑《中国名人传》为第一事。在那些年中，由于后方图书馆不充实，研究工作实难开展，故父亲颇欲从事整理旧史料、创作新史书两项工作，前者即如他在齐大国学研究所整理二十四史、为国立编译馆主持编辑"唐以前文类编"等事；后者他以为当赖书肆，筹得一大笔稿费，集合许多专家，方可有成。父亲以《名人传》作为创作新史书之开端，自周至清选得二百多人，期就此等人之传而表现其各个时代与各个社会之背景，分之为二百册，合之为一书，亦即"中国通史"之雏形。他于 1943 年作成《晋文公》一稿，"名人传必须示人以榜样，因将旧稿《晋文公》修改，作为第一册"（日记，1943 年 5 月20 日）。可惜现已不知此稿的下落，仅知当时梁实秋览后认为："此为极生动之通俗历史，不独对民众，即一般知识阶级之非专攻历史者，读之亦觉盎然有味"（见 1946 年 7 月《文史杂志》六卷一期封底《中国名人传》之广告）。为了通史工作，父亲邀集王毓瑚、史念海、傅筑夫、吕叔达等不少人共同为之，而欲由自己总其成，"以自审文笔尚能通俗，思想亦不颓废"，"自其适宜于此也"（致方豪信，1944 年 8 月 13 日）。1943 年父亲曾四出捐款，仅得四五万元，稿费转瞬发尽，未能有大作为；而不久得中国出版公司支持，父亲感到有了希望。该公司在 1944 年集到一千万元，当时可换黄金二十条，虽不算多，总还可以做些事的。但因公司总经理未积极行动，抗战胜利后公司存在银行的钱愈来愈贬值，父亲的希望又落空了。

1944年，齐鲁大学校长汤吉禾屡邀父亲任国学研究所主任，此时钱穆已离所。父亲考虑以前在该所从事之标点二十四史工作尚未毕，为完成此事，他与校长相商，可否依照南开大学经济研究所例（大学设于昆明而研究所设于重庆），将该所语言文字部门留蓉，由胡厚宣主之，史学部门移碚，由自己主之，庶不至因遥领而误事；每年到蓉讲学一两月，校长允之。11月，父亲抵成都，在齐大授"中国地理沿革史""春秋史"课，并为研究所编制预算、计划工作。诸事方有头绪，不料次年1月底，齐大起风潮，汤校长下台，父亲畏陷漩涡，即离成都。研究所之事遂未商得具体结果，整理二十四史之事亦未能落实。以后由吴金鼎主持研究所工作，父亲又去信商量此事，信中说："《二十四史》之标点，为我辈整理中国历史之初步工作，且为不能不经过之一阶段。经过此一阶段，然后研究工作方有凭藉，引用原文方有标准。刚在崇义桥时，所中工作人员甚多，分配担任，其事甚便。不幸事未毕而刚已他去，虽校中每年寄一小部分经费来，然戋戋之数实无以集事，故迄今《梁书》《宋史》《元史》等尚未动手。刚以为当今日新旧交替之时，我辈读无标点本已惯，加以勾勒犹不为难，及过渡时代既逝，他年为此事者必苦事倍而功半。刚所以冒若干人之诋諆而坚持进行此项工作者，正为其为时代使命也。甚望校中许我专聘一二人，成此伟业。其人应为大学或研究院毕业生，所得薪金等于一初级讲师。他年书成，交上海一书局刊出，但得标明'齐大研究所编辑，顾某主编'，容刚在齐大留一纪念，且以间塞谗慝之口，于愿足矣。"（1945年9月4日）但父亲的苦心终未能实现。

那些年中，父亲除学术活动之外，社会活动日益增多，人事纷纭，不但无暇作文，亦复无暇读书，终日忙于见客与写信、开会与赴宴、上课与改卷，父亲不免为远离学问生活而感到空虚，他以为："此实为刚致命之伤，表面上是得到社会地位，而实际上则是失却社会地位，此不可不改弦易辙者。然今日手头无钱，不能罗致人才，作一事业的组织，以分刚之责任。将来倘有所凭藉，第一即当从事于此，庶刚可以腾出时间，继续从前之研究生涯，不为百世以下所痛惜。"（致李文实信，1944 年 8 月 5 日）尽管父亲渴望安定的治学环境，但由于他在学术界的地位及其心里始终放不下学术建设的大计划，更何况还有对于边疆问题和民族团结、民众教育的关注，因而他担任了诸多机构的领导，这就难免精力的分散，并时常受到人事的龃龉和经费不足的困扰。为此，父亲常陷于痛苦之中。可是，面临民族存亡的严峻形势、战火纷飞的动荡生活，他又如何能安心治学呢！此书《前言》提到的"自传计划"中，"未能尽其才！""但已尽了我的力！"这两句话，深深道出了父亲的这种矛盾和无奈。

5 _ 抗战胜利后

1945年8月，日本投降，八年战事结束。当时消息传来，父亲与家人为之狂喜。

在复员返乡之前，1946年2月，父亲自重庆飞抵北平，查寻劫后所余之藏书。抗战爆发时父亲只身离平，所有存留在燕大成府寓舍之藏书、稿件、信札，由起潜公代为保管。随着形势的变化，起潜公感到成府寓所已不安全，便找侯仁之相助，由侯氏出面找总务处蔡一谔商量，蔡氏原是很难通融的，但这次却很痛快地答应这批书稿可存入燕大临湖轩司徒雷登校务长住宅之地窖。于是他们买了二十多只大木箱，连同父亲原有之若干书箱（上面刻有"颉刚藏书"四字，是容庚所写），将成套之书籍放入，约有三万五千册之多。另外还有两箱是讲义和稿件，一箱是信札，父亲历来有收集信件的习惯，他室中原有一只极大之木橱，比家里的大写字台略长，而高矮、宽窄相同，父亲将信件分别按人捆好，一包包存于橱中，其中有他同其祖母的来往信札一包；因大木橱不易搬动，故他们将这满满一橱信件取置木箱中。起潜公在装箱时，将自己的两部珍贵藏书亦放入（其中一部是他用红、绿、赭、蓝、黑五色笔手录吴大澂、潘伯寅等人评校的阮元所编《积古斋钟鼎彝器款识》五色精校本，书里并有父亲、王树榴、商承祚、容庚、董作宾、徐中舒、唐兰、刘节等人的题记），原以为这样可以保险了。父亲另一些零种藏书，约万册，由起潜公存于燕大学生宿舍四楼。1941 年冬太平洋战争爆发，日美宣战，日本人便接收了燕京大学。次年，父亲存于校务长住宅之书稿尽给日本 1821 部队经理部劫去，稍后，其存学生宿舍四楼顶者则为日人华北综合调查研究所劫去。父亲得知，万分可惜，他说："予数十年之心血化为云烟矣。此固料想得到之事，然而人孰无情，谁能遣此。又予许多稿件亦随沦没，更是不可挽回之损失。""此项图书约有五万册，稿件、信札等则自十余岁至四十余岁三十年中之积累也。"（日记，1942 年 6 月 7 日）

父亲行前曾致信洪业，询藏书有无消息，得洪氏来信，谓"辱询昔年寄存临湖轩书籍如何，以弟所闻，一年以前东安市场已常见有吾兄藏书，各摊出卖者，殆日寇劫夺盗卖之余也，不胜愤慨之至，然亦无可如何！秋间复校时，临湖轩内已一无所有，图书馆内书籍乱堆如山，据闻多系从各楼顶移来者，聂筱珊现正从事清理，其中亦时发见有吾兄之书，闻将聚集一处以待将来奉还"（日记，1946 年 1 月 29 日）。

抵北平后，父亲经过一番查寻，了解到寄存于四楼顶者于 1945 年春间由日人手中散出，一部分存燕大图书馆，一部分存日本使馆，后被教育部特派员办事处所接收，又一部分则为人所偷盗，即书铺所见者。那时隆福寺街修绠堂有父亲藏书《古玉图考》《铁云藏龟》等二十六套，书铺主人孙助廉"谓是去年春间收得，知为予书，故未售出。其意甚可感也"（日记，1946 年 2 月 21 日），父亲遂出钱赎回。这三处存书对照起潜公当时登记之目录，可知已得十分之六。然而寄存于临湖轩者仍一无所见，父亲致信教育部，请代为追寻，并要求日人赔偿所有损失。当时父亲嘱人刻两印，一"颉刚劫后所得"，一"晚成堂劫余书"，陆续盖于收回之书上。时隔多年，起潜公存于临湖轩父亲书箱中之《五色评本积古斋钟鼎彝器款识》竟辗转由中国科学院（即现中国社会科学院）文学研究所购得，另一部亦得其下落，看来当年存于临湖轩之数万册父亲藏书仍有重见天日的希望。

至于父亲原在北平城里的书物，大部存于禹贡学会，而稿件、信札等则存于银行。父亲于 2 月 21 日到中法工商银行取箱归，即整理箱中稿件。"打开看之，皆履安检理之稿件信札，每包均签名作封记。每开一包，心辄作痛。噫，我将何以报之！"（日记，是日）28 日，父亲又至天津。当年父亲老友章元善之弟元群在天津工作，抗战爆发后，章氏兄弟欲将其父章钰（式之）所遗书稿存入天津英美租界之中国银行仓库，起潜公得知后，认为天津有水陆交通，日后出路较北平便当，故与殷氏母亲将两箱父亲之手稿随同章家物件存至该处。太平洋战争后，日人接收该银行，清理仓库，欲将其中存物拍卖，章元群得知后，便将父亲之物随章家之物转存浙江兴业银行。此次父亲去天津接收，打开木箱，凡昔年日记、笔记、游记、信稿，皆一一呈现，不禁"热泪夺眶，若获亡子"（《辛未访古日记序》）。殷氏母亲及起潜公等人的保护之功不可没矣！

父亲的《辛未访古日记》手稿即在天津存物之中，后交《开明书店二十周年纪念文集》发表，他为此稿所作《序》既叙述了此稿之经历，亦反映了这批手稿的命运，其中有言：游览中每记录其见闻，"勇于搜求而怠于写作，即写作矣又怯于发表。非不欲发表也，骤驰之际，察问难周，随笔成文，未多考核，虑为识者所呵；而欲加参稽，职业困牵，又不易成其事，遂惟有藏诸箧中。……抗战军兴，日寇见迫，南行仓促，一卷未携。九年以来，流离转徙，每怀旧作，若思亡子。意其终不可见，未尝不自悔过于矜持也。"当年旅行"林君悦明工于摄影，得片二百，选编百余入文，以资对勘。希白嘱付印，予嫌检索未备，请稍假时日。……今者文稿虽存，照片已不知何往，求益反损，其命也哉！"

父亲此次北行的一个多月里，还为恢复禹贡学会而忙碌，当时他迁入学会居住，将禹贡学会的匾额重新悬挂门口，并于3月10日在太庙图书馆举行复员大会，到会者有张星烺、沈兼士、马松亭、刘厚滋、吴丰培、侯仁之、张政烺（苑峰）、苏秉琦等百余人。父亲作工作报告，总结抗战前情况，并述抗战中后方会务：如史念海、郑逢原等绘制历史地图、蒙文通论《水经注》之错误、自己考察西北、同仁编撰《北碚志》等，又谈及此后会务计划。吴丰培亦报告八年来北平会务：抗战初由赵贞信保管学会，1943年赵氏离平，学会即交刘厚滋、吴玉年、冯世五三人管理，图书等项无损失，会中款项收入仅有房租一项。会议公推理事长仍由父亲担任，又推王光玮（灿如）、吴丰培、冯世五为常务委员，维持会务。会议讨论今后募款及编辑事宜：组织基金管理委员会，由刘厚滋等九人任委员；改《禹贡》半月刊为季刊，这自然是因为纸张的缺乏及印费的昂贵，不过季刊的时间不像半月刊那样紧迫，篇幅也不那样短小，大家可以借此写些长文章，此事由翁独健负责；在北平《国民新报》上发刊《禹贡》周刊，以通俗文字为主，此事由王光玮、侯仁之、张政烺负责；出版《禹贡会讯》，以便维系会员间的联系，促进会务的进行，此事由冯世五、栾植新负责；"边疆丛书"由吴丰培负责。

父亲任周刊主编，作《发刊词》曰：抗战以来，学会集体工作虽停止，而个人之工作绝未因此而停顿；"况播迁所及，随地有考察机会，故西南西北，貊国羌乡，咸多创获，远迈前修，他日整理成书，必可开拓知识之领域"。他并为其题刊名，作征稿启事。父亲又修改《禹贡学会募捐启》，并在自身十分拮据之状况下率先为学会捐款五十万元，数月之中学会共募得二百余万元，其中起潜公在上海募得百万元。他们以此作为基金，存息以维持会务。但因时局不稳，通货膨胀，一日数变，学会终难有大作为。在父亲离北平后不久，会址由赵贞信接管。以后季刊未能出版。周刊在《国民新报》出版十期之后，因该报不付稿费而停刊；不久萧一山办《经世日报》，邀张政烺办副刊，张氏致函父亲得其同意，便在《经世日报》上续出《禹贡周刊》，当时张氏与胡适同住东厂胡同一号，于是请胡适为题刊名，此刊又出版十六期，至11月而止，这时撰稿人多不是学会会员，因而文字亦与历史地理无关。另外《禹贡会讯》出了两期，"边疆丛书"由吴丰培自筹资金陆续印了《北征日记》《西行日记》《巴勒部纪略》等六种。

第 七 章

东 归 的 苦 闷

1 __ 复员还乡

1946年4月，父亲离重庆东返。当时上海一些报纸曾有关于他的报道，谓其重庆归来，依然故我，使亲朋大失所望，良以持笔杆不持枪杆之故；又谓其归来反不若一戏子之受人欢迎。对于这些舆论，父亲说："旁人要我出风头，要我掌权势，而不知我之事业与兴味不在是也。"（日记，1946年9月29日）他那时的心境在下面一首诗中充分体现："独立苍茫里，悠悠千载心。浮华都屏绝，寥寂久甘任。怀古情何限，悲今意转深。众人昏醉日，俯仰一沉吟。"此诗虽是父亲抵苏州后为郭绍虞题像而作，但他说："此亦自道也。"（日记，1946年5月24日）

自子虬公逝后，苏州的旧宅即处于无人管理状态之下，八年以来杂乱不堪。父亲归来后，一一处理诸多事务，如整理登记子虬公所遗图书古物，修理受损的家园，解决与房客的纠纷，安葬殷氏母亲，等等。

大中国图书公司在抗战胜利后迁回上海，再谋扩充资本，定股份总额为两亿元。那时币值跌落得更快，所以父亲收入较多，他陆续付股款，至招股结束时凑足了二百万元，恰好是全部股份的1%。7月1日，大中国图书局在沪开幕，父亲被推为总经理兼编辑部主任；副总经理是陈宣人，其在商务印书馆担任事务多年，抗战期间在重庆大信文具公司；经理一是金振宇，即前亚光的总经理，一是丁君匋，前生活书店及大公报馆的函购部主任；协理是金纬宇，即前亚光的副经理。父亲实在不会做生意，他坚决辞谢总经理一职，但一来年龄最长，二来在教育界工作数十年，交游众多，故而大家定要他担任此职，为的是要他专门在外面做教育界的联络工作，这是书局做生意所必需的。因此，父亲虽名义上为总经理，而平时仍住在苏州，当公司有事打电话来，他才去上海。

起初该书局营业甚佳，居地图出版业之首。父亲说："我们在重庆已绘了好些地图，外蒙让出去了，台湾收回来了，东三省变为东北九省了，这些变动上海书肆都尚未出书而我们的地图中已都有了。在胜利之后人心振奋的时候我们印一版就销一版，甚或我们尚未再版而定货的已来，大有供不应求之概。"（《自传》）父亲在高兴之余也有些许悲哀，在致胡适信中写道："我也成了一个小股东。我深感到经济基础不稳定，无论办事或治学总是没有根的，所以很想藉此打好我的经济基础，再来埋头读书。这真是学术界的悲哀，也是我们国家的耻辱。"（1947年11月27日）然而时局的变化使父亲打好经济基础的愿望破灭，当国共谈判破裂，战事一起，书局的发行网就缩小了一半。随着解放区的日益发展，到1949年上海国民党军队被消灭之前，书局的发行网竟至不出上海。而且由于工商业的不景气，人们的购买力也迅速萎缩，就是上海市区亦今非昔比。书局的地图是没有销路了，只能靠卖钢笔吃饭。父亲为书局编的一套《中国历史故事小丛书》一百六十种，出了十多册就出不下去了。他特约吕叔达编撰的八十回《中国通史演义》，编辑部用了五六年力气绘出的二百万分之一《中国分省地图》，其精密度为前所未有，到这时都不能印了，真令父亲十分痛心！

归苏州后，父亲任苏州社会教育学院教授，1946 年 9 月始，授图书博物馆系"中国目录学"课，社会事业系"中国古代社会史"课。同时，父亲又与马荫良等商议组织民众读物社，马氏是《申报》馆经理，抗战前父亲为通俗读物事即与其有过合作。这时父亲致杨向奎信中说："刚前在北平编辑之通俗读物，出六百种，共印五千万册，比一试验决不当令其落空，此一事业在我一切事业中独为伟大。抗战数年，虽此事不能开展，终未尝一日去怀。此次东归，得遇有钱同志，决定在沪续办。上海为出版事业之中心，此举可望其有超出北平之开展。"（1946 年 10 月 9 日）于是，父亲在社会教育学院与院长陈礼江（逸民）、同事古楳、董渭川以及马荫良等人一起筹备组织民众读物社，甚欲集合全院师生之力行社会教育之试验。

1947 年 2 月始，父亲便在苏州社教学院授"民众读物"课，训练学生写通俗文字，并加以批改。待他们的文章做好，父亲就筹办《民众周报》，由纪庸（果庵）、王泽民编辑，5 月第一期出版，自第二期改名《民众周刊》。接着父亲为教育部作训令，令各省市教育厅处局推行此刊。不久，民众读物社在社教学院召开成立大会，父亲与陈礼江、董渭川、古楳、马荫良等人被推为理事，后父亲又被推为理事长。在这时，捐款比抗战时期更难，父亲不得已去南京找朱家骅，请求教育部帮助。此时朱氏任教育部长，批准给民众读物社基金两千万元，不久又补助《民众周刊》七千万元，数目固然不小，但做不了多少事情，加以教育部总务司腐化，他们领了钱自做生意，待汇到父亲手中的时候，早已打了一个对折，更做不了什么事，帮不上什么忙。由于受经济崩溃之影响，该刊销路不佳，父亲起初还以为是上海人不太欣赏这种用国语写作的读物，于是就运到北平出售，谁知不少仍被退了回来，这才明白"人民穷了，战前花一两分钱买本大鼓书不算回事，现在最少也要五千"（《我的事业苦闷》）。这个刊物只出了三十期，便因无法周转而停刊了，父亲无可奈何地叹道："这可以说是我的民众教育工作的回光返照。"（《自传》）

当 1945 年底，贵阳文通书局经理华问渠邀父亲任该局编辑所所长，该书局资本雄厚而缺乏编辑之人。那时父亲为解决文史杂志社的出路而将社中诸人介绍入该编辑所，并邀白寿彝加入。返苏后，父亲便将文通书局编辑所设于自己家中，次年白寿彝到苏，主持该所日常事务，职员有方诗铭等。父亲不仅将自己的房屋分出一部分，作为办公室和同人的宿舍，又将家中藏书提供给编辑所同人自由使用，后来父亲在重庆的藏书也运到家了，其中有不少抗战期间西南的出版物，这些藏书为同人提供了很大的方便。《文史杂志》此时便改由文通书局出版，这份被父亲称之为"在炸弹的火焰里生长"的刊物，靠着他的坚持，成为抗战期间几个寿命最长的文史类刊物之一。本来是半月一期，后来因为物质条件的阻厄，改为月刊，再往后只得以合期的名义出双月刊，至此已开始出版第六卷了。父亲之所以要将此刊坚持下来，其缘故在 1947 年 9 月他为此刊所作《复刊词》中可以一目了然：

> 《文史杂志》是民国三十年在重庆创办的。那时正是兵荒马乱的时候，……一座好好的重庆城，炸得几乎没有一间完整的屋子。我们在这个时候来办这个杂志，并不是有甚么闲情逸致，我

们只是认为：战事不知何日终了，我们不知再可活几天，如果我们不把这一星星的火焰传衍下去，说不定我们的后人竟会因此而度着一个长期的黑暗生涯。历史的传统是不能一天中断的，如果中断了就会前后衔接不起来。我们都是服务于文化界的人，自己的生命总有终止的一天，不值得太留恋，但这文化的蜡炬在无论怎样艰苦的环境中总得点着，好让孑遗的人们或其子孙来接受这传统。这传统是什么？便是我们的民族精神，立国根本。

1947 年 9 月 23 日，父亲病中致白寿彝一封长信，当时他在事业上已经碰够了钉子，便借养病之机，仔细反省自己，把自己生性、现在情况及将来出路在信里向白氏倾诉，甚欲重新回到学术园地中，他说：

> 刚之为人，事业心、责任心、同情心均甚强，好处在此，坏处亦在此。好处是会看出问题，想出方法，抓住机会，向前冲锋，公而无私，为人牺牲，受人亲附，易作号召。坏处是好大喜功，贪多务得，永远忙迫，为事所困，逐物徇情，骑虎难下，事未作好，精已销亡。
>
> 记幼年读《读史论略》，至"范文正公做秀才时，便以天下为己任"，奋然而起，有"大丈夫不当如是耶"之感。想起孟子说伊尹"有一夫一妇不被尧舜之泽，若己推而纳诸沟中"，起了极大的共鸣。适那时《新民丛报》风行，读之起舞，愿为中国之新民。后来读了章太炎先生的文章，懂了些研究古学的方法，入大学后又知道分工的必要，就想放弃以前的弘愿，在古学的范围中成个学者。毕业后在北大作事，颇有读书的机会，在古史学及

民俗学中找得了自己的园地，更想终身致力于此。不料民国二十年游了黄河流域四省，真看见了民间，才知道老百姓过得是地狱生活，如不即加以救援，便有亡国灭种的危险。那年的秋天，九一八事变作，又感到边疆问题的切要。从此到今十六年，"民众教育"和"边疆工作"两件大事永远占据了我的心。

在北平，太天真了，想到就干，没有钱也干，也居然干成了几件事。可是，政府和党部的压力来了，使我知道做事便不能和政治脱离关系。抗战之后，物价日高，个人的生计且成问题，何论作事业，又使我知道要做事必不能没有经济基础。如何可与政治起联系而不受其迫害，如何可以打好经济基础而运用自如，这两个问题又侵袭了我的心。

到重庆四年，我确是和政界人物往来了，可是往来的结果总觉得格格不入。追究这原因，是长官们只要别人听话，小官们都肯没有自己，而我的独立自由的性情改不过来，就无法沆瀣一气。因此，只有和他们若即若离，作点头的朋友，而作事的志愿便无法达到。为了要打经济基础，我又与商人往来，固然借此也懂得些经营的诀窍，可是他们只知道赚钱，超乎赚钱的事他们就不理会，我自己既不能一时致富，也无法求他们帮我。复员之后，整个国家的经济日即于崩溃，政界商界自顾不暇，哪里顾得到救人，我的志愿就更不能实现了。

古人说，"人生五十始衰"。我今年已五十五，就是工作到七十，已经只剩十五年了，我不能不规定一个十五年的工作计划而求其实现，决不能把有限的精神去对付无穷的人事，弄得到头一事无成。我的身体确不能算坏，虽历廿余年的失眠还可以不厌不倦地工作，到燕大八年没有进过一次医院。可是这两年，我也觉得有些衰老的征象了。每过一个夏天如度一次难，一身衣服刚穿上便汗透了。紧张时固然同从前一样作事，但一松懈时就不胜其疲惫了。可是社会上的事情却愈弄愈多，许多人都想来利用我，为他们自己谋出路。我若一任他们的摆布，那么一天天的日子倒很容易混的，……我在病中发誓：我必须跳出这个圈子。

信中又谈到"中国通史"，他想以文史杂志社的名义发起编辑：

> 集合各方面有专长而又能合作的人，那些是作哲学理论的，那些是作材料的搜集的，那些是能作问题的考订的，那些是能作叙述的文辞的，个个予以适当的安置。

其实当上一年父亲已有编辑通史的计划，他嘱童书业先写，再由自己加以润色，那时童氏在上海博物馆工作，父亲为此事每月贴其家用二十万。后来因为事忙，童氏便口述，由其弟子黄永年记录，已成数章。父亲想找五六人同做，那么每月则须付一百多万。然而此款从何而来呢？父亲请白寿彝出主意，在当时的局势下，白氏又能有什么好办法呢？另外，父亲又想为文通编辑"古籍汇刊"，信中说：

> 这是我卅年前就立下的志愿，在柏溪时已做了不少，只要有人帮我，一年中可出几十种。商务出《四部丛刊》，只介绍了古本，中华出《四部备要》，只介绍了聚珍版，王云五编的《丛书集成》，点句大错，闹了极多的笑话，这整理古书的事本不是上海商人所能做的。我们在古书里钻了多少年，有资格做了，只要文通有力量出，这一炮一定放得响。

除此之外，父亲还想在十五年内编辑《古史辨》若干，并自编文集及写自传。他这个大计划虽难以实现，但他以后的工作都是朝着这些方面努力的。

那时父亲曾主编上海《益世报》之《史苑》周刊，在为该刊所作《发刊词》中，父亲指出：自五四运动至抗战前，中国的历史研究的巨大成就引起了世界的注意，而战争却把中国的学术工作拖后了二十年，必须"重培幼苗，使它可以接上前期的烂漫"。又指出："抗战前的史学界，大家投向专的方面，而忽略了通的方面"，一般民众万想不到他们会和史学发生什么关系。专家的研究是史学界的基石，万万缺少不得；而普及者是接受专家研究的成果，融会贯通之后送给一般人看，"唤起民族意识，把握现代潮流，都靠在这上了"。父亲的确很看重历史知识的普及，多年来一直身体力行。

由于父亲对政界的失望，那时熊式辉邀其任东北行辕教育处处长、朱家骅邀其任教育部东北特派员、顾祝同邀其任江苏大学校长，以及此后朱家骅又邀其任苏州社会教育学院院长等职，他均予辞谢。1946 年 11 月，父亲被政府选为国民大会社会贤达代表，他去南京报到之后便请假至上海复旦大学上课，当时他仍任该校教职，年底才返回出席制宪大会。1947 年，政府为了选总统而选国大代表，父亲的名字列在东区的教育界候选人里，社教院的同事说，只要父亲请吃一次茶，大家都选他。父亲

教育部部长朱家骅

不愿参加竞选，谢绝了他们的好意。可是后来政府仍将父亲列名其中，但他未出席此次大会。父亲说："学校里的同事和我争名，千方百计来打倒我。政府里不然，要把名送给我，什么会议都挂上我的一块牌，但不要我做事，也不用我的计划做事。这两种滋味在这二十余年里我尝够了，我也尝厌了，我决计退出。"（《自传》）这一年国民党举行重新登记，凡未登记的都算脱党，他就未去登记，就此脱离了国民党。

1947年1月，报载台湾大学聘父亲任文学院院长，他致信该校校长陆志鸿恳辞此事。

2 _ 去兰州

　　为躲避社会上无穷的人事，以集中有限的精力于工作，父亲于1948年初迁家至上海山阴路兴业坊三十五号。

　　这年3月，父亲当选为中央研究院人文组院士。我在南京第二档案馆查到中央研究院院士候选人提名表，该表要求被提名者应为"对于所专习之学术，有特殊著作发明或贡献者"或者"对于所专习学术之机关领导或主持在五年以上，成绩卓著者"，父亲是由胡适和傅斯年两人1947年7月提名的。胡氏评价父亲："自民国十二年间始怀疑古史，蔚为一时风气，对于古代之神话传说有摧廓澄清之功，所编著之《古史辨》，即当时疑古论文之结集，故合于第一项规定。""倡导古地理学之研究，主持禹贡学会，刊印禹贡半月刊等，故合于第二项规定。"傅氏评价父亲："研究中古时代的上古史说二十五年以上。""主持中山大学语言历史学研究所，北平研究院史学研究会，齐鲁大学国学研究所，共计六年。"他们所列举的父亲重要研究及著作包括对《诗经》《周易》《尚书》等古籍的研究以及对三皇、五德、禅让等古史说的研究，傅氏还列举了父亲以故事证古史的论著——《孟姜女故事考》。傅氏认为，"近廿年来，以科学精神研讨古史，整理古籍，顾君实为重要领导者之一"，以上所举著作"每篇均有其独特之见解，及其给予史学界之影响。盖其眼钜心细，征引闳博，或提供问题，或整齐故事，或原原本本，发覆钩沈，或覃经研深，创通体系。通脱之识，坚实之学，不徒尔破坏，实长于建设。其足以津逮来学，早有公论"。

6月，父亲应兰州大学校长辛树帜邀赴该校任教。辛树帜是父亲二十年前在中山大学工作时所结识的知己好友，两年前他去西北筹办兰州大学时，便邀父亲担任教授兼历史系主任。此次父亲在兰大，讲的是"上古史研究"，从他给母亲的信里可见当时讲课的情形：

> "我这门古代史研究先讲史料，再讲神话与帝王系统，再讲实际与理想的制度，是整个古史的缩影，现在讲了三个半星期，史料还未讲完呢。我这班上人太拥挤了，连在外省大学读书，暑假回兰州的学生也来听了。他们既有这般的兴趣，足证我教书的成功，我应当好好教他们才是。他们每人记笔记，每告一段落时，即将笔记交我，我略翻一过即交得贤（文实）整理，将来讲完时便可出一本书——拟命名为'古史钥'，以便作大学生研究古史学的入门书。所有《古史辨》及近五十年学者著作的精华都吸收在里面，……"（1948年7月15日）
>
> "我这次所讲分两部分，一部分是古史的材料，把古书分析，认识其真伪与先后，作研究的凭藉；一部分是古史上的学说，中国古史之所以难研究，即为史实与学说的混杂，弄不清楚，造成了许多纠纷，如今我把战国秦汉间的许多学说的头绪理

了出来，使人懂得这是诸子百家的臆想，不是真的史实，然后一部真的'中国古代史'可以出现。这是我一生工作的归宿，必有了这归宿，方如'百川朝宗于海'似的，为古史学立一个究竟。"

（1948年8月29日）

当时，兰大的师生对父亲太诚恳了。父亲上课向不点名，而学生无一缺课，住在近县的学生本来放暑假可以归家，为了听课也不走。辛校长"三日一小宴，五日一大宴"，每天傍晚饭毕，"卜卜"的手杖声就来了，拉父亲出外散步喝茶。辛校长不仅在生活上无微不至地关照父亲，对于父亲的讲学更是全心全意地支持，他每天必来听父亲的课，而且在上课前他先为之介绍大概内容，讲毕后他又为之总结，指出其中精髓。辛校长是生物学家，1920年代曾留学德国，这时他对父亲说："你的方法就是达尔文的方法。达尔文研究了一生生物学，知道生物会随时随地的变，你现在也是把古史随时随地的变态理了出来，这成绩太大了！"父亲本不知道自己受达尔文的影响，此时从辛氏处得知：达尔文的生物进化学说出来之后，影响到欧洲各门学问，尤其是地质学和社会学，用他的方法开拓出了许多新领域。我国的留学生到了欧美，其中胡适接受了这种方法，回国后就以此来整理国故，于是父亲也就从中领悟了这种方法。当母亲来信催促父亲早日归家时，父亲在复信里多次表达了对辛校长的感激和恋恋不舍之情："我作事三十年，饱受挫折，半因人忌，半由主管人不了解我。现在辛先生如此了解我，我所讲的，凡有独到的地方他总能举出，实在不能不称为'知己'。我交友上万，知己有几人，因此我不能不为他而多留些日子，正是豫让所谓'智伯以国士待我，我故以国士报之'的意思。"（1948年8月22日）

"我一生做了不少机关的事情，但真正要我发展才具的机关领袖实在太少。因为我名高，所以易为人所捧。一经人捧，不但同事不乐意，连领袖人物也不乐意。他们所以要我，为的是我有名，把我的牌子挂在他们的机关上，显出他们的光彩。但我既进了这机关，他们就对我暗示：'你不要动，不要出锋头！听我的命令做事！'但我如能接受他们的暗示，我就决不会在古史学中起革命了，因为古圣先贤的话原是该听的呀！要我的工作和我的学问及人生观背道而驰，这哪里做得到！所以，我决不能接受这暗示。既不能接受他们的暗示，所以结果就容易不欢而散，至多是'君子交绝，不出恶声'而已。现在辛先生不要我听他的话，只望我自己发展才具，这使我不能不认为此生少有的知己，我何必赶速回到上海，做某机关的傀儡呢！"（1948年10月23日）

此次父亲到兰州，只做兰大教书一件事，上课之外就是准备功课，校中参考书又多，一天到晚均可读书，故得积讲稿二十万言，他甚欲编为"古史钥"一书，将三十年之研究组成一系统。父亲一生勤学，而学问的系统迟迟没有建立，他在三十多岁的时候，觉得来日方长，深恐建立越早就越脆弱，所以只作专篇论文，并未构成一个大系统。自从三十九岁遭遇了"九一八"事变，要起而救国，精神就分散在唤起民众的工作上。抗战之后，东奔西走，年年搬家，生活不安定，就难得读书；而且物价飞腾，非兼做几件工作不可，而一经兼差，就无法从事学问。胜利后返家，原望在家读书，而宗族、亲戚、朋友来个不绝，酬酢频繁；又为了大中国而常须跑京沪办事，哪有握卷的空闲，父亲在兰州曾把自1947年4月至1948年3月整整一年的生活统计了一下，方知一年中流动了四十一次，其中住苏时间共计五个月，旅南京三个月，旅徐州、上海各两月，够忙乱的了。自"九一八"到此时，已经十七年了，父亲以为此时自己的学问水平"还站在民国二十年的阶段上"，必须努力补偿，而他年纪愈长，就觉得平生所学愈有系统化的必要。此次兰大授课，就要实现这个愿望，所以辛校长要父亲扩大教学范围，他就扩大了。材料既多，问题又繁，组织一个系统绝不是说成就成的。那时学生们说，他们听父亲的课所记一天的笔记，抵得上别的教师半年的。他们每天上午听了父亲两小时的课，下午自己整理，没整理完，明天的课又上了。他们所记，永远赶不上父亲所讲。父亲说："天下事，无论做成什么，总得有个力量在背后逼迫。现在我就借兰大同人的力量，逼着我在短期内完成这大工作。有了这个间架，将来修正补充就很容易了。"

父亲感到在兰大的生活和"九一八"以前的生活差不太远了，他知道自己是一个读书人，只该向内发展的，十七年的骛外生活，到这时扭转过来了，他对母亲说："我吐了三十年的丝，现在可以借这机会织成帛了。这是我十七年求之不得的，现在竟得到了，如何忍得放弃。我在此地多留一天，我的学问就多织了一点。"处于这种盼望已久的生活之中，他的心情自然舒畅，那时他在日记中说："自九一八以来，无如今日之心胸开朗者。"（1948年9月17日）为了在兰大一鼓作气地做好自己的工作，本来预计的新疆之游、敦煌之游，他都不想了；甚至连9月10日召开的中央研究院首届院士会议，他也放弃了，当时母亲希望父亲能赴会，认为这也是一种荣誉，而父亲却认为"所欲有大于此者"。他在致母亲信中说："好像要造一所房屋似的，卅年来积了许多木材和砖瓦，也造了几处小屋，但始终不曾把整个的院落筑起。……名为工程家，而一生只积砖瓦木石，不盖房子，是要给人笑话的。现在盖起来了，使人了然于我理想的崇闳和建筑的结实，这个荣誉岂不胜于到中研院去开院士会议！而且下届开会时，我可以拿这本著作送达院中，这又岂不是更高的荣誉！所以，我希望你原谅我，让我在此地完成'搭架子'的工作。"（1948年8月29日）

当时由于内战已起，经济混乱，兰州物价之贵，真到了吓人之程度，七八月间，一石米已至四千余万，较苏州高一倍。父亲牙刷坏了，买一个新的，哪知竟要一百八十万元。8月间政府以金圆券取代急剧贬值的法币，父亲对此并不抱任何希望，因为以前已经吃过一次大亏。当1934年，政府实行法币政策后，家中检出几百银币，遵从政府法令，送至银行换取钞票。子虬公一生省吃俭用积下法币四万元，存入银行，他逝后，父亲不得归家，故未能将钱取出，待抗战结束父亲归来，存在银行里的钱已变成一堆废纸。殷氏母亲生前存于银行的法币两万元，后来同样一文不值。此时父亲看到报载政府将收黄金为国有，他对母亲说："现在又要收黄金为国有，连我也不愿意再做傻子了。如果当时不将银币换钞票，现在就可以在西北买六个上等皮筒了。"当时西北上等皮筒五十银币一个。在父亲的日记、信函中多有这样的记载：

"八月十九日，发行金圆券，银圆二合金圆券一，未及二月，而金圆券七合银圆一，是未及二月之中物价已涨至十四倍也！可畏哉！"（日记，1948年10月15日）

"我现在在此，每月一百七十金圆。要是币值不贬，我当然有余，……但兰州铺子已把值钱的货物藏起，买米、买面、买糖、买茶，都买不到，形成窒息。所以昨天长官公署开会，准许米面涨百分之八十，米面一涨，别物当然紧跟。我的薪水就打了一个对折。如果锦州、太原随济南而陷落，恐怕不止再打一个对折了。"（致张

静秋信，1948 年 10 月 13 日）

"可怜的金圆券，出世不到两个月，已经贬了十分之八的价了！"（致张静秋信，1948 年 10 月 14 日）

"此间也是什么也买不到。黑市的价格已涨至百分之二百，我们的薪水就打了三折了！国家如此，不亡何待！

锦州大约已失了。军事节节失利，叫人心如何不恐慌。听说郑州兵已撤，去保卫徐州，那么郑州之下只且暮事耳。"（致张静秋信，1948 年 10 月 18 日）

母亲在抗战胜利后曾任徐州女子师范学校校长，因两年中连续生下我们姊妹两人，受家务拖累只好辞职，这时第三个孩子又将出世，她面对着混乱的时局自然是忧心忡忡，以致夜不能寐。她不断向父亲诉苦，父亲回信相劝道：

> "来书满纸愁怨，使我见了难过得很。这个时代是有史以来患难最多且最大的时代，能过正常生活的有几人？我们固然为了穷，生活不安，但眼光往下一看，生活不如我们的多得很，我们究竟还是过的中上生活呢。……
>
> 你说我爱说风凉话，你太不认识我了，我哪里是说风凉话的人！不过我为人乐观，着眼在将来，喜向光明处展望，同你这易于悲观的性情有些不同而已。但我深信，有了我这样的性格，是永远可以随遇而安的，这正是人生一乐。或者你要说我'自我麻醉'，可是这麻醉是有意义的。
>
> 想民国卅二年，相伴廿五年的太太死了，……在那时候我真痛苦极了，凄凉极了。……但那时我想：天要我死我就死，反正每人总有一死，我的心见得阎罗王，我有什么怕。如果不要我

死，那么这种眼前的困苦艰难正是天的磨炼我，我将来更可以成大事业。想到这里，心就定了。我到现在，大家说我精神好，身体好，恐怕就因有了这颗安定的心所致。我心定，不愁闷，我自己想出事情来干，永没有空闲，更无从为'闲愁'所束缚。我的年纪不算小了，但我的精神和兴趣还胜过许多青年人。……倘使我犯了悲观的毛病，那么我已是五十六岁了，不该成为颓唐的一个老者吗！

所以，静秋，我十分希望你，你我既结成夫妻，你就接受我一点人生观罢！我乐观，我敢奋斗，我敢遥瞩将来，所以眼前的痛苦虽大，而对于前途的希望更大。固然有些冥想，有些自我麻醉，但我精神身体究竟因此而不老，这真是修养的好方法。……大时代给你物质的痛苦，已够受了，你再自己加上精神的痛苦来陪它，岂非太不值得！你在上海，有许多亲戚朋友，大中国方面又可以帮你的忙，无论如何是不会饿死的。至于时局日劣，那是全国家的事，也是全世界的事情，穷则必变，最黑暗之后就会黎明，只要我们不牺牲在战争之中，到黎明了，我们自能过正常的生活了。

你怕上海买不到米面，我想可以买些杂粮，……饼干如可买到，也不妨多买几罐。买不到米面的时候或许有，但决不会很长。准备一些救急的东西也就是了。"（1948 年 10 月 9 日）

母亲连函要求父亲归来，面对艰危的时局，父亲并没有心乱，他始终不忘他的学问，对母亲说："现在美苏两方摩拳擦掌，第三次大战必不可免。……美苏开战之地，可能在朝鲜，也可能在我国的东北，到那时沿海一带，尤其是京沪，必不能免于苏机之轰炸。

到那时，我们还得逃难。如果那时你肯拖儿带女到西北来，那也很好，我在西北不怕没有饭吃……但西北还有一顾忌，如果苏联从新疆出兵，则兰州也当要冲，仍不能安定。我想，到那时，我们还是躲在甪直的好。因为美苏的阵地战必不会到江苏，而甪直是一个幽僻的水乡……比较上海，苏州必然安宁。到那时，只要我们有一点积蓄，便可安稳住上一二年，让我在那里读书和著作。……总而言之，做一个人，生在这时代是太苦了，做一个想研究学问的人，生在这时代更是太痛苦了。"（致张静秋信，1948 年 9 月 6 日）"你望我早日归来，我岂有不愿，……但我在此讲学，成了骑虎之势，学生太诚恳了，辛校长又太殷勤了，教我不能说硬话。我自己为了学问，也不免恋恋，因为此地参考书还足用，一回上海就不容易工作了。这真是感情和学问不容易两全的问题。辛校长已把'古史钥'的印费全部付给大中国了，如果交不了卷，岂不辜负他一番好意。"（致张静秋信，1948 年 10 月 18 日）父亲甚而说自己在兰大简直是"留学"，请母亲能让他作留学生。他希望母亲能来兰州暂避一时，因为兰大同事都以为，西北是著名的穷地方，历来不是兵家必争之地，故而可以成为战争期间最好的避难所，因此他们劝父亲接眷来此。但母亲面对两个怀抱中的幼儿，且即将临产，不可能作此远行；她又担心战争把交通阻隔，以后家人与父亲将天各一方，于是以自己因又急又累而有早产难产的迹象为借口，给父亲发去电报，这一下子可让父亲挂念已极，只得忍心放弃了"留学"，匆匆结束了课程，于 12 月初飞回上海。下飞机后见到母亲，父亲知道自己受了欺骗，但亦是无可奈何之事。以后由于时局的危急动荡，"古史钥"一书竟无术以成。

3 — 大洋中之小舟

父亲回沪之后，母亲便与其商议逃难之事，父亲日记中说："自徐州陷，京沪人心恐慌，静秋作逃难计，逼我东返。归日商量行止，定赴广州。……予自荐于中山大学，得可忠之允，已将聘书寄来。……日前绍虞来，谓有正谊君在台湾办东方大学，招我同行，因允之。前途演变，不知如何。起潜叔来，谓郑振铎君言，谓'转告颉刚，不必东跑西走，左倾历史家甚敬重他'，彼固以为予可以不行者也。在此大时代中，个人有如失舵之小舟漂流于大洋，吉凶利害自己哪能作主，惟有听之于天而已。"（1948 年 12 月 28 日）那时有不少友人逃往广东、香港或台湾，他们劝父亲同走，因为他同国民党有过关系。在当时何去何从的问题上，父亲考虑国民党兵败如山倒，即使到这些地方也无所逃于天地之间。何况父亲也见过白俄的生活，他不愿做白华终日处于流离失所之中。再说当时我们姐妹尚小，平时家中有亲戚帮忙照看，若要带着一大家人一同上路，父亲根本出不起这笔路费；若要将孩子分置几处，父母又舍不得。在这种情形下，迁家之事又从何谈起呢？朱家骅去台湾时途经上海，住在枫林桥中央研究院，派人来请父亲去会面，父亲心知朱氏定要劝自己与之同行，便借故推辞了，再没有见他。父亲自问平生未做过负心事，以前曾有一基督教牧师坚劝他信教，认为凡人都有罪过，只有信了教，做了忏悔，方可得到上帝的赦免；而父亲却以为自己一生无罪过可忏悔，也无须上帝的赦免。也许是因为这种心态，此时他才能存"惟有听之于天而已"的坦然。而读书写作是他的本行，也是他安身立命之所，这时他便将精神全寄托于此了。

1949年上半年，父亲重新标点《五经通论》及《新学伪经考》毕。他说："现在研究经学人士寥寥可数，只沈凤笙、张西堂数君。予苟不为，则康崔之绪即断，故此后研究工作，必倾向经学，庶清代业绩有一硕果也。"（日记，1949年1月5日）那时友人来信论今日治经学之意义，父亲答道："我辈生于今日，其所担之任务，乃经学之结束者而古史学之开创者。此非吾人故意立异，乃自宋至清八百年中积微成著之一洪流，加以西洋科学之助力，遂成一必然趋势也。必将经典弄清，中国文化史方能写作，否则识其外层而不能解其核心，于事仍无益也。"（致吴康信，1949年4月8日）

同时，父亲又应起潜公之邀，理抗战期间所作成三册：《西北考察日记》《上游集》《浪口村随笔》，交合众图书馆油印。该馆是叶揆初（景葵）于抗战初期在上海所创，叶氏欲借此保存亲朋之藏书，使之不致因战乱而流散，他请起潜公主持馆事。此时，"从叔起潜先生至予室，见积稿丛杂，劝其次第整理，先交合众图书馆油印，以徐待时清"（《西北考察日记序》）。父亲在抗战期间作文不多，而作成得以保留者亦少，他在《上游集序》中所言反映了这一时期的写作状况："西北为河之上游，西南为江之上游，取是以为名，示此一阶段为我生中惨痛之纪念也。……以工作力最强之年龄长消耗于避兵避弹蜩螗震荡之中，……托命舟车，倚装而书，无案可伏"，"四壁洞然，资料空乏，方寸既乱，思理难综，每彷徨不能下笔；或属稿及半矣事来掣夺，搁置多日，遂不能成；或一文成矣，而一经流动，为人轻掷，或友人携去，未留副本，有若弃婴道路，更无见期。凡兹怅惘，讵可殚言。"在整理笔记《浪口村随笔》时，父亲又新作或重作三十多篇补入："本年自一月至七月，作文四十篇，以三十四篇入浪口村随笔，占该书四分之一（以篇幅论当为三分之一），在扰扰生活中得此成就亦良不易。"（日记，1949 年 7 月 31 日）父亲十分重视笔记，在《浪口村随笔序》中说："三百年来，……以笔记方式作考证文字者不可殚数。""念此笔记始写于昆明，重理于成都，又续附于苏州，荏苒迄今，历时十载，若不速令成编，恐即此抗战期间驽末之功亦不得暂留天壤，因竭尽其力，自四月中旬至七月下浣，在炮声、枪声、炸弹声中，埋首以为，误者正之，阙者补之，比次为六卷。卷一论地理，继承昔日禹贡学会工作，为民族史与疆域史之探求者也。卷二述制度，为周秦之政治制度与社会制度作钩沈，拟以树立古代史之骨干者也。卷三考名物，此十年中学虽不进而舟车之辙迹弥广，即今可以证古，即边疆可以证中原，对于大小名物时有会悟，创为新解者也。卷四评史事，卷五绎文籍，皆衍《古史辨》之绪，欲作一番洗刷工夫，期揭出其真相者也。卷六记边疆，吾游西北、西南，见蒙、藏、回、爨诸民，相其文化，叩其历史，知实为绝好工作园地"。

1948 年，父亲在北平的藏书运至上海，这时，他便开始整理，其中凡有史料性者，均捐入合众图书馆。父亲说："我从有知识起，处于一切剧变之中，就想搜集资料，保存这一伟大时代的史实。当清朝末年，我在中学读书；民国初年，我在大学读书。每天散课后，走上街头，总爱在地摊上寻寻觅觅，得到些各地方、各政权、各党派、各事件的文件和书刊。北京是全国政治的中心，地摊上这类东西特别多，为了顾问的人稀少，价格便宜，往往十几枚铜圆就可以买来一捆。在这里，可以看到维新运动、民教相仇、辛亥革命、洪宪帝制、张勋复辟、军阀混战、官吏横暴、政党斗争、反动会道门欺骗活动等史实。这些资料，经不起天天搜集，到我四十多岁时已占满了三间屋子。"抗战后"东归，收拾残剩，这类近代史料还有两万多册。那时为了我住在上海，房屋容不下，又自想年近六十，学术工作的战线应当缩短，所以就全部捐与合众图书馆"（《中国史料的范围和已有的整理成绩》），"皆彼馆所未备，喜得其所。"（日记，1949 年 4 月 5 日）其中确有许多孤本。

自 4 月起，上海周围战事又起，11 日凌晨，父亲梦中得诗句云"满空铁翼天方醉，在幕燕巢梦亦惊。"足见时代之逼人，睡梦中也不得安生。并且自那年初始，直至 5 月末解放军全部占领上海时为止，该市进入了经济崩溃的恐怖时期，现由父亲日记中摘录少数几条便可知其时之状况：

"一切物皆比刚发金圆券时加一百倍。大家有活不了之叹。"（1949年 1 月 18 日）

"予薪十二万，不为少矣，而近日银圆价二千七百元，是亦不过四十余元耳。"（1949 年 3 月 3 日）

"今日发表物价指数达三四〇二倍，物价之疯狂上涨可知。今日上午银圆价一万三千元，下午即达一万七千元矣。""以前所谓'经济崩溃'者，至今日竟实现矣！"（1949 年 3 月 31 日）

"袁大头一枚，值金圆券二万八九千矣，与美金几同值。"（1949年 4 月 5 日）

"大头价扶摇直上，至六万元矣！"（1949 年 4 月 10 日）

"今日发表指数，为一五一四〇倍。大头价十三万。"（1949 年 4 月 15 日）

"银圆涨至十八万矣。可骇！此真使人窒息！"（1949 年 4 月 16 日）

"今日大头价至 46—49 万。"（1949 年 4 月 22 日）

"大头一枚至一百三十万。"（1949 年 4 月 27 日）

"大头价至三百六十万。"（1949 年 4 月 29 日）

"今日发表指数为三七一三四四倍。银圆价经政府公告为每枚合金圆券四百万元，不分小大头。"（1949 年 4 月 30 日）

"银圆压了好久的四百万元，昨日国行挂牌为九百六十万，然实际之价已为一千四百万。今日下午升至二千三百万，及傍晚则升至三千万矣。予购豆腐时每方二十万，傍晚则三十万矣。在如此情形下，只得人食狗彘食，方可苟活。"（1949 年 5 月 20 日）

其时，蒋维乔（竹庄）所办之诚明文学院来邀父亲任教授，父亲"在此干枯境界中，遽应之"（日记，1949 年 5 月 12 日）。他在该校授课有"目录学""《春秋》《左传》""校勘学""传记研究"等。次年又兼中文系主任，授"《史》《汉》比较研究""《尚书》研究"。

1949 年 6 月初，不谙政治的父亲即去文教会与范长江接洽。抗战前范长江任《大公报》记者，常去访问父亲，报道过他的工作；现在父亲欲为大中国图书局出版通俗读物，并拟恢复通俗读物编刊社，展开社教事业，可是范氏对他的态度甚冷淡。不久，父亲又与金振宇等到北平为大中国图书局设分店。他们希望书局业务在新形势下得以发展，但举步维艰，父亲说："解放之后，发行网宽得多了，可是又有难问题来。地图是表示政治区划的，区划改变地图就得照改，要改就得重新造货，要造货就需有生产资本，但我们的流动资本已干涸了，造新货谈何容易。原印的图，一切不合适，只有卖给纸厂造还魂纸。再则，新印的图是否合适也是问题。例如南京中国地理研究所编了一册《苏联新图志》交给我们印，我们觉得这些编者都是专家，料不会错，就出版了。哪知出版之后，得到出版总署胡署长（愈之）的信，说：'其中有"帝俄东部发展图"一幅有妨邦交，不便出版。'我们把这个意思告给地理研究所，他们答道：'帝俄时代的事自有帝俄负责。而且帝俄不但受苏联的攻击，也受我们的中苏友好协会刘少奇主席的攻击，为什么不能把他们过去的事实揭发出来！'出版总署是国家机关，地理研究所也是国家机关，为了他们步伐的不一致，害我们铺子赔了三千万元，这种苦痛该向谁诉？本来我们已定出版民众读物，仍用通俗读物编刊社的名义，在平津报纸登了征文广告之后也收得了些稿子。自从《苏联图志》生了问题，我们一再考虑，恐怕自己政治认识不够，出了岔子，加以出版总署并不负审查的责任，我们也没法质正于政府，所以就改变方针，从学校的自然科学挂图着手了。"（《自传》）自1950年起，父亲邀集人员为该局绘制科教挂图，销路甚广。

1949年7月，中国新史学研究会筹备委员会在北平成立，父亲未得邀请。他在日记中写道："报载北平成立新史学研究会，在南方之伯祥、寿彝皆在，而无予名。予其为新贵所排摈矣。予为自己想，从此脱离社会活动，埋头读书，庶几有晚成之望。畏三儿皆幼，培植需钱，而大中国见予失去社会地位，复将以刍狗土龙视之，生计乃大可虑耳。数月前，君匋亟劝予赴港转平，予以静秋之阻未能应，若予先解放而往，当不至如此也。前数年，予所以不能不接近政府，实以既办大中国，便不得不与政治发生关系，不虑即以此使人歧视。"（1949 年 7 月 11 日）其实被排摈的主要的原因，应该是在办大中国图书局之前，父亲因朱家骅的关系而在国民党中央组织部工作过。即便他"先解放而往"，亦非"不至如此也"。

当八九月间父亲为书局事到北平时，又主持禹贡学会理监事会，组织学会保管委员会，推于省吾为主席。父亲期望禹贡学会能与新史学会取得联系，他写了一份禹贡学会的简况，并列出一份学会成员名单，送与新史学会。在拜访出版总署署长胡愈之时，胡氏谈及《禹贡》杂志可由新华书店续出，并可由其付稿费及编辑费。父亲为此甚高兴，天真地以为"此事如能成"，学会便"能欣欣向荣，使学术工作逐渐推进矣"（日记，1949 年 9 月 10 日）。可是一个月后胡氏即改口，谓由新华书店代售固可，若要由其出版则须待开会商议。同时父亲又得学会会员栾植新转告白寿彝意见："《禹贡》以不办为宜"，父亲感到"此事颇给予一刺戟"。他认为胡愈之是受到压力而"食言"的，"予之挫折如此之多，真不料也"（日记，1949 年 10 月 30 日）。前几年我在网上见到 1949 年 9 月 12 日胡愈之致陆定一（当时中央宣传部的领导）的一封信，谈及对于《禹贡》的意见，其中说："禹贡杂志有少数班底，情况还不明瞭，须加调查后再作决定。"也许是学会少数会员的政治背景，使胡氏有顾虑。至于白寿彝所以说"《禹贡》以不办为宜"，联想到他 1996 年对我谈及往事时，认为父亲当年不应该为禹贡学会经费之事向朱家骅求助，结果导致父亲后来与国民党组织部沾了边，"走了一段弯路"，没能保住自己的清白；那么在 1949 年鼎革之际，曾是禹贡学会专业研究员的白氏，他怎能不担心该刊若继续办下去，则以往学会与朱家骅的关系就会成为一个被追究的政治污点，或者要妨碍到学会会员的前程。总之，在当时形势下，《禹贡》复刊事遂作罢。

以后禹贡学会部分房屋由赵贞信做主借与解放军画报社。至1955年2月6日，父亲与学会理、监事开会，商学会结束办法，议决将房屋捐献政府，图书赠民族学院，刊物分送各大学及图书馆，现金慰劳军队。"禹贡学会从此终了矣！"（日记，是日）

4 _ 共和国成立之后

1949 年 10 月 1 日，中华人民共和国成立，定都北京。

自 10 月始，父亲到番禺路海光图书馆读书写作。当年 3 月，父亲自虹口山阴路迁家至沪西武康路 280 弄 9 号，其地邻近该图书馆，故得以常去。由于大中国及诚明两处薪金不足家用，他欲以稿费补之。次年 2 至 6 月，父亲在此作《昆仑传说与羌戎文化》，成十二万余言。他以为，"中国正统文化中很多是接受戎文化的，所谓华夏之族也不少由戎族分出"，所以想进一步对于戎的文化做专题研究。经深入研究后，才知昆仑传说里即足以表现羌戎文化，"羌戎的宗教性向来强烈，昆仑是他们的宗教中心，四岳也是他们的宗教中心，这些宗教的仪式传进了中原，于是有'封禅'的大典礼，这些宗教的故事传进了中原，于是有整整齐齐的一大套中国古史"。"这是东方人接受的西方文化，也就是西方的宗教变成了东方的历史。"他本欲将此文在法国巴黎大学汉学研究所的刊物里发表，以稿费还债，不料被退稿。"'乱世文章不值钱'，自是铁律。予能作出此文，总是自己成绩，今日虽欲换美金数百而不

得，而他日之价值必非数千美金所可及也。"（日记，1950 年 7 月 14 日）

1949 年底，父亲参加中国新史学研究会上海分会筹备会，李平心亦参加此会，两人得以相识，以后成为好友。次年父亲在该会第一次学术会议上被推为干事，他说："此会以讨论学术为任务，即是要建设唯物史观的中国史，意思甚好，但大家或为政治而忙，或为生活而忙，而学问之事不是可以随便应付，然则将何以得收获乎？"（日记，1950 年 3 月 19 日）父亲心里自有一定之规，他说："我辈在今日固不合时宜，然百年之后，时代骄儿都尽，学术界中所纪念者匪异人任矣。每念清末有俞、孙，民初有章、王，已将清代学术引到作结论的地步，而政治潮流，来势过猛，炫人眼目，失其正常，遂将此应获得之收成放下。我辈如能排万难而为之，则累累硕果皆在掌握中矣。惟士生今日，生活负担过重，不知能终容我辈为之否耳。"（致刘节信，1950 年 8 月 5 日）

1950 年 8 月，父亲被上海市政府聘为上海市文物管理委员会委员，从此他有了公职，生活有了保障，此事缘于赵纪彬之举荐。赵氏抗战前在通俗读物编刊社工作时已是共产党地下党员，这时他及杨向奎均在山东大学任职，他们很关心父亲的情况，得知他当时为抚

1954 年 8 月，在上海武康路寓所

养三个幼儿而生活负担极重，欲助其一臂之力。五六月间，父亲曾依赵纪彬之意作《颉刚自传》，将数十年经历写出，以图政府的了解。在这份四万余字的自传里，父亲重申："我的唯一目的是研究学问"，"我的一生是虚名误了我。拉拢我的人并非真为我有才，乃是因为我有名，要我在他们的锦上添一朵花。攻击我的人也不是因为我有罪乃是因为我有名，要先把我打倒了，好在眼中拔去一个钉。真正知我的人，真正要用我的人，希望他们洗剥掉我的虚名，把我放在合适的研究室里，让我做出些实实在在的工作来！"此次文管会之聘，由赵氏向华东教育部副部长唐守愚言之，唐氏又与文管会领导商量而成；当时文管会主任为李亚农，副主任为徐森玉。父亲说："此事酝酿三星期余，幸而得成，不致穷饿而死。此纪彬之功也。"（日记，1950 年 8 月 17 日）

在文管会中，李亚农常与父亲讨论古史问题，从中父亲稍稍知道新史学的方向。以后文管会在天平路会所给父亲安排了一间工作室，他每天去工作八小时，"一九四九年后社会关系日少，向之一日得十封信者，今乃月不得卅通，宴会则更希，以此在上海文管会中颇能读书"［《法华读书记（十二）序》］。那一时期，父亲记读书笔记二十多册，在《法华读书记（十六）序》中，父亲写道："近读清人著作，颇好梁玉绳、雷学淇两家之书，以为条理通贯，证据确凿，真史学家也。寻求其所以有此成功，固由专心致志，不求闻达，而亦其家庭环境之优有以助之。……若予者，一生奔走，复值乱离，垂老之年犹仰人鼻息以自活，此则读两家之书而益增感怆者耳。"

那时，李亚农为研究古代奴隶制与封建制，请父亲节译《尚书》之《顾命》篇，作为自己的研究参考，并收入其《欣然斋史论集》中。十多年后，父亲与友人谈道：在"古籍、古文字与马克思主义的结合"上，"我以为李亚农的《欣然斋史论集》是做到"了。"他是东京帝大出身，在留学时已接触马克思主义；归国后在中法汉学研究所工作，专力研究甲文和金文；及抗战起，参加新四军，得到许多实地经验；解放后主持上海文化工作，但因身体不好，极少实际活动；他以十年之力写出这部书，确定商和西周为奴隶制社会，厉、宣之际为转变期，东周为封建领主制社会，战国为封建地主制社会，固然为了材料缺乏，有些地方不免大胆假设，但所有现存的资料都被把握了，一个像样的架子已搭起来了。我觉得在这一学科上，郭老有开山之功，李氏有精密研究之力"（致陈懋恒信，1964 年 9 月 25 日）。其时李氏已病逝，父亲以为"李氏为老党员，其所作又出类拔萃，而前年他逝世后竟无一篇追悼的文字（也许上海有，我没有看见），更无一篇介绍这本'史论集'的文字，这实在使人不平。只打击毒素而不增加营养，亦于建设社会主义有不利也"（同上）。

1951 年，父亲在诚明文学院授"《尚书》研究"课，因而着力研究此书，以半年之力，将《尚书》中最难读的周诰八篇译讫，他说：

> 一九四九年以来，社会彻底的改造，大家心情震荡，哪能坐下读书。但我自审年已老大，如果再一蹉跎，便将终身一事无成，所以仍在不能读书的环境中勉强读一些书。《尚书》是我的专业，又在诚明文学院教此课，所以所读的以这一方面为多。如果我能照这样做去，两年之后《尚书今译》的工作必可完成，那也是了却三十年来的一桩心事。

　　　　如果有人看了我的工作，笑我不合时宜，弄这陈旧的一套，
我请诵恩格斯的两句名言：即令是唯物主义的观点在一个单独的
历史实例上的发展，也是一种需要数年静心研究的科学事业……
只有多数经过批判的选择与全部精细研究过的历史史料，才能解
决这样一个课题。目前正在争论西周是奴隶社会还是封建社会，
我把《尚书》彻底翻译出来，即是为中国社会的发展史中的一个
课题供给确实可靠的材料啊！"[《虬江市隐杂记（一）序》]

看来父亲当时也在努力从马克思主义中寻找自己工作的依据。辛树
帜为帮助父亲的研究，两年前曾以乡前辈杨树达（遇夫）的论著见
赠；杨氏是语言文字学家，此时正以甲骨文金文考释《尚书》，经
辛树帜的介绍，便将自己新近研究之成果抄出寄与父亲。父亲甚感
激他们，说道："'尚书今译'，承奖进，至感。百余年来，得金文
甲骨文之助，此经渐可读，弟对于文字学本身无能为力，惟有汇集
各家之说，以私意定其取舍，而质正于杨遇夫于思泊诸先生，苟无
大误，足酬平生一愿。"（致辛树帜信，1951年10月18日）

　　这一年7月，中国史学会成立大会于北京举行，父亲仍未得邀
请。他心中为此自是不快，然能以庄子之言自慰：

　　　　自解放以来，社会上不复以我为招牌，遂得于职业工作之
外埋头写作，真我生一大幸，庄子所谓"其毁也成也"。假使我
能工作至七十，尚可写出几部像样之书，庶不枉读书一生。（致
王伯祥信，1951年8月10日）

　　倘若真能够"其毁也成也"，使其可以埋头写作，那对于父亲

自然是一件好事；但是当时的社会环境和政治气候，时时干扰着学术，尤其是像父亲这样从事历史学研究的人。《顾颉刚读书笔记》中记述了一件小事：1951 年 4 月 8 日，父亲观周信芳等所演之《信陵君》剧，在其剧情介绍中有如姬的扮演者金女士的一文，其中说道："如果忠实地依据原史记载，那么信陵君救赵和如姬盗符的动机好像都太流于偏浅。信陵君之所以'说王万端'发兵救赵，《史记》上并不曾明确地指出他是因为看到唇亡齿寒的国际时势，而仅仅觉得对不起姐夫，辜负了他'以公子之高义为能急人之困'的期望。另一方面如姬之盗符又是为了她父亲为人所杀，欲报父仇，三年莫能得，'公子使客斩其仇头，敬进如姬'。这样一件大事，而其动机仅仅联系到一二人的姻娅和恩怨关系上，实在是荒唐可笑的。因此我对太史公大大地起了不敬，认为他文章虽写得好，而作为一个'史家'来批评他的历史观点，那是不应该随声附和的。……我从抗美援朝这一现实意义上更体会了如姬当时窃符救赵的行动是正确而且是伟大的。"对此，父亲认为："在抗美援朝一个现实意义下编出《信陵君》一剧，当然该在抗秦援赵上站稳正义的立场。可是古人却无如今日的爱国思想和民族主义，他们的活动原站在'一二人的姻娅和恩怨关系上'。这是时代有异，并非'荒唐可笑'。"至于因《史记》上的记载而要"对太史公大大地起了不敬"，父亲认为："这真是司马迁的冤狱。然强古人以就我，固今日之通病，复何尤于金女士哉！"[《法华读书记》(一)：《〈信陵君〉剧》]

那时父亲常有无所适从的感觉，他的《读书笔记》中又有一段记载：1952 年 2 月 7 日《大公报》载《改戏、改人、改制工作中存在缺点》的一篇检讨，先说华东越剧团整理神话剧《相思树》，"结果在舞台上单纯暴露了封建君王的威武强暴和人民的悲苦绝望，散布了浓厚的悲观情绪，取消了人民的斗争，在演出内容上犯了相当严重的错误"。又说该团"较大的错误是出在去年春节演出的《信陵君》上"。信陵君"在台上摆开'抗秦援赵'的大旗，以影射今天的抗美援朝，犯了严重的反历史主义的错误"。父亲以为从这两段文字来看，"《相思树》是不能配合现实，所以错；《信陵君》是紧密配合现实，所以也错。《相思树》不反历史，表现了'封建君主的威武强暴和人民的悲苦绝望'，所以错；《信陵君》反历史，'影射今天的抗美援朝'，所以又错。左也不对，右也不是，然则照这位批评者的意思做来，该怎么呢？其实信陵君在当日，确是抗秦援赵，有何反历史之有！当时之抗秦援赵确和今日之抗美援朝相类，又有何严重错误之有！盲目骂人，如何叫人心服"！[《虬江市隐杂记》（三）：《〈相思树〉与〈信陵君〉剧》]后来父亲闻郭绍虞言："《信陵君》一剧所以禁演，盖抗秦援赵之结果仍是秦胜，在抗美援朝时演此嫌不吉利耳。"他感叹道："近日戏剧真不好演了。"其实，学术工作又何尝好做呢？

1951年夏，诚明文学院等六校合并为上海学院，父亲欲辞职，被学生留住，仅辞去主任职务，在校中授"古籍整理"课。同时，父亲又被复旦大学聘为专任教授，因路途太远而未往，故改兼任教授；又因该校高年级学生参加土改，遂未上课。那年冬，父亲应上海学院国文系学生《鲁迅纪念特刊》邀，作《旧日民间文艺必须抢救》一文，认为民间文艺之中，"不知有多少崭新的材料和丰富的启示，可以供给文学研究者、文学史家、社会学家和语言学家等以开辟新园地的工作"，希望大学中文系的学生尽力收集。不料因此文被认为"有浓厚之小资产阶级气息"（日记，1951年12月3日），致使该刊被禁止发行。

5 __ 思想改造运动

1952 年春，全国掀起了一次大规模的知识分子思想改造运动。在此之前，1951 年 12 月 2 日，上海大公报馆举行了一次"胡适思想批判座谈会"，父亲在当天日记里写道："今日会上，和胡适有直接关系者只我一人。此会当是北京方面命开者，而我则为其提名，不容不到，故连日有电话来催迫。"父亲在发言中首先叙述了他与胡适的"学问关系"，接着在"对胡适思想的批判"一节中谈到近二十年来他两人的一些分歧，最后是自我检讨，说自己因受胡适"提倡实验主义，主张一点一滴地改造"之影响，"也成了改良主义者"，"没有革命的意识"。他两人的交谊渐渐枯萎的情形原是父亲"为小资产阶级的温情主义所限，不肯对人说"的，"现在觉悟到应该严格分清敌我"，因将其公诸于世。本来在发言稿里他讲到胡适以前的进步作用，但会前与友人商量时，方知这些话在会上不能提及，"盖至于今日而真话说不得矣"（日记，1951 年 12 月 2 日）。此次座谈会气氛并不激烈，其他人发言仅针对胡适而未旁及父亲，但父亲还是不能不感到压力，这毕竟是他第一次在公开场合批评胡适，说"胡适是政治上的敌人，也是思想上的敌人"。

1952年《文史哲》3月号上发表童书业的《古史辨派的阶级本质》、杨向奎的《古史辨派的学术思想批判》两文，父亲说：两文"均给予无情之打击，盖思想改造，有大力迫之，使不得不然也。予浪得浮名卅余年，今当社会根本改变之际，分当打倒，……然十余年来，予未尝正式发表文字，一班人殆已忘之，而至今日犹劳打倒，可见《古史辨》一书影响思想界者伟矣。"（日记，1952年3月12日）由自己所感受到的压力，父亲亦能体会到童、杨两人所受之压力，知其"有大力迫之，使不得不然也"。对于虚名，父亲早就不屑一顾，以为"分当打倒"；但对于《古史辨》的学术研究，父亲却不认为应该打倒。5月，他写笔记数则，论《古史辨》之地位，曰：

> 《古史辨》是地主社会和官僚社会压迫下所创造出来的知识总汇发展的结果，……[《虬江市隐杂记》（三）：《疑古思想之由来》]
>
> 《古史辨》的工作确是偏于破坏的，所要破坏的东西就是历代皇帝、官僚、地主为了巩固他们的反动政权而伪造或曲解的周代经典。这个反动政权是倒了，但他们在学术和历史上的偶像还没有倒，虽然将来批判接受总可去毒存粹，但批判接受的前提就是要作一回大整理，使得可以以周还周，以汉还汉，以唐还唐，以宋还宋，表现出极清楚的社会性，然后可以与社会的发展相配合，所以《古史辨》的工作还该完成。[《虬江市隐杂记》（三）：《整理古籍目的在批判接受》]

对于此两文所批判者，于鹤年甚为抱不平，他原是禹贡学会会员，此时在天津河北大学图书馆工作，来信中时时提起此事，父亲在复信中说："《文史哲》上之两篇文字，非存心谤我，乃在思想改造阶段中，非如此不足以表示其忏悔，犹之昔日以附我为敲门砖也。观两文登出后曾无反响，可知弟于今日已到无名无谤地位，此卅年来求之而不得者也。""所恨者，成功之心尚未戢，无论时代如何，总想把旧稿编定，已研究而未得结果之问题又总想研究出结果来，结习如此，奈何奈何！"（致于鹤年信，1952 年 10 月 23 日）以后，1954 年 5 月，王树民自河北师范学院来信亦云："近来史学方面出版刊物虽多，可观者似颇寥寥。前者杨拱辰与童丕绳二兄在《文史哲》上发表批判《古史辨》的论文，完全为否定的语气，窃未敢以之为然，盲目的崇拜与盲目的否定，乃同为失其正旨者也。无原则的疑古自然是错误的，而古史传说应该按照考据学的方法彻底整理一番却是肯定的。硬以社会发展史的方式套上去，所以西周为封建社会或奴隶社会甚至原始社会诸说之纷纭不绝，实即为此'近视眼断匾'之规律所支配也。"6 月 11 日父亲复信曰："此是渠等应付思想改造时之自我批判耳，以彼辈与《古史辨》之关系太深，故不得不作过情之打击。苟我之学术工作已不足存于今之世，胡近来二君又为《文史哲》向我索稿乎？故其为否定之批判，是可以原谅者也。"他并为此信抄件加按语曰："一人之思想固可变，但不能变得太快，亦不能变成极端之不同，否则便是作伪矣。"

7 月至 9 月，父亲在上海学院参加上海第三批大专院校思想改造运动，其中包括"三反"运动。在父亲看来，"思想而能改造，在我的旧脑筋里简直是一件不能想象的奇事。我一向自信，在学术上，在道德上，都是站得住的"。"我这一生，除了在封建家庭里强迫度着组织的生活而外，一入了社会，就只知道发展个性，过自由散漫的生活，永远'称心为好'，不知道有什么服从领导、集体生活、群众路线这些事情。"（《从抗拒改造到接受改造》）7月初，父亲先作简单之《年谱》，以备作交代书之用。7月9日，运动正式开始，父亲在日记中记载参加大会之情形说：报告人"报告四小时，既无说话技术，又满口江西音，许多人听不懂，而竭力拉长，使人困怠"。又说："此次学习，可怕者三：天正热，不堪炎蒸，一也。刺激太甚，使予接连不得安眠，二也。开会太多，无写作自我批判之时间，三也。"

运动固然紧张，但第三批院校到底不是重点，父亲认为较之第一批之复旦、交通大学，第二批之沪江、圣约翰诸大学，还算轻松得多了。只是他也遇到难题："思想改造，一定要写文章，说过去是如何如何的不好，此于我真是一难题，以向日予自觉是一不做坏事的人也。"（日记，1952年7月13日）"三反之时，不贪污不如贪污。思想改造时，则不反动不如反动，以贪污反动者有言可讲，有事可举，而不贪污、不反动者人且以为不真诚也。好人难做，不意新民主主义时代亦然，可叹矣！"（日记，1952年8月9日）而且在每人自我检讨之外，其他人均要对其提出批评，这对于一贯是"君子绝交，不出恶声"的父亲来说是头一回："人家自我批评，必要我加以批评，这在我是极困难的事。我从小养成的习性，要我六十岁改了，真是天大的难事。"（日记，1952年7月31日）由于父亲实在不会，以后不得不由小组负责人提供材料，父亲方能对每人提出一点意见。

在"三反"运动中，父亲是"一个不重要的脚色，本想不出什么来。自听了两天的报告与提意见，居然想出十一条，然皆鸡毛蒜皮也。盖贪污、浪费，在旧社会中本亦视为恶德，故予兢兢不敢犯，兹所提者皆平常不视为贪污者也。"（日记，1952年7月19日）比如，从前在燕京、齐鲁两个大学里教书，教会学校总是供给住房的，不用付房租，此时父亲无可奈何，只好说不付房租就是"贪污"；又如，他在上海几所大学里兼课，此时便说兼课是"贪污"。所以，父亲在他自己所开的"贪污单"里，有"解放前一千二百余万，解放后四十八万"等语。他对同事戏言道："可套《金刚经》语曰：所谓贪污，即非贪污。"（日记，1952年7月24日）

从父亲日记中可知，那时他有两次发言不当。一次是参加互助小组，谈个人立场，"予说到对美苏态度，因谓苏联自为先进国家，我国应追随之，然胸中有积疑二：乌苏里江东之东海滨省，黑龙江北之阿穆尔省，帝俄时代所夺地也，既对我友好何以不还？一也。帕米尔高原，唐努乌梁海，皆中国地也，苏联何以不声不响地拿了去？二也。此事，我政府或有难言之隐，然对我辈高级知识分子必当有一交代。归为静秋述之，静秋大詈余，谓为惹祸招灾。然既要说对苏态度，自当忠诚老实，虽得祸不悔也。"（1952年7月29日）一次是"互道资产阶级思想，作竞赛"，"组织上要我们每人自认资产思想，列举唯利是图、损人利己、投机取巧诸项，众皆争认，予独以为无有。""众大哗。"大家以为父亲在工商业中工作多年而谓无资产阶级思想"为不可能之事，嘱予再检讨"。父亲当夜分析自己的思想归属，"殆为封建阶级思想，所以入资产阶级者偶然事耳。封建阶级则有模糊剥削实质而行其仁心仁政者"。那夜他"失眠，至一时后服药眠"（1952年7月31日）。这既反映出父亲的耿直，又可看出他是如何的不合时宜。

这班知识分子刚刚转入一个新的社会，第一次参加这种人人过关的运动，"死不开窍"或"不知所措"者当然不少，那么挨骂就是必不可免的了。父亲日记中记道：某某领导"因本组同人认识不够，批评不真切，帮别人提意见亦不足，破口大骂，真有'到此方知狱吏尊'之感"（1952年7月30日）。"学委会派来干部，每盛气凌人，一副晚爷面目，自居于征服者而迫人为被征服者，此与思想改造有何好处，至多完成任务而已。安得毛主席化身千万亿，解除此偏差乎！"（1952年8月8日）某某领导"说话，直是谩骂。阎王好见，小鬼难当，奈何！"（1952年8月21日）

不过，父亲在运动中还不曾遇到过分难堪之事，当时有传言，领导命学委会"对顾颉刚教授保护过关"，"闻上海得此待遇者仅予一人，与工商界之荣毅仁等。果尔，予可不受打击矣"（日记，1952年8月10日）。由父亲在思想改造运动中所作交代的情形来看，该传言或许可信："今日予交代，不到休息时间而休息（下午本休息一次，今日两次），众人又为予递茶水。"（日记，1952年8月25日）这种优待确是其他人所未有的。待次日父亲交代完毕，第三天由同组人提意见："自三时至五时，对予提意见。今日提意见者，有为予开脱者，亦有切中予病者。予生平直谅之友不多，今日闻此，大有蘧伯玉知非之感。"（日记，1952年8月27日）在这次交代之后，领导又令父亲答复四点：一，与胡适关系；二，与鲁迅关系；三，与国民党关系；四，与共产党关系。于是在9月1日父亲作第二次交代两小时，即告完竣，"在上海学院诸教授中可谓最轻松者，弥深欣幸"（致辛树帜信，1952年10月28日）。

在父亲的交代书里，有这样一段话："三年来，我目睹人民政府领导着全国的人民在极大的困难中求进步。以前我们常用帝国主义者批评我们的话，说：'中国四万万人民是一盘散沙。'我常想：

要是中国的国民性是如此的，中国怎么站得起来！倘使有人能把这一盘散沙团结起来，我死也情愿，因为这是由贫弱转为富强的根本问题。哪知在这短短的三年之中，竟在毛泽东同志领导之下，由共产党和人民政府组织起来了！人民既和政府打成一片，……看国家的利益高出于其自身和家庭的利益，国家的强盛方始有了真实的基础。于是外面打倒帝国主义，里面团结兄弟民族，整个的国家好像一个没有一些裂缝和漏洞的金瓯。……我受了五十多年帝国主义侵略我们的气愤，现在躬逢其盛，惟有欢呼赞叹，致衷心的敬佩与爱戴；自己觉得，到这时才认识了真正的共产主义者的精神。"由此可知父亲对于新社会的基本态度。

紧接着父亲又写道："但是我自己呢，心头却藏着很深的悲哀。在反动派统治时期，社会是停滞不动的，我想突破这种空气，带着几个青年朋友乱干一阵，就觉得自己是能推动社会的。解放之后，社会突飞猛进，我想追赶上去，无如轮子转得太快，逼得我退了下来。……我虽不甘心做一个落伍分子，但事实上已不可能。加以年纪长了，体力就衰，……在祖国的伟大发展中不能多贡献自己的力量，不免发生了黄昏思想，这是怎样的悲哀！"这种做落伍分子的悲哀以后一直伴随着父亲。

不过父亲所说的"落伍"，是指在政治思想方面不能真正掌握马列主义，此种苦恼在当年他致友人信中得以充分反映：

本年三反、五反、思想改造三种运动，刚无不参与，而皆未真有所会悟。所以然者，每一运动皆过于紧张迫促，无从容思考之余地。刚以前作《古史辨自序》，是任北大助教六年，慢慢读、慢慢想而得到的。因为有些内容，所以发生了廿余年的影响。今马列主义之精深博大，超过我《古史辨》工作何限，而工作同志要人一下就搞通，以刚之愚，实不知其可。佛家有"渐悟"，有"顿悟"，渐悟者由学问来，顿悟则学问充积，一旦豁然贯通。若不经渐悟之阶段而要人顿悟，所谓"放下屠刀，立地成佛"，此实欺人之语耳。毛主席斥教条主义，其论何等阔通，而执行之干部，以其文化程度之浅，过于急功，但要人作一个速成的教条主义者，其为违背马列主义与毛泽东思想宁可言耶！刚自信决无成见，亦真愿以唯物史观为我主导思想，特不愿随波逐流，作虚伪之顿悟耳。我想，凡真正能作学问者，当必承认我言。兄谓"思想与环境不能融洽是一痛苦之事"，诚然。刚常谓可恨毛主席非孙行者，假使能拔一根毛吹一口气而即变一个干部，即不会有如许偏差，刚亦真正能学得马列主义矣。闻今日正在整党之中，不知此后能好些否？总之，中国以前受封建与帝国主义之毒害，教育不普及，一般人但会趁风气而不能把握时代精神，遂使自号前进者之思想与实际环境不能相连接也。（致祝瑞开信，1952 年 10 月 22 日）

而在学术工作上，父亲毫不认为自己落伍，1954 年 3 月在《法华读书记（一）序》中写道：

五二年"思想改造"中，予以《浪口》一编送小组，检讨之者斥曰："此落后至于三百年前之物也。"彼盖以《日知录》体裁如此，今不当效之耳。予惟民族形式，此世所尚，亭林之书岂伊自为，亦承梦溪、容斋之绪也。是固我国文体之一种，证据欲丰而辞句欲简，脱不废整理古史、古籍之业者，其体实终古而长存。予之书苟能步武亭林，于愿足矣，即千万人斥我以落后，亦甘受之矣。

父亲不仅自己坚持民族文化的整理和研究，还深切盼望引起政府的重视，当时在致王伯祥信中说："弟意，毛主席一再宣示，文化有三种，民族的、科学的、大众的，写入《共同纲领》。现在科学的、大众的文化俱已发动，而民族的文化则置之高阁，视为不急之务。上周锡兰和平代表某君莅沪，告人曰：'上海偌大一个都市，而上海图书馆之藏书乃不及我家！'其实馆中有书百万册，只缘干部不重视线装书，不但不买，即没收及捐赠者皆装箱锁置仓库，陈列者皆新华、中图所出小册，故以为不及其家也。故民族文化之不整理，不但有负先民之劳动成绩，并将贻羞国际，视我为无文化之国家。现在私家图书已集中国家图书馆，诚能早些编目，则集合各本而校一定本，集合各家说而编一集解，事不为难；更请精通马列主义者予以批评，亦不致贻读者以毒素。此事只有现在可做，若再迟十年，我辈纵不死亦必不能工作，待后起者则不知何时，此学势将中断。弟卅年前本期专治古史，后知不先整理古书即是失却古史研究基础，故专力于古书。现在弟于文管会不过伴食耳，于书局不过作外行事耳，即专任教授，而现在大学生对于此方面毫无根柢，言者谆谆，听者藐藐，亦不过浪费时间而已。日夕望政府整理民族文化，俾有以自献其才力，为文化建设之一助，而时会未至，有如卞和抱璞而泣。窃以为兄与平心及弟等皆此类人才，而主持出版之愈之、圣陶两兄复为稔友，若不努力辟此道路，岂不苟生于新民主主义时代。故愿兄之进一言也。"（1952年10月29日）

　　思想改造运动之后，上海学院被取消，并入复旦大学等三校。父亲被分至复旦大学任专任教授，因路途太远，遂请假一年，未上课。

6 ＿ 历史地图集

　　1952 年，大中国图书局的地图部分合并到地图出版社，次年，金擎宇为地图出版社邀父亲与章巽（丹枫）合编《中国历史地图集》。历史地图，当时久已不发行，该社以为若能依中学历史教学编一参考地图，必有很好的销路。况且他们亦知道父亲经济负担甚重，编成此书可以增加些收入。那时我弟弟已出生，家中又多了一张嘴。父亲说："历史地图之编制，即当年创办禹贡学会之本意；且子女成行，月亏百万，若无周急济穷之术，便将索我于枯鱼之肆，因诺之。"[《法华读书记（九）序》]

　　尽管依社中之意此书是供中学教学参考，然而父亲却遍翻旧稿，探本求源，并记了不少笔记，如同准备大学研究院的功课一般。有时父亲亦感到自己这样做"大可笑也"，但"不如是则心不安，我宁疲精劳神，小题大作，以求方寸间之舒泰耳"（同上）。为编春秋之图，父亲深入钻研春秋时代之史料，收获良多，"喜可知也"[《法华读书记（十二）序》]。他抗战前在北平曾教两年"春秋史"，但那时因忙于事务，故"只在表面上作功夫，自省毫无心得"。而现在静心钻研，方知"欲讲春秋史，必须先讲楚与狄之发展，而后方可讲齐桓、晋文之霸业，而后方可讲晋、楚之争霸与吴、越之兴起。一部春秋史，主角惟楚、狄、齐、晋，一级配角则秦、宋、郑、吴、越，二级配角则鲁、卫、陈、蔡诸国而已。所惜者，狄之史料保存太少，不足为系统之叙述。晋与狄邻，而不记狄史，倘史官以不同文化之故遂卑视之耶，……"。"作了《四裔表》，才知道当时诸夏集团占的地方实在太少。如无桓、文，则如狂风扫落叶，顷刻间尽耳。彼时中国之为中国，必非秦、汉以下局面矣。当时诸夏占的地方，只是黄河中游、济水全部。黄河上游，则秦与戎也。长江流域则巴、蜀与楚、吴也。自秦岭以至太行、恒山，则戎与狄也。成周之西与南，则茅戎与陆浑戎也。淮水流域，则淮夷与徐、舒也。所谓诸夏集团者，大国为齐、晋，中等国为宋、鲁、郑，小国为陈、蔡、许耳。……"（同上）

此地图集于1954年编毕，由谭其骧为之校订。全书有正式图三十一幅，又附图十六幅，自原始社会开始，迄于鸦片战争。其中有关我国原始社会文化遗址的分布，以及若干甲骨地名，乃请胡厚宣、洪瑞钊供给资料，洪氏并参加上古部分（战国以前）的校订。1955年3月，此书出版。

这是1949年之后我国的第一部历史地图集，但其命运不佳，出版社虽已出版，但是一直不能发行，也不向著作人说明理由。后来父亲在1957年有关贯彻"百家争鸣"的谈话中说："这是中学历史教学一本必需的书，而且现在也没有别的同类书可以代替"，"我辗转听说，该社所以不发行，其中理由之一是说少数民族地区，图中往往一片空白，恐怕少数民族同志看见了会不高兴。这真使我听了笑起来。自古以来的少数民族大部分住在山区，因为交通不发达，缺乏历史记载，那些封建王朝抱了大汉族主义，也不派人去调查，正统的史书和地方志里记得很少，在这等情形之下哪能不成为一片空白。例如西藏，我们知道明代叫作'乌斯藏'，唐代叫作'吐蕃'，我们便可把它写上历史地图；至于唐以前该地应该写上什么，不但汉文的书籍里找不到，就是西藏的书籍也没有记载，我们至多只能写上一个'羌'字。这些空白地区，惟有希望将来考古工作发达，从地下挖出的材料里慢慢地填补。要在今天便使边疆和内地一般的写上密密的地名，那只有请神扶乩才有可能。"（《光明日报》，1957 年 4 月 21 日）

第 八 章

长 居 京 华

1 ⸗ 迁家北京

　　1953 年，中央成立中国历史问题研究会，陈伯达任主任，该会方针是"用马克思主义研究中国历史"。在当年 9 月 21 日该会第一次会议上，陈伯达谈到中央要在中国科学院内设立三个历史研究所，"聘请研究人员的范围不要太狭，要开一下门，像顾颉刚也可以找来"。出席这次会议的刘大年多年后回忆，"在那次会议上，讲了历史研究要百家争鸣的问题。后来才知道这是毛泽东主席的意见"（见《刘大年来往书信选》中"陈伯达来函"注释、"郭沫若致陈寅恪"注释，中央文献出版社，2006 年）。历史研究所的田昌五告诉我，一同出席这次会议的尹达曾对他谈及请父亲来历史所工作的背景：1952 年，在中央筹办中国科学院的一次会议上，谈及各地知识分子的安置情况，上海市市长陈毅讲到父亲，说他在上海经济困难，不大顺心；随即毛泽东主席便提起"大禹是一条虫"之事。也许是由于毛泽东对历史情有独钟，故而知道有一位考辨古史的顾颉刚；也许是由于当年父亲主持通俗读物进行抗日活动，1938 年毛泽东曾将一册《论持久战》托周谷城转赠父亲。总之，正因为毛泽东的一句话，于是有了请父亲到北京工作的提议。

对于父亲来说，经过1952年在商界参加的"五反"运动以及在学界参加的"三反"、思想改造运动，唯一的触动是使他认识了自己所应处的阶级。父亲在大学教书已超过三十年，因此那时在学界加入了教育工会，他很高兴自己成为工人阶级的一员；然而想到自己仍是书局总经理，还站在资产阶级一边，这就形成脚踩两条船的局面，弄不好将会掉进水里。况且他名为书局总经理，应算资方，但实际不当权，只任编辑部的工作，又应算劳方；当时主持运动者合"资劳"二字为一字——"勞"，读音如"糟"，称父亲为"勞方"。他急于摆脱这种尴尬的境地，便想离开商界。

1953年10月，到北京出席中国科学院院部会议的李亚农带回了请父亲到该院历史研究所工作的消息，父亲当即应承下来，因为这不仅与他离开商界的愿望相符，也与他多年的治学愿望相符。那时夏衍曾对父亲说："北京有好些人希望你去，说你这样的年纪，也不必学习了。"这句话打动了父亲的心，给了他高度的安慰，他说："我以为到了北京之后，就可以照我预定的计划读书写作，不再参与社会活动，趁我精力还够的时候干上十余年，还可以做出一点真正的成绩来，不辜负我一世的心愿。"于是在12月初，父亲借赴京联系出版业务之便，与中国科学院尹达、刘大年会晤，接受了科学院的邀请。当时，尹、刘二人问起父亲在上海的收入情况，父亲告曰文管会和书店加起来有五百万元（即五百元）。不知为何，以后就误传为父亲要求到京后工资为五百万元，仿佛父亲在勒索高价。周恩来总理在1954年1月28日政务院会议上提到此事，他了解到我家人口多，家庭经济负担重，便说："对研究工作有贡献的、生活困难的应该待遇好些""比如顾颉刚先生……他要求五百万，我们就给他五百万。"（见会议记录）此事传到了上海，父亲觉得传言歪曲了自己的意思，就在1954年6月趁母亲到北京看宿舍之机，要她面向尹达致意，说工资绝对按照科学院规定，决不搞特殊化。尹达答应了，定父亲的工资为二百元，这是当时的最高薪给（1956年调至三百四十五元）。

父亲当时考虑，在京在沪各有利弊，"在京可专心治学，但收入不够养家，必须编书卖稿方得补足。在沪生活可以敷衍，但各处奔跑，不能安心写作。此身已老，无法使一生工作得一结束。两处权其轻重，宁取前者。此一年来考虑之结果也"（致史念海信，1954年8月2日）。父亲怀着可以"专心治学"的期望，于1954年8月22日抵达北京，就任中科院历史研究所第一所一级研究员。该所于当年正式成立，所长由院长郭沫若兼任，尹达任副所长。

初到北京，一切未上轨道，单是整理书上架，父亲就忙了两个多月，尚未来得及分类。他一生好书，节衣缩食地购买，所积太多，此次搬家，上海、苏州两地藏书共装二百二十五箱，约九万册；科学院为其包了两节火车，全部运至北京，又将父亲寓所安排在干面胡同中科院宿舍，即清朝大学士李鸿藻府邸之正房，以便父亲存放书籍。这所前廊后厦的高大屋宇凡二百平方米，面积实在不小，四墙从地面至天花板排满了书箱，室中多置书柜，我们小时候如在书城中生活。父亲非常感谢政府对自己的照顾，只是他的藏书仍不能全部容纳，后来不得已将大部头之书售出，如汲古阁《十七史》、湖北局《百子全书》、商务印书馆之影印《四库全书珍本初集》，都卖与中国书店。父亲说："其中最可惜者为广州徐绍棨所整理之广雅书局所刻书四百余册，盖张之洞督粤时，欲与阮元《学海

北京干面胡同寓所

堂经解》竞胜，因大量搜集校订史学书籍而刊之，巍然为我国史学
宝藏，惜功未竟而张氏移督两湖，后继无人，版片零落。徐君为羊
城藏书家，起而整理为一帙，所印无多，吾藏为最完整之一帙，而
竟以屋宇不足以庋藏，委之于不知谁何人之手也。"(《林下清言序》)
但卖书之事并没有影响父亲对于政府和科学院的感激之情，他知道
自己已得到格外照顾了。可是不曾料想，到京后不久，尹达就对他
说："我看你就害在这几百箱书上了。"父亲"听了骇然，心想，科
学院为了我能掌握些史料，才招我来此；他竟说我为书所害，那么
招我岂非多事？"(《从抗拒改造到接受改造》)当时尹达此言并没
有下文，父亲不免感到莫名其妙。

父亲到所之初，尹达问询其研究计划，父亲便于 9 月作《顾颉

刚工作计划》，包括编辑考订、研究专著与论文、笔记三部分，这些内容反映了他一生的追求。父亲在学术上志愿宏大，以前也曾有人批评他"好大喜功"，他亦承认自己"好大喜功"。1948年父亲在兰州写与母亲的信中曾说："好大喜功，乃是生命力充足的表现，天下的大事业哪一件不是由好大喜功的人担当起来而获致的成功。没有秦皇汉武的好大喜功，哪有现在我们托庇的中国。没有孙中山的好大喜功，哪有现在的中华民国。我胸中有不少的大计划，只苦于没有钱，没有势，久久不克实现。"（1948年9月24日）时过六年，不仅社会时势大变，而且父亲已进入老境，不会再如以前那般"好大喜功"，他已在尽力压缩阵线，欲集中力量于几项工作。但这个计划交与尹达后，却如石沉大海，不见回音。又在一次会上，尹达要父亲将稿子送来审看，父亲便在九十月间整理积稿，捆成四捆送去，依然不得回音。两个月后，父亲忍不住了，到尹达办公室将稿件取回，见稿件原封不动，方知其竟没有看，父亲问他的意见，他只说一句"大而无当"，就把父亲几十年的工作批判了。平心而论，父亲的计划在当时"用马克思主义研究中国历史"的方针之下是不合时宜的，亦不可能实现；尹达作为所里领导，作为政策的执行者，如果能够以"与人为善"的态度，从主观、客观等方面向父亲讲明白计划不能实现的原因，父亲心中或许不会产生如许隔阂，可惜尹达当时并未这样做。

那时，父亲有一次到中国书店，看见一部书，值得一买，但自己力量不足，想请所里买，尹达却说："不见可欲，使心不乱"，拒绝了父亲的要求。又一次，父亲对所里提一个建议，尹达答道："顾先生，我们所中的事情请你不要管。"（见《顾颉刚在解放后的大事记》，以下简称《大事记》）如此种种，使父亲感到郁郁不乐，以他一向对工作的热心和诚意，却总是遭到冷遇，其心境可想而知。

　　当时，最使父亲与尹达关系恶化者是这样一件事：父亲来所不久，一次尹达对他说："你是在上海等待蒋介石反攻大陆的，现在看我们的政权稳固了，你才肯来了。"父亲感到："这句话太刺痛了我。我倘使真是拥护蒋匪的，为什么不跟他到台湾，而要在大陆上等候？……再说，我不早来北京，因为上海有业务，而北京方面尚未找我，科学院中也尚没有设立历史所，那么，要我放弃了上海的业务而到北京来空等干什么？"（《大事记》）父亲是一个"傲骨崚嶒"的人，上面所引那封在兰州致母亲之信中，父亲对于有人提到胡适批评自己"为人太傲"而感到高兴，他以为这说明胡适"深知我"，他说："我自己知道，我是一个外和而内傲的人，我决不能向人屈服，我有独立自由的精神，愿用十分的努力作独立自由的发展，我决不想占人一分光，决不想不劳而获，这便是傲的原因。傲和骄不同，骄是自己满足，看不起人家；傲是仗着自己的力量而工作，不依傍人家，不在痛苦时向人家乞怜。"现在尹达说他看人民政权稳固了才肯到北京来，父亲认为这是将自己看作投机分子，以他这种"自傲"的个性而言是无论如何也不能忍受的。在1958年整风时所写的交心资料中，父亲谈及此事道："我一生从来不曾想过投机的念头，以我的澈骨的傲气，平生最看不起的是投机分子，他为什么要把这顶最不合适的帽子戴在我的头上呢！我的一生虽永远给人们打击，却没有遭受过这种轻薄性的侮辱，我气得眼前发黑"（《我和党的关系》），"这是我不可忍受的侮辱。要是我在旧社会里，我一定拔脚就跑，绝不留恋。但现在有工会的组织，我不能自由行动了，因此我只有少看见他免得再受他的侮辱。但是我心头的气是压不下的，所以逢到机会有发泄，但不发泄于个人而发泄于公共场所。科学院、政协、民进要我说话时，我就把这些事嚷出去。结果，他也怕见我了。今年二月，我要求他每星期和我谈一回话，他说：'我不敢见你，免得刺激你！'到现在，两方面的隔阂迄未消除。这真是我的不幸事件，以我的性情而碰到了这样一位领导同志！"（《解放后对于新社会的抵触》）

父亲到北京后，中央把一件大工作安排下来，1954 年 11 月，以毛泽东意，成立标点《资治通鉴》及改绘杨守敬地图工作委员会，以范文澜、吴晗（辰伯）为召集人，翦伯赞、侯外庐、向达（觉明）、尹达、刘大年、黎澍、金灿然、王崇武（之屏）及父亲等为委员。前一工作，以王崇武为召集人，父亲任总校对，参加标点者有聂崇岐、齐思和、张政烺、周一良、邓广铭（恭三）、贺昌群、容肇祖、何兹全。后一工作，调谭其骧主持，史念海、王庸及父亲参与工作。那时，为标点《资治通鉴》，父亲始到北海公园画舫斋内之得性轩办公。在工作中父亲感到压力很大："大家任务太多太忙，必不能细细研究才下笔也。予任总校，要在十个月内整理出二百九十四卷之书，一一改正他人之误点，其不遑喘息可知也。"（日记，1954 年 11 月 15 日）况且每位标点者的方法个个不同，有的喜欢用长句，有的喜欢用短句，有的在胡三省注的引书里加上引号，有的不加引号，……如此等等，使父亲感到：要做一番统一的工作比自己亲任标点还难。在 11 月 29 日的标点工作讨论会上，父亲提出："我一个人月全部精力来干，星期天不休息，亦须三年功夫。"以委员会定十个月完成，"就我一个人的总校言则绝对不可能。是否容许我放长几倍时间来干"？何况还有历史所之工作，"是否可以添请校对人员，或把我的工作分与全组同人担任？"那时父亲曾与尹达商议此事，请求延缓期限，然而尹达说："这事已上报毛主席，不能改了。"这部书连注文有五百万字，要让父亲平均每天校阅一万多字，实在无此力量，于是1955年成立校阅小组，父亲与王崇武、聂崇岐、容肇祖共同校阅。父亲工作一向认真，有时为解决标点中一个问题，不惜花时间找专家求教，但往往仍不得解决；他本性急，又任此急事，以致怔忡病又发，这年5月就病倒了——犯的是彻夜不眠的病。后来这项工作便由聂崇岐主持，至年底，此书终于标点完毕，交古籍出版社于1956年6月出版。尽管工作之初父亲定过此书的标点及排版凡例，但由于时间急迫，任务繁重，各位标点者又都有自己的本职工作，即使有问题也不易互相商讨，工作中自然有不少问题和错误，父亲不甚满意。当时他曾对欲从事《明史》标点的陈懋恒说："《通鉴》之点，匆促已甚，必多谬误，不必参考也。"（致陈懋恒信，1956年5月14日）

1954年12月，父亲被选为全国政协第二届委员，这表示在新政府之下他有了一定的政治地位。16日始参加会议，父亲便得到通知须撰文作大会发言，自18日，他作此发言稿，并陆续征求辛树帜、李平心、吴晗、侯外庐、尹达等人之意见，不断修改、重抄，最后成三千言之文，"以十人之修改，历七天而后定稿，大不易矣"（日记，1954年12月23日）。可以说，这篇区区三千字之文所花的功夫是父亲前所未有的。直至24日在大会发言之前，父亲还再一次与李平心商改此稿。由于前不久经历了知识分子思想改造运动，且"胡适思想批判"运动当时已经开展，父亲在发言中对自己的学术工作进行了分析批判，说道："我在故纸堆里摸索多年，知道宋代学者有强烈的批判精神，清代学者有精密的考据功夫，心想如果能把这两种好处合而为一，整理工作必可做好"，就用全力去追求之。以后又接受了胡适的治学方法，"第一个起来拥护他"。自 1921 年讨论《红楼梦》，至 1926 年出版《古史辨》第一册止，这期间"我的研究工作大体上是跟着他走的"。"解放以前的三十年中，胡适所以能在反动政权的范围内以文化界领袖自居，……我是在一定程度上替他造成他的虚名和声势的一个人。这就是我对于学术界和全国人民最抱疚的事情！""至于我的学问的实质和基本方法，原是宋人和清人给我的，……到底是在祖国的长期文化里自生自长的，……至于我想把经学变化为古史学，给我最有力的启发的是钱玄同先生。"父亲发言完毕，周恩来即告他"发言甚好，很清楚"（日记，12 月 26 日）。两日后在全体宴会上，父亲"见毛主席、刘少奇委员长、彭真市长，亦均谓予发言好，与周炳琳（枚孙）二人为最佳。这是我想不到的成功"（同上）。父亲一直坚持将自己的学术工作与祖国传统文化紧密相连。

2 __ 难以开怀

　　尽管父亲的发言得到了最高领导的称赞，尽管他表示要与胡适的"资产阶级唯心论观点"划清界限，然而在"胡适思想批判"运动中，他仍然跟不上形势，不易过关。对于这场运动的前奏——批判俞平伯《红楼梦研究》运动，父亲就甚不以为然。1954 年 11 月 12 日，他在参加历史所小组学习，讨论《红楼梦研究》之后，在日记中写道："自李希凡、兰翎评俞平伯'红楼梦研究'后，发动轩然大波，群指俞氏为胡适派资产阶级的唯心论思想，抹杀红楼梦之人民性及现实主义。此事与予有大关系，故今日学习时备言之。实在说来，胡适固为资产阶级思想，平伯则犹然封建主义思想也。"如同在思想改造运动中批判资产阶级思想，父亲将自己思想归入封建主义而认为批不到自己头上一样，他认为要讲资产阶级的唯心论思想，俞平伯还不够格，不应批到他头上。因此对以后的学习讨论，父亲"不欲往"（1954 年 11 月 15 日），"欲予批评俞平伯，予却之"（1954 年 11 月 27 日）。我清楚地记得，那时父亲曾指着俞平伯《红楼梦辨》对我说过："都怪我害了他，要不是我以前研究

《红楼梦》引起了他的兴趣，他不一定会写这本书。"虽然我当时还在上小学，不甚明白这话的含义，但父亲心中的内疚和沉重可以体会得到。在二十多年后，俞平伯为悼念父亲逝世而作的数首诗中，有一首即是记述此时之事："悲守穷庐业已荒，悴梨新柿各经霜。灯前有客跫然至，慰我萧寥情意长。"诗后跋道："一九五四年甲午秋夕，承见访于北京齐化门故居。呴沫情殷，论文往迹不复道矣。"诗中既反映了当年俞平伯受批判后的孤苦心境，又表达了处在困境中的俞平伯对于父亲去看望他的感激之情。

在政协大会发言时，父亲曾提到自己在 1933 年所作《古史辨第四册序》中已经表示"我自己决不反对唯物史观"，以示与胡适的区别。在那篇序里，父亲指出："我感觉到研究古史年代，人物事迹，书籍真伪，需用于唯物史观的甚少，无宁说这种种正是唯物史观者所亟待于校勘和考证学者的借助之为宜；至于研究古代思想及制度时，则我们不该不取唯物史观为其基本观念。唯物史观不是'味之素'，不必在任何菜内都渗入些。在分工的原则之下，许多学问各有其领域，亦各当以其所得相辅助，不必'东风压倒西风'才算快意。"他又说：清代学者的校勘训诂"是第一级"，我们的考证事实"是第二级"，"等到我们把古书和古史的真伪弄清楚，这一层的根柢又打好了，将来从事唯物史观的人要搜取材料时就更方便了，不会得错用了。是则我们的'下学'适以利唯物史观者的'上达'；我们虽不谈史观，何尝阻碍了他们的进行，我们正为他们准备着初步工作的坚实基础呢！"时越将二十年，父亲在 1950 年所作《自传》里仍坚持道："我们所做的考证工作是唯物史观者建设理论的基础，然而唯物史观的理论又正是我们考证工作的基本观念。彼此所信的'真古'是同的，只是工作一偏于理论，一偏于事实，这原是分工合作所应有的界域。……近人每喜出主入奴，扬彼抑此，我想只要大家心平气和地一想，自能彼此释然。"

说实在话，父亲不谙政治，也不会看风云气色，尽管迫于时势的压力，他也还是凭一个学人"求真"的直觉和做人的良知，去面对一场接一场的运动。因此到了1955年"批判胡适思想"运动大规模开展时，父亲便无法忍受人们对于传统学术的歪曲以及对自己的歪曲。3月5日，中科院召开"胡适历史观点批判第一次讨论会"，与会者三百人，尹达主持会议，父亲发言一小时。此日他在日记中写道："近来批判胡适历史学、考据学的文字中，常常牵到我和《古史辨》，因此，我在今天会上说个明白。"在会前父亲曾以数日之力作发言稿，由日记看，此稿尚未作毕。在这份题为"考据学的反封建性"的发言稿里，父亲开头即写道：

考据学是中国土生土长的学问，它以求真为目的，以古代文献（可能时也加上实物）为资料，以朴素的唯物主义和形式主义的逻辑为方法。严格说来，它在中国学术史上有九百年的历史。从它的萌芽期说来，则已有二千余年的历史。

在科学知识未传入中国以前，考据学比较中国原有的理学、文学、政治学等是最实事求是的学问，它提出了许多问题，也解决了许多问题，可以说是中国的科学。

此次会议的大致情形父亲也记在笔记中：

当初开会时，予曰："我欲为考据学说一公道话，考据学是反封建的。"闻者大哗，对予抨击，以为考据学惟为封建统治者

服务。不知封建统治者俚便私图，或改古文，或易本义，而考据
学之目的在求真，纵从事者无反封建之主观愿望，而工作之客观
效果必使封建统治者之所窜改涂附尽归扫荡。……予略识其义，
而理论水平不高，无以折服人心，此则予之过也。(《古柯庭琐记》
第二册：《义理、考证、词章三学》)

父亲哪里料到，自己面临的根本不是学术上的讨论，而是政治
上的洗脑，是无道理可言的。因而他不得不在会后作检讨书交尹达
处，自认错误有二："其一，评胡适的演变方法无毒素；其二，谓
予与胡适分路后即不受其影响。"（日记，1955 年 3 月 15 日）并在
3 月 26 日统战部的批判会上接受尖锐激烈的批判。

此前一年，上海群联出版社欲将《汉代学术史略》重版，父亲
到京后即校此书清样，作了一些小修改，又将书名改为《秦汉的方
士与儒生》，以使书名和内容相符，并为其作一篇长序，述此书之
写作经过（以后这本数万言的小书多次再版，港台及日本亦予出
版）。此时，在统战部批判会数日之后，父亲收到新出版之《秦汉
的方士与儒生》，他不知在此种形势下此书会遭到何种批评，"如多
抨击，则予写作生涯其将从此搁笔矣乎？"（日记，1955 年 3 月 31
日）不过，尽管这场"批判胡适思想"的运动"对学术界传统的研
究方法、学术思想和思维方式（也即'资产阶级唯心主义'）作了
摧毁性的批判"，但其"旨在改变时代的风气"（陆健东《陈寅恪的
最后二十年》，三联书店，1995 年），让资产阶级知识分子夹起尾
巴改造自己而已，故父亲也就勉强得以过关。这年 6 月，中科院学
部成立，曾是中央研究院院士的父亲被摒于学部委员之外。

父亲那时的薪水只够日常开支的一半，不得不挤出时间做些业

余的工作，以便用稿费补助家用，因此在 1954 年 9 月接受了中华书局的邀约，替他们标点《史记》三家注，并加校勘。父亲请贺次君共同为之，贺氏抗战前毕业于北大，是他的学生，因有些历史问题，此时尚未有正式工作。自 1955 年 5 月始，父亲整理《史记》及三家注，并嘱贺次君到北京图书馆，遍校《史记》各种版本，月付其五十元。父亲说：

> 《史记》，是一部本子复杂、解释复杂的书，它虽是西汉人所作，然而有许多是直接取材于先秦。……不幸而所据之书已不存在，如《秦纪》，我们校点时别无依据，下笔便十分困难，为了一小点不免踌躇几回。又如《扁鹊仓公传》，我不懂医学，不会点，但我想北京既有"中医学院"，自有请教之处，哪知前往询问时，他们竟说："我们只懂明清医，不懂秦汉医，因为时越两千多年，一切病名、药名、度量衡的单位全都变了。"医学方面尚且如此，何况《龟策列传》，现在哪里寻得到一个懂得古代占卜术的人呢！然而既担任了标点全书的责任，……只有多多诵读，从"体会语气"上作工夫。在这种地方，就比点先秦书还难，为的是无可"因"而必须"创"。

> 我对于《史记》这书，抗战前已经点过一次。但这次标点，细细琢磨，改正了从前许多错误。又因上次只点白文，这次连三家注一起点，可是三家注的说法往往不一致，在不同的解释之下该有不同的标点，然而白文只有一条，不是三条，所以只有采取其中比较正确的一说来标点正文，因此又须多出一番考虑。这次标点实是费去了我三年的时间，就为常常碰到暗礁的缘故。（致中华书局信，1962 年 6 月 14 日）

现在我们利用了三十多种本子把认出来的错误能改正的都改了，没法改正或不敢遽行改正的也分别在校记里加以说明，又加上标点和分段，使得《史记》的正文和"三家注"都比较容易读（《史记校点说明》）。

父亲希望将来作成一部"《史记》三家注集证"。当时，他曾作《史记》序"，然未写毕，已写之内容为：司马谈的作史计划和他所写的史，《史记》的五种体裁的因袭和创造，司马迁作《史记》，现在的《史记》已不是当时的《史记》，等等，以父亲的话说，"此序直是一篇'史记通论'了"（日记，1955 年 8 月 19 日）。至 1958年底，《史记》校点完毕。"今日《史记》三家注校点毕工。四年工作，一旦完成，肩负为之一轻。"（日记，1958 年 12 月 29 日）对于父亲校点《史记》的体例，中华书局认为烦琐，与二十四史点校计划的要求之间有差距，则又请宋云彬另觅张文虎本重点，将段放大，将符号减少。以后父亲在笔记中说：

予二十年前与徐文珊君等合力标点《史记》，出版《史记白文》三册。然《史记》传抄、传刻二千年，不少缺文、讹字，实不易点；而司马迁仓促成书，有文理极不通顺者，又有事实大谬误者，如无比较资料，则点定更不易。而方当予等为此之时，正值九一八事变后、七七事变前，中心悬悬，不能安居撰述，故错谬甚多。前年重点，以参加运动多，仍不能一意以为，误处有尚未改正者，亦有我虽未误，而经中华书局加工致误者。盖予欲处处绳以文法，故多顿号，间用破折号，其阙文用删节号，一句而有两意者用分号，局中以

为繁琐，乃并去之，而不知其有不可去者在也。[《汤山小记》

（17）：《现代〈史记〉工作；泷川资言简史》]

1959 年 9 月，《史记》由中华书局出版。

同时，父亲又应中华书局邀，编校《辨伪丛刊》，后因"商务印书馆出'伪书通考'后，有人提意见，谓所伪之书太多，使古代文化成为空虚。毛主席晓之云："此是著作时代之移后，非抛弃也。然因此之故，中华书局遂不敢用'辨伪丛刊'名，予遂改为'古籍考辨丛刊'。"（日记，1955 年 3 月 10 日）1955 年，父亲将以前所编《辨伪丛刊》之十种辑入《古籍考辨丛刊》第一集，并分别作《序》和《后记》。在 2 月底所作《序》里，父亲指出："'考据学'是一门中国土生土长的学问"，"到了现在，考据学这个名词应当改称为'史料学'。史料学的目的，是从资料的来源和它的真确性以及作者的时代和他的环境等等问题来揭示出每一件资料的本质，认识它是一定的社会环境下的产物"。"我们做这考辨的工作，绝不能把古书截然分成真、伪两部分而取真弃伪，而是要逐一决定它的时代，使后一时代的仿作和伪作不再混乱了前一时代的真相。我们不但不愿毁掉一部书，并且不愿损失一个字。"在八九月间所作《后记》里，父亲"寻出宋代文籍考订学之根源为刘知几与啖助，第一部被考辨者为《春秋》，《诗》《书》《孝经》《论语》为逐步化出，为之一快。又谓考辨工作者其主观愿望为尊重孔子，而客观效果为破坏经学，并打击孔子之地位，亦即反封建运动，皆未经人道过者"（日记，1955 年 8 月 31 日）。11 月，此书由中华书局出版。接着，父亲又编辑第二集，收入由赵贞信辑点的辨伪书语五种，及以前《辨伪丛刊》之两种，并辑点《周官辨非》《周官辨》《礼经通论》，亦共十种。父亲为后三书作序，其中《周官辨非序》长达四万多字，费两旬功夫，是他那一时期的一项大工作，反映了他研究《周官》的成果：

> 《周官》是法家书，硬放入儒家经典，攻之者不得其要，护之者亦不识其真。今以《管子》校之，即罗罗清疏，诚大快事。（日记，1955 年 12 月 23 日）

> 自念予一生研究中心，为战国秦汉间之改制问题，以前发表之《五德终始说》《尧舜禅让故事》《秦汉间方士与儒生》及此篇皆是也。若能上推至春秋，下推至东汉，说明此一千年中之改制运动及其背景，则予生为不虚矣。

> 现在一般人不了解我，但此书而成，将来必有真知余者。盖必须认识此一运动，则治古史与古代学术者方可得其端绪，不致陷入迷魂阵也。（日记，1955 年 12 月 24 日）

但此集交与中华后未得出版。当时有人好意劝父亲"勿作文，免得受检讨"（日记，1955 年 2 月 28 日），虽然父亲还是按自己的意图作出文章，中华书局却"不愿在考辨丛刊内厕入思想性的文字"（日记，1955 年 9 月 7 日）。直至 1979 年，父亲以老迈久病之身，将《周官辨非序》增改一过，改题《"周公制礼"的传说和〈周官〉一书的出现》，在《文史》第六辑发表，此时距文章初写毕时已有二十四年了。

那一时期父亲的心情十分不好。自来北京后，在不断的开会学习、社会活动之中，连中央下达的标点《资治通鉴》一事都做不好，自己的读书写作计划就更不必提了。这使得他后悔来北京，毕竟在上海很自由，每日在文管会可以保证八小时的工作，没有像现在这般受制约，而且在历史所得不到尹达的信任和最低限度的尊重。再有经济上的压力，父亲说："我前年为什么大胆到北京？就因历史地图快出版，有版税可得，家用不难维持。哪知去年出版，即遭冻结，使我大受打击。一年多以来的不开怀，即是为此。冻结的理由，绝对不充足，而又不老实对我讲，这真可诧怪。"（致张静秋信，1956 年 8 月 6 日）那时父亲对友人发牢骚说："这样穷、忙、病三位一体的生活，我实在过不下去，但既在组织，又怎可脱离！因此，只得咬紧了牙齿苦撑下去。"（致陈懋恒、赵泉澄信，1955 年 8 月 23 日）

1955 年 10 月，父亲加入中国民主促进会，次年当选为该会中央委员。从此，会议更多。

3 _"天大的喜讯"

1956 年 1 月底至 2 月初，父亲出席全国政协二届二次会议。此时，中央"关于知识分子问题会议"刚刚结束，周恩来在该会所作《关于知识分子问题的报告》中尖锐指出，在党政部门内对知识分子问题存在着宗派主义倾向，低估了知识分子在我国社会主义事业中的重大作用，目前对知识分子在使用、帮助和待遇中的某些不合理现象，更妨碍了知识分子现有力量的充分发挥。周恩来认为，对知识分子应给予充分的信任与支持，要改善对他们的使用和安排，为他们创造必要的工作条件和生活条件。这一报告以及当时的中央精神温暖了一大批知识分子的心，也温暖了父亲的心，他感到"这真是一个天大的喜讯"，由此"认识了中国共产党和人民政府对于知识分子的深切关怀和期待"，并"希望我们知识分子的队伍能在党和政府的正确领导和有计划的组织之下，大量发挥潜力，在十二年之内完成党和政府交给我们的最光荣的任务"（政协大会发言）。父亲就自己所从事的历史研究工作，在政协大会的发言中提出了几项搜集整理历史资料的建议，其中说到旧知识分子过去"生活得不着保障，多多少少是些被压迫的分子，在这一点上说却有工人阶级的品质。解放以后，他们为伟大的新社会的动力所震荡，当然认识到自我改造的必要，可是上了年纪，记忆力差了，很难求有急速的进步，因此而踟蹰彷徨。希望领导的干部们认清楚了这一类特殊人物的性格和历史，常常用'循循善诱'的方式来解决他们的困难，消释他们的顾虑，鼓起他们的积极性和创造力"。在这里，父亲既是反映了一批人的心声，亦是讲出了自己的心声。为作此发言稿，父亲仍十分谨慎："发言稿，三日来起了两个早，誊改四次，商量者四人，而所写只两千字，可谓字斟句酌矣。"（日记，1956年2月3日）

大会后不久，在一次民主促进会讨论党与知识分子关系问题的会上，父亲谈及与尹达的矛盾，说道："我本来看学问很难，从来不敢以学术骄人。现在领导对我，他有过分的政治优越感，这就逼得我也激发出技术的优越感来了。"当时民进中央常委徐伯昕听得此语，几次找父亲长谈，父亲被其耐心与诚意所感，便将到京后所受痛苦告之。徐伯昕欲为父亲和尹达调停，"嘱予与尹达团结，如团结不好，再由他来团结"（日记，1956年5月8日）。于是约好一天，由尹达派车接父亲到所，父亲将一生经历向尹达陈述，然时间短，尚不能尽言。不过以后两人关系没有什么改善。父亲说：尹达"此后依旧对我冷冰冰的，使我失去了到所工作的勇气"（《大事记》）。

那时，父亲为工作紧张，为开会紧张，失眠甚剧，他对母亲发牢骚说："像北京这样忙乱紧张的生活我是过不来的。我的性情本来紧张，若再住在紧张的环境里，这叫作'以火济火'，哪会不病！"1956年夏，父亲到青岛养病，借宿于杨向奎家，吃饭于童书业家，杨、童两人均任职于山东大学，而杨氏其时赴四川调查，故居室得以空出。父亲在养病的同时又整理《史记》和《浪口村随笔》，两月后返京。1955年，上海出版社欲将《浪口村随笔》缩小篇幅出版，而父亲因近数年对此诸题又有新得欲待增补，故请出版社缓期；此时，他携带抗战后的笔记五十册至青岛，取以补充《随笔》，并与童书业商讨之。

父亲在青岛致母亲的信中谈到自己的痛苦：

> 我现在最感痛苦的是生活。……取薪后用至八月底自无问题。但九月份即有问题，如何解决？你当然说："卖书好了！"但书是我的生产资料，我不能随便卖。如果卖得多，对我写作上大有影响。卖得少，人家也就不愿意接受。为此，我只得加紧工作。但工作一紧，失眠又发了！（1956年8月6日）

当时父亲整理《史记》，除请贺次君代为校正外，又请尹如潜帮助抄写，每月要付他们两人一百元，这笔款由预支稿费中支付。由于经济不宽裕，母亲与父亲常有冲突，因而父亲在信中对母亲有所规劝：

> 我要求你两件事：第一，让我精神松懈，不要逼得我紧张，就是希望你对我说话的态度要和平些，不要用战斗的方式。第二，让我得些自由，不要尽来支配我，因为我的性格是不愿意受人支配的。你要遇事协商，不要用强迫的方式。（1956年9月17日）

这一年，父亲参加了政协所组织的两次视察活动。

　　一次是 5 月中旬至 7 月初，视察东北三省工、矿、农、林各方面的建设，到沈阳、大连、旅顺、鞍山、抚顺、安东、长春、吉林、哈尔滨、佳木斯、牡丹江、齐齐哈尔十二市，又九县镇。此行使父亲开始看到新中国经济建设的巨大成就，感到无限兴奋，一洗在旧社会旅行各地所见之阴暗印象。其中钢都鞍山对父亲的震动最大，他给母亲的信里写道："鞍山矿厂……去年装了大破碎机，六吨重的石块只须一百秒就打成小块，再分析铁与非铁，磨成铁砂。……轰轰的声音好像山崩一般。"（1956 年 5 月 26 日）"我们在鞍山两天，参观了七个厂。……炼钢、炼铁，高温至一千二百度，没有走近已经热得出了一身汗，待走近时脸上火辣辣地好像投入热焰中了。机器声轰轰，钢条声砰砰，对面说话只看见嘴动，用旧小说的词语来描写，真是'山摇地动，鬼哭神号'。你想，在这样的境界里，怎么不教人心惊肉跳呢！"（1956 年 5 月 29 日）归家后父亲将此行所写家书集为"东北书简"一册，并于册首题道："想望了卅多年的东北，这回到了，而且看得这般地满意，这不能不感谢人民政府对我的厚惠！这真是无比的政治待遇！"兴奋之情，溢于言表。

　　再一次是 11 月下旬至次年 1 月底，视察广西各地的农田水利建设，到南宁、凭祥、百色、柳州、桂林五市，又五县。"弟此次视察，选广西省，以认识少数民族为目标，故先至左江流域之凭祥、龙津、宁明，继至右江流域之武鸣、百色、隆林，始知广西人力、物力之潜在力量不减东北，惟交通未甚开发，遂成贫瘠省份"（致辛树帜信，1956 年 12 月 23 日）。父亲出于对民间文艺的兴趣，又在广西多停留十数日，观看"民间文艺会演"，从中既感受到僮、侗、苗、瑶各族的团结及其文化的兴旺，同时也增长了不少知识："知铜鼓尚为瑶族祈拜、过年时所用。绣球舞则镇西县僮族歌墟时亦为之。苗族大芦笙舞气象猛烈，大有桑林之舞，题以旌夏，使晋侯惧而退入于房之模样，此皆此行之新收获也。"（日记，1956年12月30日）当时父亲在接受记者采访时谈到，研究古史除了读书、看出土文物外，"更要研究现代少数民族的生活情况"。古代的社会现象"在某些少数民族的生活中还存在着"（访问稿《在古书里做学问》）。那次父亲还到兴安参观了秦始皇时代所建之运粮渠——灵渠。

归后，父亲出席政办二届三次会议，作发言稿《广西的生产潜力和将来开发的途径》："予发言稿约八千言，恐是全体发言中最长之一篇。篇中字斟句酌，费了九天功夫，请多少朋友提意见，大致可以无误矣。"（日记，1957年3月13日）以父亲一介书生，而作出如此长篇关于开发生产的发言，可见其积极性之高涨，亦可见大会气氛之热烈，他还为大会作了几件提案。"报载十一天大会中共有四百零六人发言，……又提案有二百八十七件，此种盛况为从来所未有。"（日记，1957年3月20日）父亲以积劳而致疾，会尚未毕，他已咳血，遂请假卧床休息。

1957年4月，整反运动开始。17日，《光明日报》记者在父亲的病榻前进行访问，父亲除了表示热烈拥护"百家争鸣"的方针以外，又对进一步贯彻这一方针谈了许多意见。

首先，父亲认为学术问题的讨论，即使对方有些错误，也必须循循善诱，以理服人，不能进行"围剿"。"例如在批判俞平伯'红楼梦研究'的思想的时候，简直就把俞平伯骂得一钱不值。这是一种'围剿'的办法。'围剿'对开展'百家争鸣'妨碍很大。它会使很多人有话无处说，或有话而不敢说。"说俞"为不全面则可，断定他是绝对的错误而且出之以谩骂的态度那就不对。倘使把这种态度发展下去，那徒然高筑了宗派主义的壁垒，走上汉武帝的'罢斥百家，独尊儒术'，哪里说得上'百家争鸣'！"父亲认为："许多'围剿'的出现，是同害怕毒草分不开的。记得 1917 年，蔡元培先生任了北京大学校长，他秉着'万物并育而不相害'的方针，把有才学的人尽量请来……启发了学生们批评和选择的要求，他们懂得需要独立思考，这对于五四运动的涌现有绝大的关系。……我们已经有了马克思列宁主义作指导，马克思列宁主义是真理，有抵抗毒素的力量，还有什么理由来害怕毒草呢？但是，据我看，直到目前为止，学术界中缩手缩脚的情况还是不少的。例如有些学术刊物的编辑部，对于学术性的论著投稿，常常因为它的见解与学术界某些权威人士的见解不相同，结果就把它压下来了。我觉得，这同进一步放手贯彻'百家争鸣'的方针是不相符合的。"

其次，父亲认为必须打倒令人窒息的教条主义。他以自己所作《史记》校点工作为例，去年因出版分工，这部书转到古籍出版社去了，他把校样送至该社，却被退回，理由是：不是马克思列宁主义的校勘学。父亲说："我问他们什么叫作马克思列宁主义的校勘学？他们说马克思列宁主义的校勘学对于书上的差错都该有结论，是就是是，非就是非，不该存而不断。我听了不胜惊叹，两千年前的人做的书，稿本久已消灭，转抄转刻又多异同，有的地方我们固然可以决定它的是非，有的地方则万难决定。……倘使随意判定，岂非堕入主观主义？这才的的确确违反了马克思列宁主义！这样的乱干，还需要什么校勘学！"

最后，父亲认为必须加强客观条件，如保证六分之五的工作日，充分利用图书资料，配备助手等等。他说：自己"今年已六十四岁，健康渐差，如果能再做十年工作，在工龄上已不算少，可是十年是何等短暂的一瞥，该怎样经济地利用它呀！自从周总理说对研究人员要保证六分之五的工作日，我们听后何等兴奋，可是我总觉得各方面牵掣太多，自己不易好好地安排，使工作达到这个标准。问问朋友们，有的说只能保证六分之二，甚至有的说只能保证六分之一。因为常有想不到的突击任务的到来。为了运动太多，重复的集会也多，所以彼此都难度正轨的生活。……再说，科学研究需要在轻松愉快的空气里进行，有许多学问甚至可以说是从聊天中得到启发的。例如我，三十年前所以决定研究'经学'，主要是钱玄同先生常到我的家里谈话，谈出了兴趣，才寻到门径的。严肃的场合固然可以获得许多教训，但轻松的环境更容易使人乐意接受。"

父亲所谈的内容，时时折射出周恩来《关于知识分子问题的报告》以及毛泽东所提"百花齐放，百家争鸣"的光辉，可以说若是没有这个背景，是不会有父亲这篇谈话的。这次谈话，由记者题以《顾颉刚谈放手贯彻"百家争鸣"》，刊于 4 月 21 日《光明日报》。

4 月 20 日，父亲赴小汤山疗养院休养，此时他避开了社会上的干扰，可以静心于自己的天地了，以下几段话真实地反映了他当时的悲哀及无奈：

> 病中想到庄子的话，我来京以后，直如被了文绣的牺牲，一步步地走上死路。三个组织——科学院、政协、民进——再加上许多社会活动，几乎天天有会开，处处逼着写文章，年纪越来越大而负担越来越重，简直把我压死了。希望病好，此后生活必须从头变化，不为外物所转移，自己一力争取主动。衣食固然不

能不求诸人，但文绣则必须挣脱。……

……我如能摆脱社会活动，不出席许多会，使我可以主动地调配时间，心头不感觉到沉重，安闲地工作，我相信我的精神还是可以恢复的。（致于鹤年信，1957年6月6日）

我到北京，政治待遇受得太厚，既是政协全国委员，又是民进中央委员，于是就有开不完的会。然而我实不是干政治工作的人，且余年无几，这仅有的一点时间真是"一寸光阴一寸金"，不该尽在会场里钻出钻进，"过了一天又一天"，落得个到死无成。同时，学术待遇却是受得太薄。第一所的领导方面，自己既提不出一个方案，别人提的合理化建议又一概拒绝，弄得死气沉沉，使我怕走进门。我的工作，只有自己做，没有一个助手，为了校勘《史记》本文及三家注，自己请了一位助手，一位抄写员，做了三年尚未完工，已耗三千余元，这是我用尽方法弄的钱。其实，这个工作正是所里十分应该担起的业务。这两个原因都是使我血压高的。如何可使厚者薄而薄者厚？这便是解除我的症结的一个大问题。（致于省吾信，1957年6月7日）

解放以来，情移势易，甚欲随先进之后从事于马克思列宁主义，以端正治学之方向与方法，然而此非易事也。马、恩治学植基于西方历史，其探索学理本于固有之辩证法而益加精进，欲治其学，必穷其源，此非有张骞之凿空精神不可。使予稚三十年者，诚有勇气作此尝试。今则衰老相乘，旧业且荒，而欲广拓园地，非梦想而何！寿丘徐子学步邯郸，失其故步，予亦惧夫蹈此覆辙以为世笑也。第今日之局，只许进，不许退，则予虽欲硁硁自守而势有不可，无已，惟有藉病屏却人事，俾得一意读书。有成自可喜，无成则其命也。……予虽无成而后起有人，凡予所手集之资料固皆彼辈研究之基础也。抑四儿性不喜此而尚有其他之青年能继予所学者乎？一人之力至薄弱，获他人之助便可扩大至无垠，予其尚有此身后之同情者乎？晨起书此，百感横集。一九五七年六月廿一日，颉刚书于小汤山中央直属疗养院，时，行赴青岛，与谭其骧、侯仁之、任美鄂诸君同编《古地理名著选》也。[《缓斋杂记〔六〕序》]

从这些话可以看出，父亲来北京后，对于社会环境和工作环境均难以适应，他业已料到自己的学术计划是难以完成了，"无成则其命也"，而将希望寄予后人；尽管如此，他仍想尽自己的努力多做工作。此时父亲便"藉病屏却人事"而"一意读书"，并记了大量的笔记，仅 1957 年一年，即记《汤山小记》八册。

两个多月后，父亲自小汤山疗养院又转赴青岛休养，直至次年 1 月方归。在青岛，父亲除了与侯、谭、任诸人商讨《中国古代地理名著选读》外，又将姚际恒《诗经通论》排样校讫，此书为父亲三十年前所标点者，其时交中华书局出版。

4 __ 反右整风

　　当父亲在养病之时，1957年6月，反右斗争开始。父亲并未参加此运动，但周围这么多朋友和熟人都成了右派分子，使他"为之怵惕"。对于在《光明日报》所发表的谈话，父亲不免"惴惴恐罹咎，幸得宽免"（日记，1957年）。

　　1958年，父亲自青岛返京不久，就参加了民进整风（交心运动），历时七个月，各位中央委员都作自我批判，父亲作交心资料及检讨书十几万言，"竟是解放后之自传矣"（日记，1958年5月10日）。他说："我向少说话，自问一生谨慎，扪心无愧，而人家因我不说话而关系复杂，横加猜测。今日决据日记，完全摊出，虽反共、反苏者亦无顾虑。"（日记，1958年4月14日）其间，父亲又参加历史所整风，写大字报及检讨书，历时两月。此次整风对于父亲思想确有触动，和以前参加思想改造、批判胡适等运动不同，这次他开始认识到自己应该接受改造，当时在致友人信中写道：

自由青岛返京，即值整风运动，刚既在科学院，又在民进，两方奔跑，又写大字、小字诸报，惟日不足，遂未奉答，……

……去年养病海滨，病瘥而学迄不进，其时正值反右运动，日读报纸，稍识大是大非。冬末归来，参加小组讨论，又有牖启，益知生当此日，必应整齐步伐，以同登社会主义之大道；否则便为时代所淘汰，无幸免之道也。

在旧社会中，尔诈我虞，表面和平，内心则为痛击。以是，好人无立足之处。新社会则适反其道，斗争其外而团结于内，以斗争为达到团结之一阶段。自非绝对恶人，皆在争取之列。况高级知识分子，我国数实不多，虽竭力培养青年干部，而势难速成，旧知识分子固有其一定之作用。特我辈自旧社会来，不能无旧社会之习气，非施改革则步伐不齐，是以不惜用严厉之手段以为教育。刚前乇参观鞍山钢厂，见其流水作业，第一步为开矿山，所得皆石块；第二步为砸破，以极强之力量，将大块砸为小块，将小块砸为泥沙；第三步为分析，将泥沙分为铁质与土质，舍土存铁，以供冶铸。炼铁、炼钢诸炉，温度高达摄氏一二千度。无缝钢管，非从模型内铸出，而是将钢条烧红，以强力挤出其中间之钢而成。以是知以宇宙为一大洪炉，凡属圆颅方趾之伦，只可伏伏贴贴，听其陶冶成材，向日隐居思想皆封建社会中小有产者之幻念耳。

刚以前甚欲退休，今当大跃进中，知只能促进，不当促退，以是已不存此想。但望运动过后，不再如今日之紧张，每日以半天时间读书写作，以半天从事游息，庶几尚可多活数年，培养后进。

此函断续书至四天方成，甚矣其忙！今日下午尚有两会，

又须准备发言，……（致陈懋恒信，1958 年 4 月 24 日）

在整风中，父亲本言自己无剥削阶级思想："予自谓平生谨小慎微，道德甚好，且尽量帮助别人，自己生活并不要求享受，亦说不上个人主义。"经过同人之启发，"使予思想发生斗争，在此次运动中初次发生痛苦"。"我想出我有甚大之名心，即不欲出小风头而要出大风头，不欲一时出风头而要永久出风头，成若干不朽著作。然谓予有利心，则尚未挖出。"（日记，1958 年 4 月 28 日）他在交心资料中说："说我个人主义，也对，因为我一生的工作目标是研究学问，而所以要这样做是由于爱好，即是兴趣主义。我要不受任何人的管束，藏在一处清静地方独个儿干，或组织了一批同道的人一块儿干。有人了解我，有人需要我，我是这样做；没有人了解我，没有人需要我，我还是这样做：因为我知道科学的范围远远广大于实际应用的需要，所以我从来不问我所工作的有没有市场。为了有这样的欲望，所以一生所希求的只是充裕的时间和最低限度的经济力量。如果衣食不成问题，时间又可自由支配，那就一切满足。"（《我和党的关系》）父亲全面检讨了自己的个人英雄主义。那时，会上许多人为尹达事向父亲提意见，在大家的帮助下，父亲认识到自己之所以与尹达有矛盾，因"我是立场有问题，他是作风有问题，我不该用了原封不动的资产阶级立场来反对他的无产阶级的有问题的作风"（同上）。"我当时只用了旧社会的排挤倾轧的眼光来看他，以为他损伤了学术研究的尊严，因此要和他拼一下，这是我的觉悟程度的不够。"（《从抗拒改造到接受改造》）父亲在民进贴出大字报表达了自己的认识，同时又在历史所整风中贴出大字报，说："尹所长以前这样地批判我，是为我不能改变立场，怕我要发出毒素来，所以要对我划清界限。现在我已知道了自己的错误，要和过去的我作不调和的斗争了，希望此后你我作真诚的团结，使我可以继续提高觉悟，彻底改变立场。"不过父亲虽作此诚恳的请求，但尹达方面却无甚表示。

自参加民进整风后，无日不开会，既须自己检讨，又须批评别人，又须写大字报，无寸晷之暇，父亲精神紧张，失眠之疾又发，且腰痛大作，"然社会主义关不能不过，则只有拼命做去耳"（日记，1958年2月25日）；由于当时整风小组同人徐伯昕、许广平、杨东莼、赵朴初、徐楚波、谢冰心、严景耀等人均是这般真诚的态度，因而父亲也"只有勉强挣扎，只要不致跌倒，总当竭蹶以赴"（致辛树帜信，1958年3月24日）。

1959年4月，与辛树帜在北京长陵合影

整风结束后，父亲与政协同人到河南信阳、河北徐水等地参观人民公社，作为"突出政治"的实际行动，"弟自整风以来，深知政治必须挂帅，年来以整理《史记》，荒疏政治学习，实为错误。故上旬随政协参观团到河南信阳专区，参观各县人民公社"（致辛树帜信，1958 年 9 月 23 日）。在这年冬天举行的民进第三次全国代表大会上，父亲作发言稿《从抗拒改造到接受改造》，因"无政治头脑"，在亲友帮助下，"一篇发言稿写了四次，今日略定，甚矣江郎之才尽也"（日记，1958 年 12 月 4 日）。这篇发言在大会上甚得好评："今日予发言，以说得老实，破得彻底，故博得掌声甚多，休息时许多人到予座前称赞。此皆伯昕、楚波、东荪、朴初诸同志及雁秋、静秋兄妹所启发，可感也。"（日记，1958 年 12 月 7 日）

　　尽管父亲真诚地接受改造，欲改变立场，然这仅限于政治思想方面，一涉及他的学术，仍是"故态复萌"。这年底，历史所批判资产阶级史学，将父亲作为重点，父亲因此而问尹达，"曰：'我之学术思想悉由宋、清两代学人来，不过将其零碎文章组织成一系统而已。要批判我，是否先批判宋、清两代之疑古思想？'此一问，渠未能答。"[《汤山小记》（17）：《疑古思想由于封建势力之下降而产生》]那时父亲的身体亦日趋衰老："每过冬天直如过难。气管炎、喉头炎、腹泻、足跟裂开，诸病皆作。少壮精神，消磨殆尽。但在此大跃进时代，又不敢后退。越趄之况，可怜亦复可嗤。所希望者，春日早临，使我得一苏积困耳。"（致陈懋恒信，1959 年 2 月 2 日）要跟上那个时代"大跃进"的节拍，对他来说是多么困难！

　　1959 年，父亲当选为全国政协第三届委员。4 月，出席政协

1959 年 7 月，与家人合影（前排左起：张静秋、顾德堪、顾颉刚；后排左起：顾潕、顾潮、顾洪）

三届一次会议，其间作大会发言稿《我在两年中的思想转变》，谈到来北京后，"一个运动紧接着一个运动，得不着充分时间从事研究，……不但自己的计划不得实现，就连科学院分配给我的任务也没法准时交卷，心中非常苦闷。每当接到一个开会通知的时候，常常懊恼道：'今天又完了！我的精神怎么能集中起来用到业务上呢？'在这样后退不能、前进又无路的不安心情之下，自己觉得身体上所有的机能都呈现了衰老的现象，我真的老了！"还谈到在反右斗争中，"称我辈从旧社会来的知识分子为'资产阶级知识分子'，表示和'无产阶级知识分子'属于两个范畴，并作严厉的批评，我又起了反感：觉得政治思想固有无产阶级和资产阶级的分别，至于客观性的科学则并不因人的阶级而有不同，何必一起加以否定。"

父亲的发言，暴露了知识分子共同之苦闷，"甚得周总理注意"，"谓甚诚恳"（日记，1959 年 4 月 29 日；5 月 11 日）。周总理在大会闭幕后召集之茶话会上，对父亲鼓励道："你并不老嘛！"不久，政协成立文史资料研究委员会，周总理又派父亲任副主任委员，并亲嘱其将经历的事情写下来。

　　那几年中，父亲又担任两件对外学术交流工作。一件是 1958 年 3 月，父亲应北大历史系邀，任朝鲜留学生李址麟之导师。李氏为朝鲜大学历史系副教授，为钻研古代朝鲜史及朝中两国古代之关系，来北大进修。"北大当局为予好治历史地理，嘱予为之指导。然予对东北民族史未尝深究，惴惴然虑不胜任，而又不能诿责，因勉为之。"[《汤山小记》（17）：《李址麟〈古朝鲜研究提纲〉》]父亲以一年之力，为其修改论文《古朝鲜研究》，并作审查报告。1961 年秋，李址麟考试答辩通过，在返国之前，父亲为其论文作序。另一件是 1959 年 10 月，苏联科学院中国学研究所副所长越特金（Р.В.ВЯТКИН）来华，翻译《史记》为俄文，与历史所同人胡厚宣等讨论而"总其事于予"[《汤山小记》（17）：《现代史记工作》]，以四个月之力将十二《本纪》译讫。"其中问题千百，一一为之解答，不胜其劳。但自己亦以深入研究，得到若干进步。将来译至八书及《扁鹊仓公传》《龟策传》等，正有不少束手处也。清代学者于他种古书均经注释，而《史记》则未着手，正以其问题太多，非少数人所能整理也。何图此项工作竟在我辈手中实现。惜刚已衰老，不克自作一新注耳。"（致陈懋恒信，1960 年 2 月 8 日）

5 _ 整理《尚书》

自1959年始，父亲应历史所、中华书局命，开始整理《尚书》。这个工作是父亲五十年来的积愿，故此时十分高兴地接受。《尚书》文字虽不多，但问题则真多，几于步步为营：有古今本子的不同，有古今人解释的不同，有可用甲文、金文作比较而审识其意义的，有无从得旁证而没法解决的，有西土人的方言与东方截然不同的，有写假借字而无从认识其本字的，有本来写错或脱简、错简而无法连贯成文的，要作彻底整理须费绝大工夫。因此，父亲先从难的做起，在周诰八篇里，《大诰》是第一篇，由于它是周公对西土人的讲话，完全是西土的语法，故而又是很难读懂的一篇，可是它在周代历史里是至关重要的一篇，必须努力击破这个重点，然后可以充实周初历史的内容。所以父亲就从《大诰》一篇做起，认为若这一篇做得好，那么最难读的周诰八篇就迎刃而解了。

父亲仿照1951年整理《尚书》的体裁，分校勘、注释、章句、今译、评论几项：先以《唐石经》作为底本，把各种古刻（汉、魏石经）和古写本（敦煌卷子本和日本古写本）逐一校勘；再选取古今人的注释，为之疏通贯穿；然后把全文分节标点，译成现代汉语；最后加上史事的考证和引用书的说明。父亲整理《尚书》的最终目的是"要认识古代的真面目，看清整个历史的环节"（《读书、行路、求学问》)，因此在史事的考证上花费了极大的力气。1961年始，陆续写出史事考证初稿、二稿，此文"揭出周初民族大迁徙这一史实，快甚，亦累甚。……蒲姑迁苏州，则予今日方考出，前人未有言之者"（日记，1961年5月1日）。1962年，父亲应《历史研究》黎澍之邀，将《〈尚书·大诰〉今译》摘要发表其结论，指出："关于西周初年的史料，伪的太多，真的太少。"周公依仗强盛的武力东征，使得周代的势力，东至黄河，北至辽宁，南到苏南，把东方各族打得分散到东北、西北、东南各处，但此等大迁徙的史实，从这篇作为周公东征时的誓师辞的《大诰》中是看不出来的，"为了弄明白当时情形，只有用'沙里淘金'的苦功夫，以最大的努力获得一些有限的结果，因为周初史料绝大部分都毁灭了，除了青铜铭文外，唯有从春秋、战国的记载里寻取夹缝的资料；还不足，只得把秦、汉以下第三手的资料来补充"。因此这篇考证，是"集合二三千年中留下来的资料，加上七八百年中学者们不一致的讨论，组织成一个历史系统，希望对于周初史事的解决能起一个相当的作用"。此文在《历史研究》1962年第四期发表后，李平心撰《从〈尚书〉研究论到〈大诰〉校释》评价道："父亲治《尚书》的计划"博大而又周密，在《尚书》学史上还没有过先例"。"他的《今译》事实上大大超过了译述范围，可以说是对《尚书》力求进行总结性的整理工作，对二千余年来的《尚书》学力求作出新的估价。"（《历史研究》，1962年第五期）

在此期间，父亲为了考证周初年代，进而研究《逸周书·世俘》及古代历法，又写成《〈逸周书·世俘篇〉校注、写定与评论》一文，从语法、历法、制度、史实几方面，论述《世俘》即是《古文尚书》所亡逸之《武成》篇，是有关武王伐纣的重要史料。父亲不仅从《逸周书》里发据出了一篇真《古文尚书》，将其详加校注，把错简重新整理次序，写为定本，使之文从字顺；而且把有关史事也考辨清楚，说明：

> 武王克殷，以掠夺为其目的，以武力镇压为其手段，他在两三个月中派兵遣将，用血腥的铁腕获得了彻底的胜利，建立一个新王朝，这是得到当时历史的内在最本质的真实，跟后来周人所宣传的人本主义的说浍和战国诸子的'仁政'理想以及许多唯心主义者的见解恰恰立于完全相反的地位。

父亲说："此文推翻了武王在道统中的地位，为我辨古史之又一成果。"（日记，1962 年 10 月 15 日）

父亲自 1956 年将《浪口村随笔》统理一过之后，"未敢自信，传质友人"（《史林杂识小引》），后因忙于他事，且多病，迟迟未将此书稿改定。1960 年 2 月，上海人民出版社又来信索此稿，父亲亟欲借此机会将几十年之笔记进行整理，便请上海人民出版社预支稿费六百元作为抄写费，按月寄来五十元，以便组织人力抄写。得该社同意后，父亲遂动手整理旧笔记，划定范围并补拟条目名称，陆续付抄，前后抄者九人，校者两人。父亲说："我一生所探讨的问题，有历数年而解决的，有历数十年而解决的，有历数十年而仍未解决的。故每一问题常蔓延记在若干册中，必须通盘整理方能得到近真的结论，或虽不能作结论而可提出一问题，备以后人的讨论。"（致上海人民出版社，1960年4月16日）他计划抄写人每抄毕一册，自己先分大类（如历史、地理、民族、制度等）；全稿抄毕，即在大类内再分题目，从事并合；然后修改或重写。不久，父亲即请于鹤年相助此事，当十年前，于氏读了《浪口村随笔》后，就十分赞同父亲的研究方法和随笔的形式，当即督请父亲整理笔记曰："此亦传衍文化之一道，勿妄自菲薄也！"此时，父亲致函于鹤年曰：

> 我辈生于封建社会垂亡之日，自然容易看出经典文字之罅漏。弟一生治学目标，只是想把战国、秦、汉人随口所讲之虞、夏、商、周之尘雾扫清，适值抗战，壮年浪掷，竟不克作系统之批评，仅得零星写些在笔记里。但望留遗后人，使我为吴棫、朱熹而人为阎若璩、惠栋，得将此问题彻底解决耳。稿中凡提出问题而又能解决问题者，必存。凡提出问题而未能解决问题者则留下；但有些问题实在无法解决者，则提出问题究比不提出为佳，亦可酌存。（1960年9月9日）

并请于氏代为纠补自己未看出之问题或漏收之材料。至于《浪口村随笔》，父亲在这年冬天抱病"倚枕斟酌，至于再三，先拣其大致可以作结论者五十四篇，辑为《初编》"，并将书名改为《史林杂识》："谓之'林'者，示史学园地广漠，予惟徘徊于其一隅，偶拾橡栗以充饥也。谓之'杂'者，示其性质不专一，无系统之可言也。谓之'识'者，自表其个人意见如此云尔，愚者虽或一得，而不贤惟识其小，饶有纠弹勘正之余地也。"（《史林杂识小引》）次年3月，父亲将此书稿寄与上海人民出版社，不久由于出版社的分工，此书稿转至中华书局。1962年，父亲又修改《史林杂识》（初编）校样，增入约三万字，并嘱中华书局派来帮助工作的孟默闻为之逐条雠校，绘制地图，正讹补阙。1964年1月，此书得以出版，本已于"去春印好，为讲少数民族事，各处送审查，今方发行"（日记，1964年2月9日）。此书为父亲精心雕琢而成，他自认其"优点有二：随时随地可以提出问题，亦随时随地可以解决问题，牖启青年治学兴趣，一也。文辞雅而能俗，谨而能肆，庄而能谐，开文言文之一派，二也"（日记，1964年5月9日）。

那几年里，父亲之所以能连续获得很大的成绩，与当时的社会形势极有关系，自1959年下半年起，我国经济出现了严重衰退，人民生活十分困难，在此情况下，中央认识了以往的失误，调整了各种政策，其中包括知识分子政策。

1960年2月中旬，父亲参加了中国科学院哲学社会科学部（下简称学部）团结跃进大会，主持人潘梓年说，此后当注重资料工作，不把资料工作者视为低一等的人。这使父亲感到欣慰。1961年，父亲常在周末参加潘梓年主持的学部中心学习组座谈会，当时，"党要贯彻'百家争鸣'方针，鼓励人多发表意见，说明政治与学术分开，学术论点即有错误，不用以前批判方式"（日记，1961年3月18日）。只是父亲以为："但自有俞平伯'红楼梦'事件，已养成人们的顾虑，展开争鸣局面殊不易耳。"（同上）在5月13日的座谈会上，讨论培养干部问题，潘氏嘱父亲开一读书学程，父亲便于5月中旬至6月上旬，用心作了一份《历史研究所第一组（商周史组）培干学程表》及说明书，认为培养青年的关键，在于使他们能够用较多的时间确实地专心读书、写文章，并帮他们出题目、找材料，帮他们修改、发表文章，以引起他们研究问题和写文章的兴趣；到他们欲罢不能之时，学问则会突飞猛进了。这份学程表受到院领导的表扬，说它反映了父亲对于青年的关怀（见日记，1961年6月17日记刘导生语）。在9月9日的座谈会上，父亲又列举已故及现有老专家及其未刊著作，认为这些著作都是过去学者用了毕生精力写成的，可是由于以前没有得到应有的重视，以致湮没不彰。这种现象的存在"到了现在百花齐放、百家争鸣的时代就不许可了""从科学研究角度和挖掘历史遗产角度出发"，这些著作"大有用处"（《学部中心学习组第十二次座谈会纪要》），希望得到领导重视，或出版或保存，"则一班苦学者为不枉矣"（日记，1961年9月14日）。此次父亲的意见亦受到领导重视，他们根据父亲开列的清单已初步与北京、上海有关方面协商，准备收集、出版。在"文革"中，父亲与领导潘梓年的这两次往来均成为他们受批判的"罪行"，此是后话。

这一年夏天，父亲还到人大会堂，听聂荣臻为科技人员所作报告，他在日记中写道："今日聂副总理报告，坚决贯彻百家争鸣问题，不扣帽子，不抓辫子，不打棍子，要科学工作者尽量发挥潜力，从此学术研究可上正常轨道，中国科学可与外国竞争，其可喜为何如也！"（1961年8月21日）

最使父亲感到欣喜和振奋的是1962年的春天。年初，父亲与政协同人赴广东参观。2月，他们到从化休养。在那里，父亲遇到医学专家侯宝璋，他们是抗战期间在成都齐鲁大学的同事兼邻居，此时侯氏刚刚在广州参加了"科学技术十年规划会议"，听了周恩来、陈毅两人关于知识分子问题的报告；经过老友的传达，父亲知道报告中说"中国科学家如此少，你们都是国家的宝贝了"，"许多领导干部不能体会党意，只要改造别人而不想改造自己，造成'阎王好见，小鬼难当'的情况，妨害了国家的建设"（日记，1962 年 3 月 8 日）。他甚为感动："政府如此开诚，知识分子自可安心发挥所长，以裨于建设社会主义"（同上）。在此期间，父亲在广州时得晤周扬，谈到《尚书》工作，周扬允由中央向各省调人相助。以前，父亲曾多次向所里要求派助手，因为他认为自己所从事的工作亦是历史所应当做的工作，可是尹达总是以现在年轻人水平不高，接不上父亲的学问为由而拒绝，如日记所记："昨我对尹达再请拨给助员，彼仍以'接不上'相拒"（1960 年 1 月 31 日），"我作《尚书今译》系党中央之命令，故中华书局对此极重视，然尹达竟屡拒绝我请求拨给助理员，何也？岂宗派主义仍得延长于社会主义时代乎？"（1960 年 7 月 10 日）"予来京七年，屡求尹达为予配一助手，迄未见许"（1961 年 4 月 17 日）；同时，所领导又对新分配来所的大学毕业生"打预防针"，不让他们与父亲接触，以防"中毒"。当有朋友问父亲何以不带徒弟时，父亲说："予安得直说夫己氏不欲我与青年接触乎？予常处于禁锢状态中，安得有传徒之自由乎？"（日记，1960 年 8 月 22 日）因而对于周扬的厚意，父亲自然要"铭感五内"了。后来在致周扬信中，父亲表示"现在所急需的，就是有几位学问根柢坚实的壮年学者，可以和我商榷问题，可以为我到各图书馆搜罗资料，也可以代我到各专家处征询答案或请提意见"（1962 年 6 月 12 日），他并开出所需助手名单。

自广东返京后，父亲即出席政协三届三次会议，听周恩来、陈毅在广州科学工作会议上所作报告之传达，"知我辈已脱'资产阶级'之帽，而将加'无产阶级'之冕，数年来所受歧视当可随以解除矣"（日记，1962 年 3 月 26 日）。父亲在三年前政协大会的发言中所表露的对于"资产阶级知识分子"称呼的反感，这时一旦消融，其心情的舒畅和激动是不难想象的。他响应大会"畅所欲言"之号召，在小组会上尽数历史所行政工作之积弊，无复顾忌。"因上年民进秘书长徐伯昕告我，尹达和他及中华书局总经理金灿然商定，说'顾颉刚的学习由民进领导，业务由中华领导，工资归历史所发给'，把我同历史所的关系局限在工资，不要我为本所做一点工作。又在这八九年中，尹达对我的说话永远是讽刺性的，从不作正面的领导"（《大事记》），父亲深感"到京八年，历史所如此不能相容，而现在制度下又无法转职，苦闷已极"，遂致发言"情绪太激动"（日记，1962年3月28日），而后血压升高，突破记录，不得不请假休息两日。在会议将闭幕时，父亲碰见陈毅，他们是在上海时相识的，其时父亲对这位上海市市长印象十分良好，这时陈毅对他说："想不到你有这种境遇。"当时即把父亲的事交康生处理。

7月中旬，父亲到中宣部开会，由康生召集历史所同人共商父亲工作事。次日，父亲又至康生家，并请金灿然来同商，议决秋后父亲到中华书局办公。以后因天寒路远，父亲仍在家工作。

1962年，对于父亲来说是好消息频频传来的一年。秋末，父亲所需助手刘起釪终于由南京调至北京，安排在中华书局助父亲工作。抗战时当刘氏在中央大学一年级学习时，父亲认为其旧学根柢在一班同学里最好，便要其标点《尚书》一遍，并将今古文加以区分。大学毕业后，刘又在苏州从父亲读研究生，其时父亲是中央大学研究生导师。此时刘在中科院近代史研究所的南京档案整理处任职，愿来北京协助父亲《尚书》工作，现终如愿。6月，长期以来为父亲任抄写工作的尹如潛由政协派任父亲秘书，虽仍为临时工，然每月由政协付其六十元，从而使父亲的经济负担为之一轻。那时，历史所允许为父亲配助理员，父亲提出两人：一周达甫，"长于语言文字"（日记，1962年6月28日），后因其已到中央民族学院任教而作罢，然周达甫仍愿助父亲《尚书》音韵方面之工作；一林剑华，"擅抄能文"（同上），其系福建莆田人，其女林兰英在中科院半导体研究所工作，经历史所同意，林剑华自7月始来所工作。

这一年，历史所又允许父亲招研究生。8月，黎澍劝父亲自择研究生，父亲以为南开大学即将毕业之李民不错。李民系王玉哲之研究生，王氏于不久前将李之毕业论文《〈尚书·盘庚篇〉的研究》寄与父亲审阅，父亲曾在7月邀李民来面谈，虽然其论文中所述《盘庚篇》之制作时代为西周初年的结论与父亲所持东周说不同，但父亲认为只要持之有故、言之成理，就可能成立，希望他继续按照这一观点研究下去，千万不要因为自己的东周说而改变其原有的观点。他甚至要李民写成同自己辩论的文章，由他向有关杂志推荐发表。更使李民感动的是，父亲还为其找出几条有利于西周说的证据。为了创造出一个百家争鸣的局面，父亲真正做到了身体力行，不遗余力。9月，李民愿来作研究生，然此事不甚顺利，教育部未即允；以后经各方疏通，李民于1963年1月始来，帮助父亲工作。至次年秋，由于郑州大学要求李民回校任教，他终于离京。

可以说，这一年中父亲的工作环境大有改善，他总算有了一个工作班子，以后《尚书》工作的进展能够顺利些了。此年11月8日，父亲在致中华书局信中谈到他的计划："我已接受了各方面的意见，决意把这书分为两种：1.《尚书》译证——这是照着《大诰篇》的做法，加以详细的考订，资料务求完全，论断务求精密，……不一定希望全书都成于我手。好在我已做出了一个样子，后人必有能继起的。2.《尚书》今译——这是在总结前人已有的成果上，略略加以我们的新见解，从速编出的一部书。这书希望中年同志刘起钎、青年同志李民和我一起来干。"

6 — "文革"前夕

在以后的几年里，父亲加紧进行《大诰译证》的工作。那时，父亲的工作由中华书局的副总编萧项平领导，他派人每一星期来看一次父亲的进程。二稿交中华书局审查后，他们又提出修改意见，于是父亲始作三稿。他重写文字部分（校勘、解释、章句、词汇）、修改考证部分，往往改动一点就要连带改动其他许多点，且修改中又会提出新问题，必当增加资料和阐说，因此份量愈来愈重。凡不易用文字说明的，父亲都列成图表插入。如作《古代东方民族在周人压力下留迁兴亡表》，父亲说："予所作'大诰考证'，中心为'东方民族大迁徙'，此章已逾十万字。若不列为一表，头绪即不能清楚。然一经列表，便发生若干问题。考证原文又须修改矣。"（日记，1964年5月4日）"改一次深入一次，其精湛处有想不到者，真一乐也。"（日记，1964年5月30日）父亲又依胡厚宣提供之甲骨文资料、陈梦家提供之金文资料增补考证，同时，他请杨伯峻审查《大诰》词汇，请黎锦熙为作《大诰》语法，并加入了比较资料及他人来信讨论两部分；另外还欲作序文，"前数年所作'尚书序'

有九篇之多，以未先作提纲，而又牵于他事，均未完成。今准备写序，乃先将旧序各编一目，再汇合为提纲，庶可凭之作文。"（日记，1963年9月16日）"予四五年来，屡欲叙述《尚书》真相及《尚书》学源流，为作一总序，冠于《大诰译证》之首，而以事以病迄不就。稿已九作，自顾伤叹。"（日记，1964年5月23日）此序写成两万多字，仍未毕。父亲深知此事不易完成，一是其中问题之多，二是自己年纪之大，在致友人信中说：

> 现在学术水准提高，迥非五四运动后数年可比，要译此书，首须从语言、文字、训诂、文法诸学下手，不但要总结前人，并须超过前人，因此必须研究甲文、金文及其他经典，尽量利用比较资料，方可做出较为妥帖的结论。此事已极不易，而各篇文字处处牵涉古史及古代制度，又必以现代社会科学理论作解释，那就范围更广，获得结论更难。我年逾七十，精力已不如前，而工作之重乃远过于前，殊有不胜负担之苦。加以可以帮助我工作之人，现在均有重要工作岗位，不能聚首讨论，而今日毕业之大学生竟无法对我援助，孤军奋斗，其苦可知。以致近数年来，不但一切友人来信均经搁置，即家人子女来信亦不得作覆矣。（致叶国庆信，1963年9月15日）

1963年，国内外形势渐趋紧张，在10月下旬至11月中旬父亲所出席的学部委员会第四次扩大会议上，已经是"以反修为主，兼及十年科学规划"（日记，1963年11月16日）了。紧接着，父亲又出席了政协三届四次会议，作《为了迎接社会主义文化高潮，应建立中国古籍研究所，并大量出版古籍，供应全国以至全世界人民的需要》一文，在大会发言；又作提案《请建立全国性的图书馆，推动科学研究，争取社会主义建设新成就》，他"自一九五四年起，即提议在北京造一全国性之图书馆，而迄今未能实现"（日记，1963 年 12 月 5 日）。二十多年后，当规模宏大的北京图书馆新馆终于在紫竹院公园北侧落成时，图书馆负责人曾向前来参观者提到当年父亲等人为此所做出的努力。不过在 1963 年，父亲为大会所贡献的意见显然已不大合时宜了。

由于两月间连续参加两会，过度紧张，会毕父亲即感疲劳万状，大便始出血，年末，住入北京医院检查病因。由于医院内暖气充足，且生活轻松，父亲的便血不药自愈，医生数次检查，未获结果，至 1964 年 2 月底方始出院。父亲经此次之病，知道自己年事已高，已不堪劳累了。在医院中，父亲看旧笔记六十多册，欲为《史林杂识》续编做准备。

父亲在住院前已应北京大学中文系古典文献专业之约，为四、五年级讲"经学通论"，为期五周。他甚欲延此垂绝之绪，故出院后即迁往北大专家招待所，地既僻静，室内亦甚温暖，家人陪同，一切尚便，是以身体虽惫，差可勉力从事。他先编写讲义，作提纲及参考资料，至 3 月底将汉代经学讲毕。不料上课才三周，便血病又作，想必是上课生活紧张，他身体已不能胜任了，因此北大课竟以不了了之，父亲感到"有始无终，惭怍万状"。当时母亲陪同父亲各处求医，中医谓是气虚，西医谓是功能衰退，实是一回事；随后服中药至百帖，大便已恢复正常，而脚心痛又作，走一里路，或站十分钟，即痛彻骨髓，医生说这是血管硬化所致。

父亲确实体验到衰老的滋味，此年夏他在青岛休养时致陈懋恒信中说：

今来青岛疗养，背山面海，松柏森立，大足怡情。然以足痛故，不敢轻于出门，以此间无车辆之便也。昔人云：'人生五十始衰'。刚当五十，健旺如少年时。六十后，诸种慢性病，若糖尿，若气管炎，若血管硬化，渐相侵袭，然能吃饭，能走路，未尝以老介意也。今则路走不动，饭量亦减，此两项资本已为天所夺矣，若再不伏老，则只有促进衰老之急剧增加矣。

翻览家谱，先祖之最高年龄为七十一，而我今年七十二，突破记录，天之厚我已多。所憾者，一生遭遇过于动荡，所研究之若干问题，或有稿而未写定，或但蕴蓄于心而未写出，有似蚕之未作茧，不愿赍志以没耳。《史林杂识》初编，为抗战时稿而改定于此二十年中者，其前其后，所写笔记近二百册，其中固多平凡之论，亦有二千年来未经人道者，颇欲就此余年，亲为编定，不知天之假年否也。

《尚书》工作，由科学院与中华书局协同督促。此本平生志愿，但现在学术水准已高，不当如四十年前以数日之力翻译《盘庚》然。此次作《大诰译证》，以四年之力，易稿三次，成四十万言，不第在文字、训诂、语法各方面尽力搜讨古今人之著作，一一为之批判接受，并考证周初史事，以周公东征，东方民族大迁徙为中心，自信甚多新见，足揭三千年前之史实。然如此作去，费力太多，故拟此后先成《尚书今译》，将二十八篇通读一过，少作历史考证，以三年完成任务。如此书成而我犹存，则选重要之篇再作译证，能做几篇即做几篇，待刚撒手尘寰时由他人继续。有此规模，继踵不难，《尚书》一经终有大明于世之一日也。（1964 年 9 月 2 日）

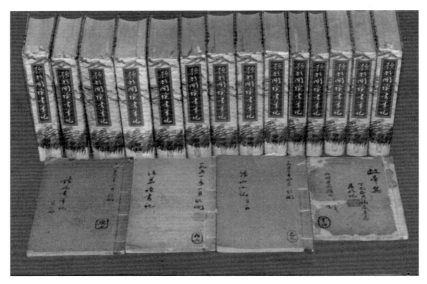

读书笔记

父亲知道自己已年老，因此甚愿排除外界的干扰，抓紧今生有限的时间将《尚书》及读书笔记整理出来，他那时致信好友辛树帜道："弟平生所写笔记约五百万字，颇欲汰存其十之三四，陆续定稿出版，无如住居北京，集会过多，无法得清闲生活，一意写作。即《尚书》研究，为党中央所畀任务，亦以生活忙乱，不能按期缴稿。如此一手画圆，一手画方，必然两难画好。而年已老大，经不起再蹉跎，思之郁抑。顾欲将民进中委辞去，不知兄意以为可行否？"（1964 年 8 月 29 日）他又向民进领导表示："从此，我只得安于做一个老人，不再参加社会活动，不过紧张生活，或者可以带病延年，写出一些东西，贡献于祖国。""我在书室里比较能放松，所以写作是我唯一的出路，我只有这一点本领可以贡献于祖国的建设。"（致徐伯昕、陈慧信，1964 年 9 月 7 日）但这只是他的一厢情愿，不要说领导难以答应，就连母亲也不会同意。母亲是一位精明强干的女子，在当时的形势下，为了顾全这个家，为了子女的前途，她当然希望父亲能跟上时代，故而常督促父亲注意政治学习。父亲那时在青岛给母亲的复信中说：

> 我明年就七十三了，但要坚决抗拒阎王的邀请，这就要使自己的身体争气，有抗拒的力量。我是责任心很强的人，养育孩子，成就工作，都是我此生一定要做到的。

> 你劝我早归学习，赶上这大时代，我何尝没有这要求，只是我的身体已像漏水的破船，经不起大风大浪了。不要说别的，就是到理疗部一次，又是脚痛，又是满身汗，竟是一次战斗，再能做什么。去年国庆，参加天安门观礼，脚跟已痛得很，如果今年再去，怕不要倒在台上？我受疾病的打击，使得我失去了生存的勇气。若再不服老，跟着年轻人一起干，等到倒下来了，你又追悔莫及了。所以我的学习，只能静静地干，不可能冲入火热的斗争里，如果冲进去只有死。你是我最亲的人，还不了解我吗？
>
> （1964 年 9 月 15 日）

> 看你十二日的来信，好像嫌我在这儿享受舒适的生活，不做"大诰"和"孟姜女"两序，不参加火热的革命斗争，连"四清"也未参观，……

> 我觉得，你太不了解我了，我哪会贪图安逸，挨在这儿，我哪想不做工作。我离京前，曾对你说，青岛也有一个图书馆，我想在那里翻书写文。我到青后，也曾和人接洽过。但图书馆在大学路，此地出去，先要走到公园门口，等汽车，到了大学路站，还要上坡走一段路，可怜我的两条腿不容许我这样，连走到公园

这一点平路也觉得费力，不要说爬山了。我向来喜欢到农村，以前政协每次号召参观，我多么高兴参加，但现在受了不争气的两条腿的限制，我只得退缩下来了。在这儿，有服药、打针、按摩、针灸、水疗、电疗、蜡疗等等的方便，我终希望对我的体力可以调整一下，恢复一点我的健康，所以才有延期归来的计划。……

再说，我虽然不能到图书馆查书作序，但我还是在准备。"大诰"的序要讲清楚殷、周社会的变迁，"孟姜女"的序要讲明白古代妇女的痛苦，这都须用马克思主义来说明的。尽管"译证"里讲文字、训诂、考证，"资料集"里收集了各时代、各区域的民间文艺，但要加上一篇序，则必须依据历史唯物主义讲出一个道理来。我虽然对马克思主义没有长期用过功，但这个方向我是认识的，应当参考的马克思主义书籍我也带了几册来，在这养病期间正好细细读它，先把自己的思想搞正确了，有了一个系统的认识，再来下笔，岂不更好。所以我现在以半天工夫读书，半天工夫治病。我为了作两篇序而读书，纵然我不能纯熟地运用马克思主义，至少可以跟着马克思主义者的足迹而前进。我自信这样做可以对得起党和政府，也对得起你对我的责望，不过时间延长些而已。(9 月 16 日)

各人的性质不同，习惯不同，我是惯在书房里独立思考的，对各种事物的接受和反应，一向是从眼睛里进去，笔头上出来的，可是解放以后，频繁地开会，要我换一个方式，从耳朵里进去，嘴巴里出来，我就不会，我就觉得紧张，而且前说后忘，破费了很多的时间，得不到一点益处。现在借这疗养的余暇，静静地读，静静地想，静静地写，我就记住了。……等我得着比较有系统的马克思主义的知识时，再结合我的研究而写我著作的序言时，我

就敢说这书的"目的性"和小齿轮对大齿轮的配合了。当然，我还须请理论专家看过改过才敢发表，使得它不犯错误。(9月20日)

信中所言"孟姜女故事资料集"，是父亲将自己历年所集该故事资料于1954年秋请我表兄姜又安重写者，十年来已整理并继续搜寻约至百万字；父亲又请贺次君为之作注，以便人们研究。然"文革"初期，因姜又安被遣返回乡，此稿遂即散失，"共约百万字之稿废于俄顷，可胜叹惜"（日记，1966年11月16日）。

这年9月25日，父亲致陈懋恒信，谈及请其来京为自己编辑笔记之事。陈氏是父亲在燕大的学生，在校时父亲就很称赞她的学问，1950年代初，他们同住在上海，父亲请其写作《中国上古史演义》。父亲自1930年代便发愿要编出一部中国通史演义以供大众的需要，先后请郑侃嬎、吕叔达写作，均未完成。而陈懋恒终于在1954年将上古史这一部分写成，此书把中国古代资料融会贯通，是一册轻松易读的通俗历史，使父亲"二十多年的愿望到这时才算有了一小部分的结果"（《中国上古史演义序》）。1956年，陈懋恒助邓之诚编书，曾一度来京；此时她已退休，也许是在接读父亲9月2日信后复信支持其想法，父亲方在此提出请她相助：

刚颇欲依邓文如先生故事，请您明年春暖时来京住我家一二月，大致看一遍，往来一切费用由我担任，酬金俟刚取得稿费时再分，未识见许否也？……

我生在社会动荡最甚之日，又当经济压迫最酷之时，能写一点笔记，已属千难万难。如能由于您的力量，匡谬补阙，使成系统，则后世人将诧为二十世纪中国之一奇迹，以举世不读书之时代而忽有此读书之一二人也。今日青年无法在这方面用功，我辈为之于举世不为之日，正为"薪尽火传"计耳。

刚自问所长，惟在善于提出问题，凡传统以为必然之事物，我敢于推翻；其力不足以推翻者亦敢提出疑问以待后人之研究。至于解决问题，则为学力所限，为生活所限，为岗位工作所限，不能达到理想的境界。倘得您的参加讨论和搜集资料，则在解决问题上必可前进一大步，此不但我之幸，亦后学者之幸也。

父亲的请求得到陈懋恒的同意，他极感快慰：

前接赐书，允于明春到京，整理拙著笔记，无任快慰。刚自觉抵抗力越来越薄弱，每逢风雨即怯于出门，或胆大一出，归来即致咳嗽，肠病继之，以是大有"临年"之感。但一生心血未经连贯成文，总当忍死以待。得君相助，观成有望，他日撒手人间，亦当含笑矣。（致陈懋恒信，1964 年 10 月 26 日）

但这快慰仅是昙花一现：

十一月回京，在社会主义教育运动之下，空气已变，个人工作已不当谈。前约春间台端莅京，为刚整理笔记事，只得中止。此运动须绵延七年，刚宿稿恐已不能及身正定，在此大时代中正不必琐琐为个人考虑也。（致陈懋恒信，1965 年 1 月 21 日）

父亲之所以感到"空气已变"，是缘于这样一件事：
1964 年 12 月下旬，父亲出席政协四届一次会议。25 日，他在小组会上发言不当，"为（李）平心前日发言，提及予与尹达关系，予不得不叙述经过，但叙述则显系反领导，反领导即反党。此在六二年号召畅所欲言，不作右派处理时自无问题，而在今日社会主义教育运动中说此话，便极端严重。当时予本欲自作检讨，乃转为检讨领导。伯昕甚欲予与先谈，惟彼不得暇，予遂盲人骑瞎马，夜半临深池矣。归后为静秋言之，渠大怒，召集三女孩共同讨论，由儿辈批评，予憬悟，因草检讨书。……予十五年来，虽深爱党之成就，然技术至上观念原封未动，又五七年整风反右运动以病未参加，故得混过，今日则混不过矣。"（日记，1964 年 12 月 25 日）次日父亲在小组会上便自我检讨，并受同人批评。27 日，父亲"到尹达处请罪，谈一小时。自陈十年来惟记私人恩怨而不认党组织之过。渠云：'我只执行党的政策，故受你批评，亦不辩护。'并云：'你固须改造，我亦当改造，望互相勉励，共同努力'。"（日记，1964 年 12 月 27 日）

以后，父亲只好"改为学习第一，业务第二"（日记，1965 年 1 月 11 日），不得不按时参加民进学习会，并读《毛泽东选集》（以下简称《毛选》），但在开会学习时他"心不在焉"，还是想着书上的问题。朋友们批评他学习不认真，他说："我不知道再能活几天呢，让我做完了《尚书》研究工作吧！"老实说，父亲对于身体已经没有自信了，他认为自己一生只写论文和笔记，没有写过一本有系统的书，这书是他一生唯一的大作，更是一生所研究的重要问题的总结，当然要全心全意放在这书上面。那时他以一月之力，将《大诰译证》中"解释说明"作毕，得两万数千字，这"在我近年算是一篇最长的论文。予去年在青岛病中，常思对后人作个学术的遗嘱，此其一也"（日记，1965 年 4 月 8 日）。又作"校勘说明"毕，约二万四千字，"一肚子的东西贯穿成文，为之一快"（日记，1965年5月4日）。他还治音韵学，并及甲骨文、金文，另外指导林剑华作《大诰古今文字表》，后请于省吾审订此表。为续作考证部分，父亲深入研究鸟夷族问题，并考攸国所在。

在持续的紧张之中，1965年9月，父亲的便血病又犯，且转剧。10月住进北京医院，11月初动手术，查病因是乙状结肠气囊肿。12月，转至北京医院香山疗养所疗养。在那里，父亲为同所疗养者何启君讲中国历史，历时两月。彼"夙知予终身研究历史，藉同居关系向予请教，由彼笔记。予此行未携书籍，只得凭记忆发言。予在工作岗位上，向来只是用显微镜，而此次却要用望远镜。然以予所学，欲为工农兵服务，亦惟有此系统的'概论'方式，才能使大众懂得，且使自己所学串成一个系统也"（日记，1965年12月27日）。当时何启君的记录稿竟然逃过了"文革"的劫火，1982年，他将此稿整理为《中国史学入门》出版。

第 九 章

暮 年 岁 月

1　岁寒知松柏

　　1966 年 5 月初，父亲自香山疗养所返家。此时已是"文化大革命"风暴降临之际，5 月下旬，北京各报刊在批判"三家村"时，公布了一批吴晗早年的书信，其中即牵涉到父亲。那是 1930 年秋，吴晗从上海来北平，想入燕大读书，但因英文成绩不好，燕大不收，他生活无着落，便来找父亲帮助。他与父亲谈起明朝胡应麟的卒年问题，那时父亲标点胡应麟《四部正讹》入"辨伪丛刊"，并在序文里谈及胡应麟一生事迹，但未考出其卒年；吴晗是胡氏同乡，在家乡人的著作《婺书》里考出其卒年，知其享年五十二岁，打破了父亲说其"年在六十以上"的推测。吴晗当年二十一岁，父亲感到他是一个可造就之材，并同情他处境的贫苦，就同燕大图书馆委员会主任洪业商量，招他到图书馆任编目员。他便搬进燕大，常到父亲家里来。不久，吴晗又通过胡适的帮助，于 1931 年考取了清华大学历史系的插班生。父亲 1938 年在云南大学任教时，与吴晗同事，两家过从甚密。但以后他们就不大往来了。报刊所公布之书信，反映了他们在 1930 年代初期的一段交往。

批判"三家村"，不仅缘于江青等人向北京市委的斗争，它还有着极为复杂的政治背景，父亲不在此范围中，因此虽被涉及，但并未遇到麻烦。而他的好友李平心就没有这样的运气了，当时张春桥为"引蛇出洞"而在上海组织对《海瑞罢官》的讨论时，李平心连续在《文汇报》发表两文，用考证方法作"清官"讨论，被张春桥等人诬为"自己跳出来的反面教员"，6月中旬，《文汇报》转载《人民日报》社论《无产阶级文化大革命万岁》时，又另作一文，特提出"周谷城、周予同、李平心"三人名，视为重点，同时李平心任职的华东师大亦对其展开批判，他惊呼"上当了"，遂于6月15日以煤气自杀。李平心"年近六十，平生刻苦治学，于古通甲骨、金文，于外通英、俄、德文"，他的死使父亲感到"良可伤也！"（日记，1966年6月19日）在父亲好友中，李平心是第一位"文革"的牺牲者。

所幸父亲的单位是学部而不是高等院校，同事不是那些缺乏生活经验而又爱冲动的年轻学生，因此在"文革"之初，历史所的运动不如高等院校那般来势汹涌。父亲自香山归后，直至1966年7月，仍得以在家继续修改《大诰译证》的考证部分，毫不理会外间的干扰。同时林剑华也在不停地为他抄写考证。然而面临轰轰烈烈的运动，母亲怕父亲罹祸，"日以开会、读报相劝，不许其亲古物、古籍以妨改造"，因而使父亲"徘徊瞻顾，求两全而不得"[《读尚书笔记（六）序》]，深陷于矛盾痛苦之中。

现在摘录1966年几段日记，可知父亲当时的境遇：

考铸国事，作千余字，加入大诰考证，未毕。静秋禁不令吾读旧书，然剑华每日抄五页，所抄者系前年稿，今日重览已

多罅隙，不得不加修改，一修改则牵涉綦多，又不得不堆书满案矣。要我放下业务，如何可以完全做到！（7月6日）

　　修改"三监人物及其疆地"付抄。静秋禁止予看古书，这固是她的好意。然一方面剑华要抄，我就不得不改。二则予如蚕食叶，有一肚子丝要吐。以予年龄、身体言，已不可能住世太久，予何能在人间留下一遗恨耶！（7月16日）

　　静秋天天责备我不好好学习政治，而予以"大诰译证"一稿历时七年，计字七十万，稿子一再改易，已将断烂，幸得剑华为予抄写，而抄前又不可不看一遍，及既看则又感到有应改处，一改则又堆书满案，心无二用矣。（7月31日）

　　8月3日，父亲理书稿，置入内室，外室则专置《毛选》《毛主席语录》及报纸，以学习政治，只是林剑华每日为他抄稿七八页，他不能不陆续交付，因此仍想在付抄前大略看一过，不做大修改，待运动结束后再专心将抄件集中改一次。他本以为这次运动和以往各次运动一样，历时数月，待运动过后还是可以照旧干自己的工作，不曾料想此次运动竟遥遥无期，也未曾想到林剑华的命运竟如此悲惨。8月6日，林剑华到历史所为父亲取工资，得知所里已停止任用私人，自己的工资只发至7月底；父亲亦未料到林氏被历史所解除职务，在当天日记中写道：彼"助我抄写正极得力，倏遭摈弃，为之怅然。"但他两人一如既往，一位在改，一位在抄，而且是只尽义务不取报酬地抄。

　　父亲强烈的求知欲望及创作冲动使他那炽热的生命之火在暴风雨降临之际仍然顽强地燃烧着。8月13日，批判父亲之大字报始在历史所贴出，标题是"把反动史学权威顾颉刚揪出来"，他到所看到大字报后，在日记中写道："自今日起，予亦成管制分子矣。"但就在此日，他仍"续写'周公执政称王'近二千字，尚未毕。剑华来，交抄稿，校剑华所抄稿"（日记，是日）。14日，父亲为了赶完"周公执政称王"的一段文字，直写到夜里，并请林剑华义务抄写。此日日记记载："整日续写'周公执政称王'约二千字，全稿讫。《大诰》考证乙，今日赶毕。从此须专读《毛选》及报纸，每日到所参加组会，《尚书》工作暂停矣。考证丁中，尚有殷遗民分三路移徙及唐、虞、夏之族与地试探二文待作，甚望他日能竟此功。"其中所言"考证乙"，即"周公执政称王"一章；"考证丁"，即"周公东征的胜利和东方民族大迁徙"一章。以后父亲在检讨材料中写道："中华书局那时还有人来，我指着一堆稿子对他说：'我已是七十多岁的人了，如果我在这次运动中因吃不消而倒了下去，希望你们代我做完。'我竟这样地重业务而轻政治，这是应该自己检举的。""我又反复了！"而林剑华，则于25日送还抄件后，随即被遣返回乡，听说离京后不久就惨遭红卫兵毒打致死。"唐、虞、夏之族与地"一文父亲终未能作成，关于这一问题他思考了数十年，此时该有一些成熟的意见了，却由于遭逢的时代而没有机会写出，不能不使人扼腕叹息！

8月22日，父亲被定为"资产阶级反动学术权威"，被戴高帽、游街批斗，这是他有生以来第一次受到人身的侮辱。"今日即戴高帽，则为想不到之事。"（日记，是日）据当时参加学部批斗会的人说，那日，文、史、哲各所戴高帽者均聚在台上依照被定的罪状自行报名，诸如"走资派""反动权威"等等，而轮到父亲时，他却说："我是历史所一级研究员顾颉刚。"父亲的傲骨在这里充分地表现出来，即使他已被揪出来，被群众专政，仍不会鹦鹉学舌，不会讲出尚未经过思考而接受的词语。当天他在日记中说："予对此早有精神准备，故虽受此困而未紧张。"自24日起，父亲每天到历史所劳动，扫地一小时，此种惩罚一个月后因其年岁大而停止。

8月25日，中学红卫兵来抄家，将家中所藏数千张照片及数千封信札烧毁，历时三日。"予一生所照相片，及与予生活有关之照片，皆烧去矣。我祖父、祖母、父亲、竹妹、徵兰、履安之照片亦一纸不存矣。""以其为我生命史中重要史料"，"在我心中终有些眷恋"（日记，1966年8月25日）。随后街道群众又欲来抄家，历史所红卫兵遂于29日来家中，将书库贴封条，仅留三间住屋，"在运动终止前，予遂不得随意看书写稿"（日记，1966年8月29日）。其时街道上并欲批斗父亲，亦由于历史所之干涉而作罢。那时社会上已陷入"破四旧"的疯狂浪潮之中，父亲的朋友陈梦家、刘盼遂等相继自杀。"近日斗争甚烈，死人不少，被解回原籍者亦不少。予偷息人间，固以属稿未完，亦缘妻子儿女之生活待予工作，不忍撒手不视也。"（日记，1966年8月29日）相对于俞平伯被街道上抄家批斗、书稿尽数被焚之惨状，父亲的情况稍好一些，故而他"深感本所文革小组保护之好意"（日记，1966年9月6日）。

即便如此，父亲的日子也很不好过，尽管他精神上没有垮，但身体上已吃不消了。8月27日学部召开大会，所属各所之戴高帽者七八十人均集中在此听批判，父亲看到翁独健、钱钟书、陆志韦等皆在内。此日父亲在日记中说："被斗仅一星期耳，已有度日如年之感。疲劳之极，直如将死之狗。尤以家与所相距较远，无直通之车，三轮车亦不敢坐。每日上下班四次，出汗如沈。"以后来京串联之红卫兵极多，公共汽车挤不上，父亲只好步行来往，为了减少往返次数，只得带着冷饭，中午不能回家。母亲一方面督促父亲好好学习政治，另一方面又怕他发生意外；当父亲去上班时母亲曾多次偷偷跟在后面，直到认定父亲确是去单位她才回家。父亲毕竟是七十多岁的老人了，身体难以承受如此负担，于是自 9 月始，便血病复发，至 11 月渐重，此时所中同人大多外出串联，政治学习渐松，故他才得以请假在家养病，自学《毛选》。

父亲所积存的信札太多了，虽然在 8 月间已烧去不少，但陆续又找出许多，母亲顾虑旧信里有不合时宜之言，恐被人拿去当作罪状，在入冬后借取暖生炉子之机又要烧掉。没有经历过那种年月的人也许难以想象被群众专政者的家属所承受的压力，当时母亲就是想处理旧信，也不能让邻居知道，以防传出去被人扣上"销毁罪状"的帽子，只能借生火炉之机会分批烧掉。父亲"对于无谓之求荐、求稿及述其个人私事者自愿弃去，而于文史略有关系者则欲保留一部分，以作我生史事之纪念"（日记，1966 年 11 月末）。尤其是其中论学者，父亲更想保留下来，在 11 月底至 12 月初之日记中记道："整理旧信札，分别去留。予一生所得他人信札，均不废弃，仿机关档案例保存。今当破四旧之际，静秋力劝毁之，予不忍尽烧，思保留一点论学者，用是又生争吵。予置在燕大之信札，抗战时为日寇所夺，久以为不复见矣，而今日整理，竟有抗战前旧信在（如王国维、钱玄同等），想以置在禹贡学会，故得存也。予欲多留，而静秋不许，何其忍也！""火光熊熊，使予心痛。"父亲又记道："予自问太多历史观念，每一物皆欲保存，以供后人翻览，识封建社会、资产阶级之实况（如账簿、礼簿可以识物价之涨落、自由职业者之生计及随时代而有奢俭之不同），而他人不能有此观点，以为'隔年黄历'无丝毫用处，非烧去不快，非除此四旧不能建立四新。然则国家设立档案馆、历史博物馆固何为者耶？"（同上）

读到这些文字，我不禁流泪了：父亲能如此不顾个人利害，如此镇定从容地守护着自己的阵地，坚持着自己在学术上的价值观念！在当时一切价值观念都被颠倒的年代中，父亲身上卓异的学者本色更加显露出来。

父亲在历史所同事中年龄最大，经历最复杂，自然须交代的"罪行"亦最多。为了便于作交代，他先作简单之"年谱"，再陆续检讨一生。自此年8月末至次年底，父亲一直在写检讨，他说："我在自我批评中尽心竭力地骂自己，但静秋观之，还以为我处处在吹捧自己。"（日记，1967年2月6日）"两月以来，稿五易矣。我一次一次写，静秋一次一次改，诚不知何日可成定稿。"（日记，1967年4月24日）"改了写，写了又改，永不能完成，实为今生第一遭也。直使我有'江郎才尽'之感。"（日记，1967年7月2日）

1967年，"文革"陷于派性斗争，无暇顾及已被打倒之人，因而父亲暂得放松，2月他便血病愈后销假上班，每天只是上午到所自学《毛选》，以后又三度因病请假。那时父亲怕便血病再犯，不敢多走路，上下班由三轮车工人王明德接送，为了避免惹人注意，父亲不在单位门口上下车，而是让车停在离单位稍远的僻静处。王师傅没有子女，只是与老伴相依为命，他拉车固然是为了挣钱养家，但能够这样准时地接送父亲，亦是出于对一位七十多岁老人的关照和同情，在那般人性泯灭的年代里，这种关照和同情温暖了父亲的心。以后王师傅与父亲的友情保持了多年，他不仅接送父亲去单位，还接送父亲去医院，我清楚地记得，一次父亲卧病在床，王师傅得知后曾代买一只活母鸡送来，在当时经济萧条和政治高压的形势下，王师傅的情怀多么使人感动！

在这一段时间里，父亲又旧情复发，经常阅读古籍，并将年来所想到的古史问题记入笔记。母亲多加制止，而父亲常用毛泽东"抓革命，促生产，促工作"的话来抵抗，一年后，父亲在检讨中说自己这是"打着红旗反红旗"。以往笔记均是用毛笔写在毛边纸的簿子上，而此时这种簿子已买不到，父亲便以小学生作文本为笔记簿，名为《古史杂记》，用钢笔写成十数册。其中他录下四十年前王国维的来信，1967年3月27日之日记记有此事："抄王静安先生四十年前与我之信入册。""静秋检出予所存信札，欲尽焚之，予谓其中有王国维与我论《顾命》信，求其为我留下，得允。"尽管信留下来了，但父亲顾虑以后仍难逃厄运，故将其抄入笔记，以保存内容。当十多年后，我整理父亲遗稿时，起初未见到王国维来信，后来在无意中发现父亲一册线装日记的封底折页里藏有纸张，小心抽出一看，原来竟是这些信件！这真让我感叹不已，父亲当年在自顾不暇的困境中，为保存它们很是动了一番脑筋，到处都是天翻地覆，哪里有保险之处？在他力所能及的范围里，自然只有日记簿是最佳选择：薄薄数笺藏入折页，他人轻易不会发现，而且日记是父亲生命史的记录，如同他的档案，他自己决不会毁掉，任何人也不能轻

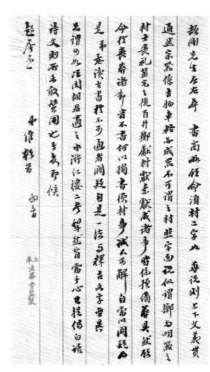

王国维来信

易毁掉。即使自己日后或有不测，但这三封信总可以长留人间，直至重见天日。这几页纸，捧在手中几乎感觉不出重量，但在父亲心中视其为珍宝，在那个毁灭文化的年月，它们寄托着父亲对于中国学术文化的希望和感情！

他在 5 月 9 日之日记中写道：

> 点王国维"殷礼征文"一卷讫。余步履已不便，兼之眼花耳聋，以后势不能任职，然学习之积极性未减。此后还当多读书，计分两类：
>
> 一、马列主义书——先读"政治经济学教科书"，次读"辩证唯物主义"，期得毛泽东思想之源。
>
> 二、甲骨金文书——先读"殷墟文字类编""金文编""说文"，然后读各家考证文字历史之书，将《尚书》廿八篇译出。

虽然父亲在外已被划入"打倒"之列，但他内心却岿然不动，依旧执着于自己的学问，并且还欲推本溯源：为了学习毛泽东思想而探求马列主义，为了研究商周之书而补古文字之课。

8 月，学部斗争潘梓年等人，呼声震天。父亲在所里听到，为之心悸，怔忡病发。他自觉精神恍惚，睡眠益难，"恐不久人间"；然而在这种可以想见的重压之下，他依然念念不忘负载自己生命的学术事业："所惜者，埋头七载之《尚书》工作未作一结束，五十年之笔记未整理，有负于人民之为我服务而我终无以报之也。一旦奄忽，惟有寄其望于童书业、张政烺、胡厚宣、刘起釪诸同志之为我补苴成编耳。书此，以当遗嘱。"（日记，1967 年 8 月末）此时，父亲的心态的确是超凡脱俗的。

不久，父亲见到老友何遂，这位辛亥革命时之宿将、1928年黄埔军校之代理校长告诉父亲："谓见去年大运动初起时之当局指示，因保存戊戌变法之资料而得保护者，康同璧是也。因参加同盟会及辛亥革命而得保护者，章士钊、叶恭绰及彼是也。因参加五四运动而得保护者，郭沫若、范文澜及予是也。"（日记，1967年10月29日）由此可知，1966年历史所之所以对父亲采取一些保护性措施，乃缘于上面的指示。只是以后局势益乱，该指示遂难以执行。

2 ⊥ 长夜难明

　　1967 年底，所中同事将父亲的日记全部取去审查，他记了四十多年的"颉刚日程"不得不暂时中断。但父亲积习不改，于是自1968 年初，始以钢笔将日记记于小笔记本内。在此以前，曾有好心人劝父亲将有碍之文字自行销毁，其中当然包括日记，可是父亲无动于衷，他不仅自己不会销毁，也不容别人销毁。在整理父亲遗稿时，我发现他 1955 年 1 月份的日记中夹有被撕毁的一页日记残稿，但这一页内容仍由父亲补抄后订入册中。起初我不明白这是为何，最近因写此书而翻阅历史所退还的父亲交代材料，其中见到1968 年 5 月 27 日母亲的一封检讨书，这才恍然大悟。原来此册日记因置于父亲积压的书堆里而未被单位拿走，5 月中旬，父亲偶尔找出，母亲便拿过翻阅，其中在 1 月某日的记事栏里有关于我舅舅的事，并由此而有对当局不满的言论。（舅舅曾任国民政府的县长，1948 年曾做过半年连云市的秘书，在 1951 年镇反运动时登记后被捕判刑，定为历史反革命，父亲一直认为这是冤案，曾多方设法相救，1956 年舅舅因表现积极且年老多病而获提前释放。）母亲在检讨中说："为了怕暴露顾颉刚的反动思想，更不愿意因为我的关系人而多拖累他，私心一闪，随手把这页日记撕毁，以为这样可以减少他的犯罪行为了。他很生气，责怪我破坏他的日记，当时无可如何，商得他的同意，另换一张，让他重抄，只把这一段不满意新社会的话删去。这句话虽然在纸上消灭了，可是更增加我和他不信任党、不信任群众、害怕文化大革命的错误思想，促使我和他犯了弄虚作假的罪恶行为，这包袱更沉重了，多日来我走坐不安，神情恍惚，竟使我不敢抬头仰望毛主席……"在父亲的责怪下，在自己惶恐不安的精神压力下，母亲向历史所交代了此事，并将所删之文字另纸附于检讨书后。那时母亲的境遇使我心酸，而父亲的态度令我肃然起敬，他不愧是一位真正的历史学家，他一生中不断地检验着历史，辨伪求真；同时也自觉自愿地为后人积累着历史资料，记载自己一生言行的日记是所处社会和时代的缩影，他当然要保存下来，交付历史留待后人去检验。由此我也看到父亲坦荡的胸怀，他自幼养成检讨自己的习性，认为自己一向"不欺暗室""无事不可对人言"，故而他能有胆量在动乱的岁月中保护日记。

1968 年 1 月 25 日，父亲因糖尿病剧发，有酮中毒现象而住进同仁医院，2 月中旬稍愈，出院在家养病，借此机会仍不停地读古籍和记笔记。只是那时买不到特效药，父亲的病情难以控制，5 月初，他夜里起来小便，突然晕倒，尿流满地，医生说这是酮中毒的现象。然而在疾病渐重的情况下，他不但不能养病，反而遭到了政治上更大的打击和折磨。

这一年，全国开展"清理阶级队伍"的运动，将矛头对准所有在"文革"中以各种名义、各种方式被"揪出"之人。父亲的日子逐渐艰难。自 5 月起，历史所依据从父亲日记里搜集的"罪行"对他进行批斗；不久又陆续印出"反共老手、反动'权威'顾颉刚材料选编"两大册供内部批判之用，此中"罪行"材料几乎全部来自日记，主要有"追随胡适""攻击鲁迅""朱家骅的心腹""亲蒋""反共"等等。那时，父亲无日不伏案疾书，既要为历史所写检讨、思想汇报，又要为各地外调者写大量材料。他过去任教的学校、主持的机关团体甚多，自然有大批的学生和同事，此时要依外调者的要求为一个个人、一件件事写出材料：他们不仅限期紧迫，有的即令当时交卷，而且内容要无限上纲，竟有说通俗读物编刊社接受朱家骅补助后便成为 CC 特务机关者。自然父亲如实所写多有不合他们要求之处，常须重写，但总难使他们满意。父亲常须一日写数千字，有一天竟连续写十五小时以至双腿浮肿！这不能不使他感到万分紧张和劳累。更有甚者，一次北京农业大学两学生来调查该校教授王毓瑚，王氏一生研究经济学，尤重农业经济，在抗战期间任职于国立编译馆，得以与父亲相识，父亲很敬重他的学问，抗战胜利后为其谋职之事曾向北大校长胡适"切实奉介"（致胡适信，1946年10月6日）过。而这时农大来人竟说王毓瑚是特务，要父亲为此提供证据，父亲不会顺着他们的口径说话，于是竟遭他们的打骂和罚跪！母亲在门外听到焦急万分，可又无法制止，只好跑去找居委会，以"要文斗，不要武斗"为由请其出面制止，这才为父亲解了围。后来听母亲说，那两个学生出门后曾捂着嘴暗笑。我不知他们是何等心态，也许他们知道"特务"之罪名是无中生有，认为自己刚才的"闹剧"好笑吧？当时"武斗""逼供信"成风，冤狱遍地，但这些并未改变父亲求真的本性，宁肯身体上遭受皮肉之苦，精神上却不能摧折屈服！

至 8 月间，父亲终因紧张和劳累而病倒了，糖尿病加剧，尿糖

1975年4月，与老友在叶圣陶寓所合影（前排左起：顾颉刚、王伯祥；后排左起：叶圣陶、章元善、俞平伯）

总有四个加号；由于血糖升高而全身皮肤疖大发，痛痒交作，浓血沾襦，且腿脚无力，走路摇摇欲倒。同仁医院医生开出证明，须请外调者照顾他身体。但在当时这一纸证明又能有什么效力呢？外调者仍接叠而至，使父亲的精神和身体不断处于过度紧张劳累之中，而这是糖尿病者的大忌讳。

　　这年国庆期间，父亲被单位和街道禁止外出；同时街道通知，有何来客须报告。这使他切实尝到了群众专政的滋味，为此深受刺激。那几日中，历史所中有问题之十多人均已集中在单位，不许回家；相比之下，父亲因病而得以在家，还算是受照顾者，可是他的自由被剥夺了，怎能不感到苦闷？父亲的小学同学章元善一直与父亲有交往，此时父亲顾虑"以后元善当不敢来，我日益孤立。至此方感群众威力之大"（日记，1968 年 9 月 30 日）。不过章元善对此并不顾忌，这位比父亲还年长一岁的老人一生经历的风雨甚多，当小学毕业后，他即考入清华学校，在辛亥革命之前已赴美留学专攻化学，归国后本在天津从事化学研究，后因投身华北救灾工作而成立华洋义赈会，任总干事，以洋人之款来赈济中华，1949 年以民主建国会代表的身份出席全国政协第一届全体会议，以后一直任民建的领导。他爽朗、倔强并且健康，那些年里他到父亲处走动最勤。他在《怀念颉兄》一文中回忆当时情形说：他俩"几乎形影不离。一见面，家事国事天下事，无所不谈。时而互嘲，时而对泣，友谊之深可以说真正达到了忘形的境地"。父亲"有书不得读，困守斗室，度日如年。我则排除万难，照常天天去他处，互诉互叹，一道分析事物，力图对所见所闻有所认识。百思不得其解，颉兄索性为我改诗消遣"（见《学行录》）。

当时，另外几位幼年的同学如叶圣陶、王伯祥等亦与父亲常有来往。他们的住处都不远，"文革"前各人忙于自己的工作，相见不甚频繁；而此时整个社会秩序陷于混乱，他们惦念老友，在参加运动之余，经常相互探望，一起议论时局、回忆往事。在当时人人自危、互相猜忌的日子里，老友间的真情是对父亲莫大的安慰。现在父亲留下的照片中有一张 1970 年春他与章、叶两人合影，背面有叶圣陶抄录其当时所作诗一首："弱岁同窗丙午春，喜今垂老尚相亲。跃然插队联肩去，倘令生年迟六旬。"充满了诙谐、揶揄之情。

1968 年 10 月 4 日，父亲因糖尿病加重，由医生开请假条，暂准休息一月。然而在此月中他非但不得休息，反而更加紧张：在写材料之外，他的笔记及稿件被历史所人尽取去审查，随后他又与俞平伯一同被文学、历史两所"狠狠"（日记语）斗争。为此，父亲糖尿病再次加剧，视力开始骤然减退；11月中，气喘疾始作，一走动或一劳作便气喘不已。12月初，父亲始须每天半日到所参加运动。年底，工宣队及军宣队进所，领导"斗批改"，这意味着斗争将更加严厉和无情，父亲被通知须整日到所。

以后直至1969年10月，父亲几乎无日不在开会受批判、写检讨、写外调材料中度过。即使病中发烧在家休息，外调者仍频来，父亲尚须带病为其写材料，以至实在支持不住时，方由母亲代写。在这般折磨中父亲身体日益虚弱，至5月中旬每到下午腿脚便肿，步履艰难，母亲持医生证明向所里请假，被允许半日到所，但下午若有会仍须去。这年8月下旬至9月上旬，父亲被冠之以"反革命分子""反共老手"，受到猛烈的批斗，"所言大抵抄自日程，亦有凭空撰出者"（日记，1969年8月20日）。当3月间父亲受批判时尚欲申辩，而此时在轮番批判之下父亲已无力申辩，他身体和精神已将支持不住了。当时据领导者言，对他的批斗是"批判倒我的思想，并非打倒我的人"（日记，1969年8月29日），因此在会上父亲尚有椅子坐。9月中旬后，运动转向"清查516分子"，父亲方得喘息之机；至10月初，父亲又病血压高，高压190，低压110，"此平生所未有"（日记，1969年10月4日），失眠甚剧，常彻夜无眠，得医生开证明在家休息，然病假期间仍须到所听会、写检讨。

1969年10月下旬，由于与苏联的关系日益紧张，中央下达战备命令，北京遂开始战备疏散，机密文件亦须转移。当时，历史所数人来父亲书库中检取善本及有关边疆地理的资料，其中包括地图若干。次年，历史所虽将取去之书送还一部分，但还有一部分却不知下落，其中有一部二百万分之一《中国分省地图集》，是1940年代大中国图书局金擎宇等人花费了多年心血编绘的，并邀请多位著名地理专家参加编制和撰写说明，囊括了民国时期所有的县治："全图共有四开纸大小的图幅六十幅左右，装订成八开大小的一巨册，其中计有自然地理、经济地理和语言、人口等各方面的总图二十多幅，分省图及都市图三十多幅，地形采用等高线分层设色表示，对疆界处理和边疆地区地名的选取，均颇谨严"（章巽《明月松间照——悼念颉刚先生》，见《学行录》）。"该图在解放前夕全部制版完成，惜乎未及付印出版，颇以为憾"（金擎宇来信，1979年6月23日）。父亲是该图主编，全部图稿及付印样本一直由他保存，他一直希望该图作为中华民国（1912–1949）这一阶段的历史地图付印出版，以供学术界内部参考之用；而此次被取去却未见归还，"文革"后地图出版社曾多次追问此书稿下落，但历史所终未查得结果。其中还有一册父亲所抄集的"古地理丛考（二）"，几年后竟被有心人从中国书店购得。由此看来，当时被取去者有一部分即为私人所拿，对自己有用者便留下，无用者便卖掉矣！

那一阶段，父亲心境和身体都很糟糕，有时手颤抖至无法持笔，已基本上不给亲友写信了。可是当接到陈懋恒之子来信，得知其母突然逝世的消息，父亲随即致唁函表示"不胜悲叹"，相识近四十年而"不期令堂乃先我而逝，……惨酷之情，如何可言！"他对于好友的早逝确感十分伤心。信中并谈道："我年近八十，慢性病日多，体益无力，持杖而行。当此文化大革命运动中，每日须到机关学习，虽领导上特予宽假，下午如无大会，可以不去，但此身已不堪驱使，每日归来，即喘息不已。子女四人，悉已分发内蒙古、山西等处，家中仅一老妻作伴，渠年亦六十余，其多病亦如吾，倘有一人睡倒，家务即无人处理矣。时局日紧，或将于数月内疏散他处，既有机关领导照顾，或转胜于今日之寂寞也。"（致赵之华、赵之云，1969 年 10 月 29 日）当时我的弟弟、妹妹均已下乡插队，我也随学校疏散至太行山中修铁路，在此战备空气万分紧张之时，真不知一家人尚能见面否，家里只剩多病的父母，且属批判对象，他们心中的孤单、寂寞和凄凉是可想而知的。

11 月 29 日，父亲上下午均到所开会，当晚，心绞痛病大作，这是他心脏患病的开始。自此以后，父亲不得不经常卧床，并且不再到所。

1970 年，父亲心绞痛常犯；气管炎亦大发，成肺气肿。但就在如此多病的情形下仍须不断写检讨及外调材料。例如 7 月中旬，父亲写一份外调材料，其时他正是"目朦，胸痛，殊不可堪，如此奄奄，恐不能久"（日记，1970 年 7 月 13 日），以至两日后他在重抄母亲所修改者时，"以手抖，费三小时始把一千五百字抄讫"（日记，1970 年 7 月 15 日）。如此缓慢的抄写速度，对于一向书写神速的父亲来说可谓突变，不要说五年前了，就是在两年前也还未曾有过！仅由这一点，便可看出在这两年中父亲的身体被摧残之剧烈！8 月，历史所同人被下放到河南息县，父亲因病得免。9 月初，父亲始病胃出血，吐出及便出物均呈黑色，潜血为四个加号。此次经医治虽止住，但以后常犯，尤其是当发烧之时。

父亲在养病时，只要稍有精神，就点读古籍，并仍存著书之念。1970 年 4 月他在日记中写道：

予百骸皆衰，存日无几，而心头总有欲著之书，此非好名，乃不能自己之创造欲也。兹就春秋史一事言之：

1.春秋史事勘——已有成稿，在中华书局杨伯峻处。

2. 春秋地名汇考——已有成稿，在中华书局刘钧仁处，尚须补地图。

3.《左》《国》合编——即康有为、钱玄同欲恢复之"国语原本"，但分析颇难。

4.《左传》新解——将杜预《集解》补之正之，将竹添《会笺》去其繁芜。

5. 春秋人名——将陈厚耀《春秋世族谱》重作，《国语》合入。

6. 春秋大事表——将顾栋高书重作，使真成为一部"大事表"。

7. 春秋辞汇——用《辞海》例作注，以部首笔划分排。

父亲的计划不是仅为他个人考虑，而是为这一学科的建设所提出的整体规划。在历经"文革"磨难之后，他强烈的创作欲望以及好大喜功的习性仍未改变。

这一年国庆，全国政协邀请父亲到天安门观礼。此时父亲的问题尚未得历史所定案，听说已上报中央批示，此次邀请观礼，或许是政治上的一个好兆头，父亲不顾腰酸腿痛参加了这一活动。

1971年3月，父亲心绞痛加剧，经检查知道冠心病甚重，他叹道："著述之事，从此结束，成为废人。少年以来一片著述雄心不可复现，悲哉！此皆五年来日在惊风骇浪之中所造成者也。"（日记，1971年3月23日）前几年无论怎样受批斗，父亲从未悲观绝望过；现在知道自己的身体再无法承担著述的重任了，这对于以治学为第一生命的父亲简直是致命的打击！"成为废人"，是父亲面对残酷的现实发出的哀叹！

3 __ 恢复工作

当父亲常感受着"不知命在何时"（日记语）的悲凉境况时，未料到还有人在想着他。1971 年 4 月，北京召开出版会议，由于毛泽东对于历史的偏爱，姚文元在会上提出了二十四史的标点工作，"文革"前只有《史记》《汉书》《后汉书》《三国志》四种得以标点出版，此时他以为应继续完成，以"作为研究批判历史的一种资料"（姚文元致周恩来信，1971 年 4 月 2 日）。当日周恩来即在姚信上批示："二十四史中除已有标点者外，再加'清史稿'都请中华书局负责加以组织，请人标点，由顾颉刚先生总其成，究如何为好请吴庆彤同志提出版会议一议。"他并说，此事要与顾先生商量。4 月 7 日，国务院办公室主任吴庆彤及国务院出版口、中华书局领导并学部军宣队领导来家中向父亲传达："谓周总理派我主持标点二十四史事，要我定计划，许之。"（日记，是日）此时的父亲，有如绝处逢生，周恩来的"总其成"这一句话，就意味着父亲五年来所处被批斗、专政的局面已烟消云散，使他即刻从"反动学术权威"的困境中解脱，又恢复了人的尊严，可以堂

1972年，与整理二十四史同人合影，摄于中华书局（前排左起：阴法鲁、唐长孺、白寿彝、丁树奇、、顾颉刚、萧海、翁独健、陈述；后排左起：周振甫、陈仲安、孙毓棠、王钟翰、张政烺、王毓铨、启功）

堂正正地生活和工作了。

父亲随即根据自己所了解的情况开列工作者名单，但他不知其中有几位已在"文革"中去世，如陈寅恪、蒙文通；又作《整理国史计划书》，以史家的执着和热情，几经修改，至16日方作毕。"予本'知无不言，言无不尽'之义写出意见，但加工过多，恐读者仍谓我为好大喜功耳。"（日记，1971年4月13日）此计划书已超出了廿四史的范围，提出要整理"野史"，如钱海岳的《南明史稿》，父亲认为应整理出版。29日，父亲出席二十四史及清史稿标点印行工作会议，会上讨论了他的计划书以及中华书局的计划，决定抽调人员集中到北京、上海两地，组成两个校点组，各承担若干部，分头进行。每史均有一人负责通读复阅，以统一体例；各史校点完毕，由父亲总其成，审查定稿后，由中华书局出版。至于父亲所提"野史"的整理，大家认为可以等二十四史出版后再进行。关于工作进度，大家认为可以争取 1973 年出齐，"如此，一天要平均点出十六卷付印。幸近日大学文科教授除下放者外无事可作，可以组织起来，一天点三十四卷"。（日记，是日）尽管这时间过于急迫，不切实际，但也反映出当时人们被运动折腾了多年以后渴望正常工作的积极性。父亲说："予既承周总理命总其成，更须作有计划之安排，方可竟其功而不致犯病停工也。"（同上）可是父亲毕竟是经常卧病在床、久不开会了，此次会后即感到疲劳，两日后便发烧，住进北京医院。5 月中旬，毛泽东批准此次会议所拟定的工作计划。因父亲身体状况所限，以后此项工作实际上是由白寿彝负责，唐长孺、翁独健、陈述、王毓铨等各史专家分工合作去完成的。

在周恩来的直接关怀下，自 4 月以来，领导上对父亲逐一落实政策：书库的封条被揭掉了，薪水复原了（自 1968 年以来父亲仅领生活费，最少时仅以一人二十元计），医疗关系转至北京医院高干病房（当时能享受这种待遇者真是屈指可数），并着手将插队的子女调回身边以事照料，等等。1972 年又当选为第四届全国人大代表。在"文革"漫漫长夜中，父亲恢复工作以及落实各项政策之事在全国知识界中影响极大。犹如当初打倒一人，牵连一大片一样，此时解放一人，也鼓舞了一大片，许多旧友给父亲来信要求参加此项工作，又有许多友人叮嘱父亲"勿过积极"，要"健康第一"。当时，父亲境遇的变化牵动了多少人的心！

此时疾病缠身的父亲明白自己"来日已无多"（日记语），更想多做些工作，多和书籍、学问沟通，因此与一心一意照顾他的母亲在精神上很难同步，常发生口角。不过父亲也知道自己身体已不比从前，因而读书亦"不敢用力研究矣"（日记，1971 年 5 月 30 日），"其实我现在真不用功了，只是放不下书，随便翻翻而已"（日记，1971 年 6 月 24 日）。当时父亲作诗曰："老来无力展缥缃，闲坐廊中送夕阳。惭愧到今方识得，枣花淡胜桂花香。"表现了他对于多病之身的无奈。又作诗曰："手颤足软腰肢痛，如此颓唐合自怜。一事心头抛不去，传经须跻伏生年。"反映出他不甘于老境的颓唐而追求工作的情怀。

8 月，《南齐书》排样送来，父亲抓紧校阅并写出意见。但他的身体已难以承受终日伏案的辛劳了，当 9 月及 11 月，父亲即因病两度住院。数十年来与父亲生命相随的日记，自 9 月 3 日他住院后便首次出现中断，由此可知他的体力和精力确实不济了。不过至年底，父亲又恢复了已经中断三年多的读书笔记。1973 年父亲在笔记中曰：

> 予今八十，手颤不易写小字，然每有所见非录于册不快。肆中已无毛边纸装成册者可买，则惟有寻取旧本之尚有空页者记下之耳。人生易尽，嗜好难除，谓予积极性尚强亦可，谓予不能汰旧习以合时代潮流固亦可也。谚云："做一天和尚撞一天钟"，噫，于予也见之矣。[《亳学丛记（一）序》]

尽管那时父亲经常因心绞痛或气管炎肺炎住院，总处于养病状态中，难以按照计划工作，有时读书"集中精神过甚，骤觉天摇地转，站立不住"（同上），但只要活一天，就一天不离书本，真正是活到老，学到老。以后只要身体许可，他就大量阅读古籍，并作题跋。也许正因为他如此勤于学习，坚持思考，他的脑筋方才如此清楚，此年照脑流图时，医生"告我神经健好，如五六十岁人"（同上）。父亲在一首《八十述怀》诗中曰："百年已去五之四，剩此一分奈若何？丛叠撑肠千万树，还须凿道伐高柯。"他一生研究的问题无数，当然希望在生命的最后几年中能有一些结果，"凿道伐高柯"，正是他耄耋之年的心曲。

1973 年初，父亲听说刘导生将重新主持学部工作，便立即去信索取被历史所拿走之"一生的论文、笔记、日记、怀中笔记簿，以及鲜见的历史、地理图书"，望"早日还我，以便工作"（致刘导生信，1973 年 1 月 24 日）。以后这批书稿得归还，父亲"加以检点，颇有缺佚，亦事之无可奈何者矣"[《高春琐语（四）序》]。

这年春节起潜公去沈阳儿子家度假后，返沪途中特来北京看望父亲，住在我家，父亲与他谈到"文革"劫火造成的损失时，说其中"顶顶可惜的是王国维的三封信"（此语是起潜公多年后转告我的）。王氏是父亲在"学问上最佩服之人"（日记，1924 年 3 月 31 日），从"顶顶可惜"四个字可知父亲对其书信的珍重。此时日记尚未被发还，或许父亲经历"文革"和疾病九死一生的折磨，已经忘记这三封信藏于何处了，否则怎能迟至十多年后，才被我在其日记簿封底里发现呢？

父亲本欲集合古本，将二十四史统校一番，然"以屡进医院，不能如愿。只有将已出版各史通读一过，改正误字，以便在再版时有所修正"（致吴庆彤信，1973 年 4 月 24 日）。"但廿四史五千万字势不能尽看，只每史抽看几篇。其本身错误与版本矛盾，问题万千，非一时所可解决"（致周之风信，1973 年 7 月 3 日），"五胡十六国及辽金元各史，均以比较资料太寡，尚须经长时间之讨论，或借材异域，方可陆续解决"（致吴庆彤信，1973 年 4 月 24 日）。

日记稿本

经北京、上海两地八十多位工作者共同努力，二十四史于1973年底校点完毕，至1978年全部出版。

1973年初，童书业女儿教英将其父遗稿《春秋左传史札记》寄与父亲，嘱为校订。童书业在"文革"中遭到批斗，于1968年病逝，以后父亲得知噩耗，十分伤痛，他本以为自己身后遗稿的整理可寄希望于童书业，不料其竟逝于自己之前。当时他在致辛树帜的信中说道："童君书业，年仅六十，而溘逝于先，为国惜才，怅恨何极。日前其家寄其'春秋史札记'稿来，翻览一过，实有远胜昔人之处，不但由其记忆力强，理解力高，而亦由于解放以来深研马克思主义，能用社会发展的眼光，求得各个事件之因果关系及其内在矛盾，此书出版必对我国史学界有推动促进之功。"（1973年1月30日）父亲甚愿早日将此稿理毕，由于其稿纸过于狭窄，不便加墨，因先请人以大张纸重抄一遍。次年3月中旬，父亲自医院归家，急思整理童氏此稿，"孰知才作一篇，怔忡疾遽发，遂致废学，可叹也"[《高春琐语（四）序》]。耽搁至 1977 年，童书业家属来索稿，是时父亲因病住院，"舍间恐已另有接洽，故即将全稿检出寄还"。但父亲出院后"嗣得赐覆，知并无出路"，适逢"本月上海人民出版社古籍组主任张志哲先生来京组稿，我已介绍，彼允接受。函到，请即去函上海绍兴路该社直接接洽，以无负令先君之一生研究成果，是为至祷！"（致童教英信，1977 年 10 月 28 日）由此可知，父亲为了无负亡友治学之苦心精诣，促使其遗稿及时出版，真是尽心竭力了。以后此书稿由上海人民出版社于 1980 年出版。

1974 年，"四人帮"为其政治目的，掀起"评法批儒"的浪潮，一时间甚嚣尘上。作为一位纯正的学者，父亲对于那些荒谬论点无法容忍，认为他们在歪曲历史，欲写一长文来论证儒家和法家的真相，"旨在阐明法家思想虽肇端于春秋时，而作为一个学派只存在于战国时期，以后在中国历史上再也没存在过，而少正卯完全是子虚乌有的人物"（刘起釪《顾颉刚先生学述》）。他用几天时间拟出一份详细的撰写提纲，包括十几项内容；后经人劝告，知道"这不是学术问题，是在搞政治斗争，不要认真去和他们计较，以免惹出不好的结果"（同上），这才止笔，但仍在准备材料，以为迟早总要将其写出。两年后"四人帮"倒台，父亲"闻之大喜"，认为"彼辈伪造历史以扩大其帮派势力，我国之历史真面目为彼辈所蹂躏践踏，起而批判廓清之，使其真面目了然于世界，是我侪历史工作者之一大任务也"[《耄学丛谈（三）序》]。他欲作"法家的由来和儒法斗争的真相"一书，然终因病未写成。

1975 年，父亲身体状况较好。1 月，他出席全国人大四届一次会议。5 月 1 日，父亲恢复了中断近四年的日记，又开始以毛笔写"颉刚日程"，那时他因手颤实已不便写钢笔字了。从此以后，父亲的日记随身体状况而时记时辍，直至逝世。这一年，邓小平主持中央工作，各方面秩序逐渐恢复。夏秋间，学部工作由胡绳主持，历史所全体人员均上班。在这种形势下，父亲与刘起釪欲重新着手《尚书》研究工作，同定计划。父亲说："我体已衰，只能帮起釪找些资料，由他作主干"（日记，1975年9月20日）。为将刘起釪自中华书局调至历史所专门从事《尚书》工作，父亲致函胡绳："今年八月，我在西郊听到您在学部大会上所作的报告，使我无限兴奋，自喜此后可以直接受着您的正确的领导，合于全国各行各业落实毛主席的团结安定的指示。我虽年过八十，体力已衰，但依然希望能为国家和人民多做些工作，……很想趁自己还有一些写作力量的时候，把《尚书》工作整理完成。……刘同志年近六十，他也急欲帮助我完成这项工作。因此，我写这封信向您请求，可否由学部向中华书局说明情由把他调回？我和他以前所做的工作，在运动中虽有些损失，但不算太多，两人共同补齐是做得到的。"（1975年11月6日）只是时局很快转入"反击右倾翻案风"，一切工作又停滞不前。

是年4月，云南博物馆汪宁生由中央民族学院闻宥（在宥）介绍，始与父亲通信。汪氏多年从事民族调查工作，起初并不安心，以为荒废了自己的古代史专业；十年前他读到《史林杂识》（初编），见父亲以边疆民族资料论证中原古史，心胸豁然开朗，知道古代史上不少疑难问题，文献记载已很难再发现新的材料，若不是考古发掘所易解决，则只有从少数民族社会中寻找答案，于是开始用民族调查得来的资料解释古史疑难问题。汪氏将自己所作《耦耕新解》寄与父亲请教，他"当时确实不想发表这类文字，因为它太不合时宜了，有招祸的危险"（汪宁生《多所见闻以证古史——记顾颉刚先生对我的启迪和帮助》，见《学行录》）。然而父亲认为其文"胜意联翩"，"本为介绍至《历史研究》，然该社在'四人帮'控制下不得发表，乃送至《文物》登出"（致汪宁生信，1978年5月15日）。两年后汪氏方得知此情形，他说："顾先生全然不避风险，对素未见面的后辈一篇习作性文字如此不惮其烦地四处推荐，这真使我大为感动。"日后汪氏成为中国民族考古学研究领域的著名专家，他将父亲《浪口村随笔》及由此改写的《史林杂识》称作"中国民族考古学的最早专著"。

1976年，刘起釪借调至历史所，助《尚书》工作。这一年国家多灾难，而父亲身体亦不好，几次住院，前后时间有八个多月，心绞痛一发再发。"医嘱我不要多劳动，不要多用心，不要多见客，即见客也不要多谈话，总之把一切活动都堵住，把一个活人看成死人，这就将我一个生命力最强的人重重地绑在铁柱上了！"（日记，1976年6月10日）父亲那时为此心绪很坏。

在那些年中，不少好友的相继去世，令父亲黯然神伤，除李平心、童书业外，又如："（冯）家昇已于去夏以工作过劳，病死，真可痛也。"（日记，1971年2月6日）"知蒙文通已死，殊出意外，他体本健壮，父母又同九十岁也。"（日记，1971年5月11日）"69年两派斗争，钱海岳竟成牺牲品，被掀至明孝陵推下跌死，其《南明史》抄有复本，两派各取其一，其下落遂不可问。此真奇冤矣！"（日记，1971年6月7日）"王重民……不知何种刺激，于今年五月自经颐和园后山丛树中。此与向达之病死，刘盼遂之自杀，同为可惜事，盖此辈专家中今已无多，后生培养不易，而国家之文化建设则方兴未艾，此种任务实非任何人所能担负也。"（日记，1975年7月）"冯沅君……已于去年春夏间以胃癌疾逝世，闻讯叹息，以教文学史者虽多，而一生勤勤恳恳研究文学史则甚少，何况其实有创见乎！"（同上）"知齐思和已去世，如此史学专家，培养一个洵非易事。如聂崇岐、冯家昇，皆燕大中俊才，乃都在运动中倒下，可痛之至！"（日记，1978年6月18日）其中辛树帜的死对父亲打击最大："辛树帜先生于本月廿四日逝世于武功，年八十三。此实为我当头霹雳。他最知我，懂得我的研究方法，尝谓'古史辨'与'禹贡半月刊'为近代两部大杂志。又将我'史林杂识'与油印本'浪口村随笔'细细校勘，知除增入十篇外，其他各篇亦无一篇不加修改，非他人之泛泛翻览者可比。昔庄周过惠施墓叹曰：'自夫子之卒也，臣无以为贡矣。'我于树帜之殁亦有此感。本月华主席宣布明春开五届人大，同时开五届政协，方冀彼时可以相见，一道十余年来契阔，不意彼已先我而逝，伤哉！"（日记，1977年10月）"文革"浩劫，摧残了无数人才，对于我国的学术文化不啻是一次毁灭性的打击！父亲能死里逃生，除了他生命力的顽强，同时也有赖于中央的关照。

4 — 生命不息，工作不止

　　"文革"结束后，百废待兴。1977年，上海人民出版社古籍编辑室历史组负责人张志哲来访，父亲日记中记道："今日张志哲同志来谈三小时，大为予打气，并允出版予一切著作。大为兴奋。他去后静秋为予按脉，一分钟竟至一百跳。使此事发生在二十年前，予精力充足，岂非至今已著作满家；而无如现在精力衰颓，已不克负荷何！虽然，倘有得力助手在予指导下工作，而予生命尚能延长数年，则桑榆之收犹为有望也。"（日记，1977年10月13日）父亲已很久没有这般兴奋过了，他一生吐出的丝，有机会结成茧，该是何等快慰！

　　不久父亲便上书中央，一是为调王煦华来做助手，王氏是父亲在上海诚明文学院的学生，毕业后由父亲介绍入合众图书馆任职，以后又并入上海图书馆工作，父亲很看重其才学与能力，故请他来为自己整理积稿；一是为换住一所有暖气的房屋，以减轻冬季气管炎的折磨。当时，学部改为中国社会科学院，胡乔木任院长，工作逐步走上轨道。1978年初，父亲迁家至三里河南沙沟国务院宿舍，

1977 年 5 月，于北京干面胡同寓所

并设工作室于此。以前父亲一直羡慕别人："厚宣有助手十人，故能编'甲骨文合编'。季龙有一班绘地理（图）人员，故能编'中国历史地图'。思泊有助手五人，故能编'古文字总汇'。绍虞有助手八人，故能编这编那。余乃仅有一起钎，两三年来用尽全力，自乔木任院长乃办成。"（日记．1977 年 12 月 19 日）此年，刘起钎正式调入历史所，父亲与其合任《尚书》整理工作，将各篇校释译论陆续写出，并于次年开始逐篇发表。同时，王煦华亦调至历史所。另外，父亲还请尹如潘来京任抄写事，为历史所之临时工。当父亲八十六岁之际，他身边也终于有了一个院所领导为其调配的工作班子，工作环境大大改善，然而这局面不能不说是迟到了二十年！

在助手的协助下，父亲在生命的最后阶段给自己定下"顾颉刚工作规划"，分三年、五年、八年三部分，包括《尚书》整理，论文和笔记的撰写和编集，重编《崔东壁遗书》，续编《古籍考辨丛刊》，《春秋史事勘》与《战国史事勘》两书的加工，编集《姚际恒遗书》，《先秦地名汇考》的加工，《四百年来名著集录》的编集各项。1979年2月20日，父亲在日记上列出准备编出的十种书：古史论文集、读书笔记、见闻杂记、自订年谱、自传、杂文集、古籍考辨丛刊、崔东壁遗书、姚际恒遗书、古史料汇勘。他写道："我这十种书如都能出版，则死不恨矣！"那时，父亲寻出1930年代自己所拟并请容庚所写的那副对联挂在房里，用此联语"好大喜功，终为怨府；贪多务得，那有闲时"来自责自励。他常对人说："生老病死是人生的规律，我并不怕死，只是胸中还有数篇文章未能写出。倘使能把它们都写出来，我死而无怨。"

从1978年至1980年去世，父亲计划中的工作一项项陆续展开。那时他发表的学术论文，比"文革"前数年要多得多，其中一部分是将旧作稍加修改，如将《〈周官辨非〉序》增订，改题《"周公制礼"的传说和〈周官〉一书的出现》付刊，里面有一段是在住院时增入的，据1979年1月2日日记："集中精力，将评论'管子'中应加入之'冬官李'一段作讫，约千二百字。在医院无书可据，尚能作考据文章，可知予虽老，脑筋尚不坏也，然一集中精神便觉心悸，此尚为楚武王之病乎？"王煦华当时就在父亲身边，他没料到在"无书可据"的情况下父亲竟能将这一大段文字一蹴而就，不禁对父亲的学问功力叹服不已。另一部分发表的文字是应各种报刊之邀而新作的，如为《中国哲学》作《我是怎样编写〈古史辨〉的？》（上），是"由洪、湲两儿在录音器中询问予过去情况，由她俩写出初稿，由煦华写为二稿，再由予改定为三稿。事虽经营惨

与俞平伯、叶圣陶在《红楼梦学刊》编委会成立大会上

淡，费却她俩晚上时间不少，然终不如我一手写下之有'气'也"（日记，1979年4月7日）。"文革"以后，杂志复刊或创刊者多于雨后之笋，到父亲处索稿者、访问者日益增加，父亲说："予虽能拒绝开会，实不易拒绝写稿，以本有稿在，且亦多腹稿也。"（日记，1979年3月17日）尽管那时写稿多由王煦华先行集材，但父亲总要进行修改，而一修改便"精神紧张甚矣，睡眠之困难益剧。年老不堪紧张，此是自然规律"，"此将如何而可耶！"（同上）对于垂老之年的父亲来说，哪里能有两全之策呢？

当时，许多活动亦纷纷而至，尽管有所推辞（如1978年父亲当选为第五届全国人大代表，因病而连续三年未出席会议），但还有一些是不能拒绝的，如为纪念五四运动六十周年中国社科院与中国民间文艺研究会分别召开的座谈会，父亲均参加并发言，他感谢五四运动给自己巨大的推动力："它使我敢于把民间的歌谣、戏剧、故事、风俗、宗教和高文典册里的经学、史学放在平等的地位上做研究的题材。"又如1979年《红楼梦学刊》编委会成立会，父亲出席并任编委，他说：《红楼梦》研究"六十年中形成之各派，至今日乃团结，可在《学刊》各各表示己意，不复厚彼而薄此，亦一可纪念之事也。"（日记，1979年5月20日）他为此畅所欲言的局面而欣慰，并将自己所抄录保存的当年同俞平伯讨论《红楼梦》的往返信件交《学刊》发表，后来俞平伯在悼念父亲的诗中曰："昔年共论红楼梦，南北鳞鸿互唱酬。今日还教成故事，零星残墨荷甄留。"并加注曰："……当时函札往还颇多，舍间于今一字俱无，兄处独存其稿。闻《红楼梦学刊》将甄录之，亦鸿雪缘也。"再如"中国地理学会全国历史地理专业学术会议"于1979年6月在西安召开，父亲虽以年老力衰不能赴会，但仍作贺电曰："甚愿经本届会议中推定编辑委员"，"早日出版定期刊物"，"迅速推进各项专题研究"。这些工作，父亲至死也不能忘怀。就在此次大会上，中国地理学会副会长郭敬辉作报告说："今天历史地理学界年长一些的同志们，都是当时参加过禹贡学会的人，我当时也是禹贡学会最年轻的会员。……我们今天回忆这门科学的发展，不能离开顾先生毕生的努力。"为了继承和发展禹贡学会的事业，大会议定创办《历史地理》，并聘父亲为顾问。

1979年，父亲任中国社科院研究生导师，又任历史所学术委员会委员。此年夏，录取女儿顾洪等为研究生。

父亲实在太累了，至10月中旬，他又因病入医院，11月后病渐重，元气再难恢复。

1980年是父亲生命的最后一年，这一年中他有八个月的时间是在医院中度过的，真可谓风烛残年。当时，他稍感风寒或劳累便

1979 年 3 月，与夫人张静秋

发烧，疲惫万状，连走路都极吃力。然而只要身体许可，他就要工作，"不甘待死耽床席，岂忍偷生赝稻粱"，前几年父亲所写的这两句诗正是他此时心态的最好写照。五六月间，父亲审定了王煦华代拟之《顾颉刚古史论文集》目录并编订了第一册。6 月 26 日，父亲为丁文江、赵丰田《梁启超年谱长编》作序，赵丰田是当年燕大的学生，父亲曾将康有为遗稿交其整理，彼以半年之力，作成《康长素先生年谱稿》为其毕业论文；以后赵氏又与丁文江合作《梁启超年谱长编》，"不期越五十年，此稿复现，竟得出版，不禁喜极而涕也"（日记，1980 年 6 月 26 日）。故而当"煦华来，述上海人民出版社意，欲予为作小引"之时，爰不辞病躯之孱弱，"立写千字与之，以慰赵丰田于地下"（同上）。父亲在序中"一吐五十年之苦闷"，并叹道："后之览者倘亦与我有同感乎！"此文一气呵成，几不加修改，这是他亲笔作成之最后一文。9 月，父亲改作《我是怎样编写〈古史辨〉的?》(下),那时的情景至今仍历历在目:他专心致志地写着,不顾体虚天热,虽然他握笔的手颤抖了,衬衫被汗水湿透了,还是不肯休息,直至午饭端来了才止笔。此时他几乎累得瘫在椅子上了,身子斜靠着椅边的墙壁,久久动弹不得。我们一边帮他把身体扶正,一边落下了心疼的眼泪,但谁又能改变他的习性呢?后来母亲恐怕父亲累病,乘其午休时,亟取稿交王煦华,并告父亲说稿已送出,这才算罢休。父亲的旧作《孟姜女故事研究集》那时由上海古籍出版社重新编印,他住院时,还将此书排样带到病房去校阅,直至逝世时,仅剩下最后很少一部分没能校阅完毕。

此年春,德国慕尼黑大学吴素乐(Ursula Richter)来访。她当时正撰写《古史辨——中华民国一次科学论战的结果》一书,为广泛搜集资料,特地专程来中国拜访父亲和其他有关人士。秋天,日本东京学习院大学部教授小仓芳彦等来访,以后他将父亲著述多部译为日文,并撰写评论文章。在此之前,1971年,美国学者施奈德(L.A.Schneider)所作《顾颉刚与中国新史学——民族主义与取代中国传统方案的探索》一书出版。此书根据截至1945年的资料,对父亲所从事的学术活动进行了全面的研究,可谓是反映西方对其学术的认识与评价的代表作。在父亲最后的日子里,他曾对我谈起这些国外的评价,并且说:"我这一辈子好话坏话都听够了,对此已无所谓了。我相信,五百年以后自有公论。"父亲一直认为,必须待若干年以后,个人恩怨均已消逝,才会有公正的评价。

这一年,上海古籍出版社欲翻印《古史辨》七册,并采纳父亲的建议,同意继续出版第八册,专收考证古代地理之文,由其指导王煦华搜集汇编。12月17日,父亲在医院里致信徐中舒,请其为此册题签。那时三联书店欲出版"当代学人自传"丛书,请父亲为其联络适当人选，因此在这封信里，父亲"代恳"徐中舒响应此事："以策励当代青少年之闻风兴起，庶他日继起有人，可以挽回林、江、陈伯达之扫除一切旧文化，使中国成为无文化之国家。以吾兄不苟着笔，言必有据，尤足为后人模楷，故属望者尤切。"由此可见，父亲重视"自传"并非出于为个人树碑立传，而是为了将文化的火炬传衍下去，是为我们国家学术文化的整体事业着想。在父亲心中，几千年的中华文化传统就是"我们的民族精神、立国根本"（《文史杂志复刊词》，1947年）。

12月25日，是父亲生命的最后一天。在此前一个月，他因感冒发烧住进医院，经过治疗，热度很快就退了，精神还好，只是身体倍感疲惫。那天早上，我扶他起床，他说："我没有你们真没法子活，连起床都起不来。"上午，他又对我说："我快要死了，一点儿力气都没有了。"他坐在病床前的沙发上阅报，不一会儿便打起盹来。这亦是那时经常有的状况。虽说自去冬以来，父亲困于病榻，九死一生，使我们也有了这方面的思想准备，可是看到他病愈后头脑仍是那样清晰，工作起来仍是那样专注，谁能料到死神会如此迅速地夺走他那顽强的生命呢？下午，他和往常一样，坐在沙发上阅读《十三经注疏》，并且在书中夹了一些作记号用的纸条。这是因为当年夏间，有人约父亲撰稿谈谈我国最早的典籍"三坟、五典、八索、九丘"的问题，他答应了，但由于身体关系一直没有写。他说，"三坟、五典、八索、九丘"的材料，《十三经注疏》里都有，就是须好好找寻。故而借每天下午精神稍好之时读之。那天晚上是洪妹陪护，晚饭后父亲说起第二天要写有关黄侃的回忆录。这是为纪念辛亥革命七十周年，几天前北京市政协文史资料委员会请他写一点回忆黄侃的文字，他允诺了。当洪妹表示明天可以"你说，我记录"时，他忙说："不要，不要，我可以自己写，只是要帮我准备好纸和笔。"万万没有料到，半个小时以后，由于心脑血管疾病发作，父亲倒下了。我陪母亲赶往医院，其他家属也赶来了，一切抢救无效，晚上九时许，父亲的心脏终于停止了跳动，父亲离开了我们，离开了他毕生视为生命的书和笔，停止了他永不知疲倦的思考，撒手而去了！这残酷的事实来得这样突然，以致使我们都无法接受。我们呆呆地握着父亲还未冷却的手，望着他微微张开的眼睛，痛心的泪水不知不觉滴到他身上。他刚才还在计划着明天的工作，事情没做完，他死不瞑目啊！

次日，我们在医院整理遗物时，发现在一张信纸上留有父亲的手迹："黄侃，湖北蕲春县人""五四运动前，先在北大教中文系，后到中央大学教中文系"，"1936 年病卒，年五十"；"点完《十三经注疏》"《周礼正义》读完"。看到这些，看到父亲已把日期填至12 月 31 日的日记簿，……我们的心像撕裂一般疼痛——苍天为何不能给父亲多留下一些时间！

由于死神降临得太突然，父亲没有留下遗言。但从他壮年时起就多次说过，死后要将遗体供医学解剖之用，看看自己吃了一辈子的安眠药，对神经有何影响。母亲和全家人都认为应照他的愿望去做，让一生追求真理、献身科学的父亲，最后将躯体献给医学研究事业，完整地体现他对生命的诠释。于是母亲将其遗体献给中国医学科学院。医科院致母亲的信中写道：对于父亲的"这种崇高精神以及你们尊重顾老的遗愿将遗体送给我院的这一决定，表示由衷地敬佩"。"顾老将他的全部心血一直到将他的躯体，都献给了祖国和人民，值得我们学习，我们将永远怀念他。"次年 1 月 3 日，在遗体告别会上，中国医学科学院吴阶平院长接走了父亲。

5 ﹍ 尾声

1981 年 1 月 23 日，中国社科院举行"悼念顾颉刚先生学术报告会"，由白寿彝作《悼念顾颉刚先生》之报告（此文刊于 1981 年 2 月 19 日《人民日报》），并展出父亲部分手稿及著作。

父亲的遗稿，由历史所成立工作小组负责整理，刘起釪、王煦华以及我和洪妹参加工作。父亲的藏书多达六万册，依其生前"藏书不分散"之愿，捐献与中国社科院图书馆，存于该馆"顾颉刚文库"。

1980 年秋冬间，历史所杨向奎等人曾主持邀集学术界一些人士，成立编委会，筹议编辑《庆祝顾颉刚先生八十八诞辰论文集》。父亲去世后，1981 年此书即改名为《纪念顾颉刚先生诞生九十周年学术论文集》；由于出版上的周折，直至 1990 年 4 月，此书方由巴蜀书社出版，书名又改为《纪念顾颉刚学术论文集》，以"发扬和纪念顾颉刚先生终身勤奋治学的精神、科学研究和培养人才上的卓越贡献"（此书《编后》）。

这些年来，纪念或评论父亲的文章、专著不断问世。其中，郑天挺的纪念文章里称父亲是"终身以发展学术为事业的学者"，我以为确是言简意赅的。

1993年父亲百年诞辰之际，苏州、北京两地分别开会隆重纪念。在会上邓广铭说，在新文化运动中，"在历史学方面，真正开创了一个新时代、代表新思潮的，应当是顾颉刚"。钟敬文说，父亲的成就是"百科全书式的"。就父亲的一生来看，他的确给后人留下了无尽的话题；他那两千万字的遗稿，也能使后人受到各方面的启迪。

经过王煦华和我们姐妹多年的不懈努力以及中华书局的鼎力支持，《顾颉刚全集》终于在2010年12月出版，全书分为八集（古史论文、民俗论文、读书笔记、文存、书信、日记、清代著述考、文库古籍书目），共五十九卷，六十二册。在《全集》出版发布会暨纪念父亲逝世三十周年学术座谈会上，与会者称父亲是古史研究、历史地理学、民俗学、经学和古籍整理等领域的开拓者和奠基人，他在20世纪中国学术史上的最大贡献，就是"实现了传统学术向现代学术的结构性转换"（王学典语）；大家认为《全集》既是一部学术史，也是一部现代史，为研究20世纪的中国知识分子提供了极为难得的素材。

父亲未完成的《尚书》研究，由刘起釪接续下来，他视自己六十至八十岁为其"学术的盛年"，在这二十年中，夜以继日地辛勤劳作，陆续完成了《尚书学史》《尚书源流及传本考》《古史续辨》《尚书校释译论》等。他和父亲两人已成为现代《尚书》学的集大成者，其研究成果被称作现代《尚书》学研究的最高峰。